东南土木·青年教师·科研论丛

建筑业企业诚信评价及其实施

郑 磊 著

东南大学出版社
SOUTHEAST UNIVERSITY PRESS
南京·2016

内 容 提 要

建筑市场诚信是社会诚信体系的重要组成部分。制定建筑市场各方主体的诚信评价标准,构建建筑市场的诚信信息平台,是整顿和规范建筑市场秩序的治本举措。

本书基于过程思想,遵循闭合管理原理,结合建筑业企业(及项目经理)的具体业务特点,建立了较为科学的建筑业企业(及项目经理)诚信评价指标体系,优选评价方法进行了诚信评价和实证分析;在此基础上,借鉴国际经验,构建了建筑业企业诚信信息平台,提出了符合我国国情的建筑业企业诚信评价运作模式,并进一步探讨了诚信信息平台的运作保障措施。

本书由国家社会科学基金项目(09CJY070)研究成果拓展而来,是构建建筑市场诚信体系的基础性研究,研究的思路和方法可对建筑市场其他责任主体的诚信评价形成借鉴。

图书在版编目(CIP)数据

建筑业企业诚信评价及其实施/郑磊著. —南京:东南
大学出版社,2017.2
(东南土木青年教师科研论丛)
ISBN 978-7-5641-6852-0

Ⅰ.①建… Ⅱ.①郑… Ⅲ.①建筑业-企业信用-评价-研究 Ⅳ.①F426.9

中国版本图书馆 CIP 数据核字(2016)第 273373 号

建筑业企业诚信评价及其实施

著 者	郑 磊
责任编辑	丁 丁
编辑邮箱	d.d.00@163.com

出版发行	东南大学出版社
社 址	南京市四牌楼 2 号 邮编:210096
出 版 人	江建中
网 址	http://www.seupress.com
电子邮箱	press@seupress.com
经 销	全国各地新华书店
印 刷	江苏凤凰数码印务有限公司
版 次	2017 年 2 月第 1 版
印 次	2017 年 2 月第 1 次印刷
开 本	787 mm×1 092 mm 1/16
印 张	12.5
字 数	230 千
书 号	ISBN 978-7-5641-6852-0
定 价	52.00 元

序

　　作为社会经济发展的支柱性产业,土木工程是我国提升人居环境、改善交通条件、发展公共事业、扩大生产规模、促进商业发展、提升城市竞争力、开发和改造自然的基础性行业。随着社会的发展和科技的进步,基础设施的规模、功能、造型和相应的建筑技术越来越大型化、复杂化和多样化,对土木工程结构设计理论与建造技术提出了新的挑战。尤其经过三十多年的改革开放和创新发展,在土木工程基础理论、设计方法、建造技术及工程应用方面,均取得了卓越成就,特别是进入 21 世纪以来,在高层、大跨、超长、重载等建筑结构方面成绩尤其惊人,国家体育场馆、人民日报社新楼以及京沪高铁、东海大桥、珠港澳桥隧工程等高难度项目的建设更把技术革新推到了科研工作的前沿。未来,土木工程领域中仍将有许多课题和难题出现,需要我们探讨和攻克。

　　另一方面,环境问题特别是气候变异的影响将越来越受到重视,全球性的人口增长以及城镇化建设要求广泛采用可持续发展理念来实现节能减排。在可持续发展的国际大背景下,"高能耗""短寿命"的行业性弊病成为国内土木界面临的最严峻的问题,土木工程行业的技术进步已成为建设资源节约型、环境友好型社会的迫切需求。以利用预应力技术来实现节能减排为例,预应力的实现是以使用高强高性能材料为基础的,其中,高强预应力钢筋的强度是建筑用普通钢筋的 3～4 倍以上,而单位能耗只是略有增加;高性能混凝土比普通混凝土的强度高 1 倍以上甚至更多,而单位能耗相差不大;使用预应力技术,则可以节省混凝土和钢材 20%～30%,随着高强钢筋、高强等级混凝土使用比例的增加,碳排放量将相应减少。

　　东南大学土木工程学科于 1923 年由时任国立东南大学首任工科主任的茅以升先生等人首倡成立。在茅以升、金宝桢、徐百川、梁治明、刘树勋、方福森、胡乾善、唐念慈、鲍恩湛、丁大钧、蒋永生等著名专家学者为代表的历代东大土木人的不懈努力下,土木工程系迅速壮大。如今,东南大学的土木工程学科以土木工程学院为主,交通学院、材料科学与工程学院以及能源与环境学院参与共同建设,目前拥有 4 位院士、6 位国家千人计划特聘专家和 4 位国家青年千人计划入选者、7 位长江学者和国家杰出青年基金获得者、2 位国家级教学名师;科研成果获国家技术发明奖 4 项,国家科技进步奖 20 余项,在教育部学位与研究生教育发展中心主持的 2012 年全国学科评估排名中,土木工程位列全国第三。

近年来,东南大学土木工程学院特别注重青年教师的培养和发展,吸引了一批海外知名大学博士毕业青年才俊的加入,8 人入选教育部新世纪优秀人才,8 人在 35 岁前晋升教授或博导,有 12 位 40 岁以下年轻教师在近 5 年内留学海外 1 年以上。不远的将来,这些青年学者们将会成为我国土木工程行业的中坚力量。

时逢东南大学土木工程学科创建暨土木工程系(学院)成立 90 周年,东南大学土木工程学院组织出版《东南土木青年教师科研论丛》,将本学院青年教师在工程结构基本理论、新材料、新型结构体系、结构防灾减灾性能、工程管理等方面的最新研究成果及时整理出版。本丛书的出版,得益于东南大学出版社的大力支持,尤其是丁丁编辑的帮助,我们很感谢他们对出版年轻学者学术著作的热心扶持。最后,我们希望本丛书的出版对我国土木工程行业的发展与技术进步起到一定的推动作用,同时,希望丛书的编写者们继续努力,并挑起东大土木未来发展的重担。

东南大学土木工程学院领导让我为本丛书作序,我在《东南土木青年教师科研论丛》中写了上面这些话,算作序。

中国工程院院士:吕志涛

2013. 12. 23

目　录

绪　言

1. 研究的意义

首先,是政府"把诚信建设摆在突出位置"的战略任务在建筑市场的具体体现。市场经济是诚信经济,提倡真诚、有信,反对欺诈、假冒伪劣、弄虚作假。然而,当前社会诚信缺失问题却依然相当突出:"三鹿奶粉"事件的影响尚未完全消除,家乐福中国门店价格欺诈、达芬奇家具造假、"楼倒倒""楼歪歪""桥脆脆"等新闻又纷纷见诸报端。在工程建设领域,围标、串标、以他人名义投标、偷工减料、以次充好等现象也时有发生。这些商业欺诈、制假售假、质量伪劣等事件的发生,不仅破坏了社会、市场经济秩序,而且危害社会、经济发展,需要花大力气进行整治。为此,我国政府提出"要进一步加强和完善思想道德建设,加强社会主义核心价值体系建设,增强全社会的法治意识,增强社会诚信";强调要"把诚信建设摆在突出位置,大力推进政务诚信、商务诚信、社会诚信和司法公信建设,抓紧建立健全覆盖全社会的征信系统,加大对失信行为的惩戒力度,在全社会广泛形成守信光荣、失信可耻的氛围"。加强诚信建设已经成为时代的迫切要求。

建筑市场诚信是社会诚信体系的重要组成部分,未来几十年,我国每年都有数以万亿计的工程项目需要建设,如何保证工程投资效果和工程项目质量,减少和杜绝弄虚作假、偷工减料等不诚信行为的发生,是摆在全社会面前的一个重大问题。因此,制定建筑市场各方主体诚信评价标准,建立建筑市场诚信信息平台,健全建筑市场诚信体系,成为整顿和规范建筑市场秩序的治本举措和加强建筑市场诚信管理的重要保障。

其次,是建筑市场各方主体诚信行为信息管理和建筑市场诚信信息平台建设的基础性研究。为贯彻党中央、国务院关于"加快社会诚信体系建设"的要求,近十年来,住房和城乡建设部先后下发《建设部关于加快推进建筑市场信用体系建设工作的意见》(建市〔2005〕138 号)、《建筑市场诚信行为信息管理办法》(建市〔2007〕9 号)、《关于共同推进长江三角洲区域建筑市场信用信息平台建设工作的通知》(建办市函〔2007〕283 号)等文件,要求根据市场参与主体各类违法违规的行政处罚记录以及其他不良的失信行为记录进行诚信评价,研究制定推动建筑市场诚信体系建设的具体实施办法。自

1

2014年起,为深入贯彻落实党的十八大和十八届三中全会精神,推进建筑业发展和改革,保障工程质量安全,提升工程建设水平,针对当前建筑市场和工程建设管理中存在的突出问题,建设行政主管部门又具体提出了推进建筑市场监管信息化与诚信体系建设的改革意见——《关于推进建筑业发展与改革的若干意见》(建市〔2014〕92号),要求"各地可结合本地实际,制定完善相关法规制度,探索开展工程建设企业和从业人员的建筑市场和质量安全行为评价办法,逐步建立'守信激励、失信惩戒'的建筑市场信用环境。鼓励有条件的地区研究、试行开展社会信用评价,引导建设单位等市场各方主体通过市场化运作综合运用信用评价结果"。制定了《全国建筑市场监管与诚信信息系统基础数据库数据标准(试行)》和《全国建筑市场监管与诚信信息系统基础数据库管理办法(试行)》(建市〔2014〕108号),要求各地"在2015年底前完成本地区工程建设企业、注册人员、工程项目、诚信信息等基础数据库建设,建立建筑市场和工程质量安全监管一体化工作平台"。依据上述文件精神,为了更好地推进建筑市场诚信体系建设,需要完成以下几项工作:① 确定诚信评价指标、制定诚信评价标准、选择诚信评价方法;② 进行诚信信息采集和评价,构建诚信信息平台;③ 加强诚信法制体系和诚信奖惩机制建设。本研究主要针对工作①展开。

最后,有利于推进建筑市场闭合管理,完善"工程交易市场"(建筑市场)和"项目实施现场"(工程现场)"两场"联动的业务监管体系。工程项目建设全过程包括(招)投标过程(工程交易市场)和合同履约过程(项目实施现场),课题研究构建的诚信评价指标相应地包括(招)投标诚信指标和履约诚信指标,以此体现"两场"联动和闭合管理的系统管理思想。也即,本研究是"市场"和"现场"之间资源、信息整合、共享的联系纽带,研究成果的应用,可实现有形建筑市场(建设工程交易中心)交易信息和工程现场综合执法监管信息的数据共享和管理联动。进一步地,共享工商、税务、司法、银行等部门记录的有关建筑市场各方主体的不良诚信行为信息,在招标投标、资质监管、市场稽查、评优评奖等工作中加以充分利用,依法对守信行为给予奖励,对失信行为进行惩处,使建筑市场真正形成诚实光荣和守信受益的良好环境。

总之,本研究是构建建筑市场诚信体系的基础性研究,对推进建筑市场诚信建设具有十分重要的意义。

2. 研究的重点

建筑市场参与主体较多,大致可以分为从业单位(企业/机构)和执业从业人员两大类(如图绪言-1所示)。

作为建筑产品的"生产者",建筑业企业是建筑市场重要的参与主体之一。挂靠、招投标弄虚作假、转包、违法分包、工程质量安全事故等不诚信行为或后果的发生,事实上都与建筑业企业相关。因此,加强建筑业企业的诚信管理成为加强工程建设领域诚信建设的核心。本研究基于工程交易全过程,着重研究建筑业企业诚信评价这个基础和前提问题。

由注册建造师担任的项目经理,是建筑业企业法人授权对建设工程项目全面负责的项目管理者,是建筑业企业的骨干力量,组织和领导着项目经理部的全面工作。对一个具体工程项目,项目经理及其领导的项目经理部影响着该项目的质量、安全、投资等目标的实现,同时也影响着建筑业企业在该项目上的经营目标的实现。因此,本研究还将对建筑业的项目经理进行诚信评价研究。

在此基础上,进一步探讨符合我国特色的建筑业企业诚信评价运作模式和诚信信息平台构建问题。

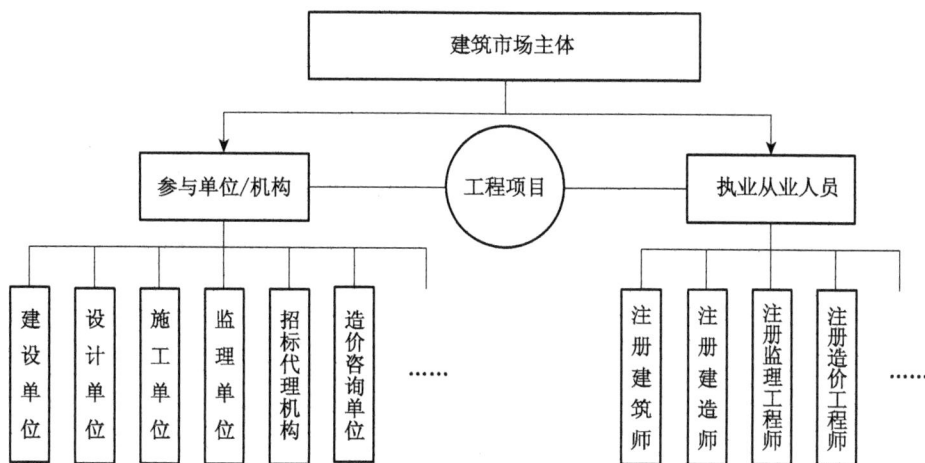

图绪言-1　建筑市场各方诚信主体

3. 主要研究内容和方法

本研究将通过文献综述—理论研究—调研访谈与专家会议—问卷调查及数据分析的严谨研究过程,在借鉴国内外最新的研究成果和对现状分析的基础上,结合建筑业企业及项目经理(注册建造师)业务特点,基于过程思想,遵循闭合管理原理,建立科学、完备的建筑业企业与项目经理诚信评价指标体系;在分析我国诚信体系建设现状及存在问题的基础上,借鉴征信国家的成功经验,研究建筑业企业诚信信息平台建设及其应采用的运作模式问题。

第一章 基 础 研 究

1.1 诚信内涵

进行诚信评价,首先必须明晰什么是诚信,以及现代诚信的内涵是什么的问题。

诚信是一个历史范畴,涉及道德、经济、法律等领域。作为一种初始性的道德规范和伦理要求,诚信"以各种形式,历史性地出现在各民族的道德规范中,出现在各种文化的道德要求中"[1]。然而,"诚信在社会生活的不同领域和针对不同的主体使用,具有不同的指向和特有的内涵"[2]。因此,不同的学科领域对诚信内涵的阐述存在差别。如有学者提出了法律诚信与道德诚信的区别问题,认为作为道德准则的诚信强调的是行为人的操守和自律;而法律诚信是指法律规定的诚实信用原则,强调的是规范与监督。

尽管不同学科领域对诚信内涵的界定存在些微差异,但都普遍认为,诚信是人类社会、经济交往的基本准则,诚信不仅仅是道德伦理指标,同时也在经济、法律领域中发挥着重要作用。以下从说文解字,以及道德、经济、法律层面深入剖析诚信内涵。

1.1.1 说文解字

语言文字是文化的载体,能够反映一个民族在历史进程中形成的价值信仰、伦理道德。在我国古代,诚、信是含义存在微妙差异的两个单字,单用较多、较早,连用较少、较晚。《说文解字》上云:"诚,信也。从言,成声。"又云:"信,诚也。从人,从言,会意"。[3]言成为诚,可以实行的言才是诚;人言为信,而言为心声,"必由衷之意,要求心口如一,言意相合,人之言语须讲究真诚"。所以诚、信的基本含义都是言语实在、真实可信,不自欺,不欺人,诚就是信,信就是诚,诚、信互训。两者虽然意思相近,但在使用时仍有微异,即所谓"忠诚发乎内,信效著乎外"(仲长统《昌言》)。也就是说,诚者自成,强调诚是人的内在本性,是根基,需"内诚于心";而信则更多地指"内诚"的外化,是外在表现,强调"外信于人"[4]。

"诚信者,天下之结也"(《管子·枢言》),"诚信生神,夸诞生惑"(《荀子·不苟》)等,是我国古代经史子集中较早出现的诚信二字连用的情形。到唐宋时期,《新唐书·刑法志》有如下记载:"六年,亲录囚徒,闵死罪者三百九十人,纵之还家,期以明年秋即刑;及期,囚皆诣朝堂,无后者,太宗嘉其诚信,悉原之。"这些"诚信"都有说话算话、诚实不欺的基本内涵,可以用现代汉语中的"诚信"概念来理解。

在西方社会,对"诚"的解释多用"honesty"表示"诚实、正直";对"信"的解释多用"credit"表示"相信、信任"[5]。也有学者认为,英语中的 integrity、sincerity、good faith、loyalty 等词均可表示诚信,而且,可用"trust"来表达中文中诚信的内涵[6]。拉丁语、法语、德语、日语中都有关于"诚信"的表达[7]。本研究将"诚信"英译为 integrity,表示为"honest and credit"的意思。

1.1.2 道德诚信

作为初始性的道德规范和伦理要求,道德诚信本质上是一种由人格自律构成的德性范畴,要求人们言语真实、恪守诺言。在我国,这一道德要求始于商周时期(在《周易》中已经成为一个明确的道德概念[8]),兴于春秋战国。此后的历代思想家、统治者都在不断地提升和强化诚信的道德本性,使诚信居于封建道德的核心并与其他规范相互贯通。

春秋战国时期的诚信思想在诸子百家的大力发展下,内涵逐渐丰富,包括立身立业、社会交往、政治统治等诸多方面的内容,并经儒家提倡,成为经世致用的道德规范。孔子的诚信思想主要记载在《论语》中,且集中于对"信"的系统阐述上。如:"人而无信,不知其可也""弟子,入则孝,出则悌,谨而信,泛爱众而亲仁""民无信不立"等。孟子发展了孔子的诚信思想,并把诚、信连用,提出"朋友有信"是处理人伦关系的基本法则之一。荀子把"诚"从做人之道扩展为治世之道,指出"诚"乃"政事之本"。在儒家经典《礼记·大学》中,"诚意"作为"八条目"之一,是连接"格物""致知"与"正心""修身""齐家""治国""平天下"的重要环节,成为道德内养与外成的关键点,具有促进道德完善、家庭和睦、国家兴旺与天下安宁的多种社会功能[9]。

以"兼相爱,交相利"为学说基础的先秦墨家,始终把诚信作为评价仁人的一条重要道德标准,强调"志强智达,言信行果"(《墨子·修身》),极力推崇忠信之士[10]。道家以"真""信""精诚"等来表达诚信观,主张"真者,精诚之至也"(《庄子·渔夫》),而"精诚发于内"(《文子·精诚》);提出"信言不美,美言不信",同时告诫"轻诺必寡信"(《老子》)。法家十分看重诚信的道德规范功用,主张做人要讲诚信,认为"小信成则大信立"(《韩非子·外储说左上》),将"诚信"作为一种治国手段而加以强调。史家、杂家、兵家等也分别从立身、社交、治国等方面强调了诚信的社会功用。

其后,经过理学、道教、佛教等的发展,诚信的内涵更加丰富。程朱理学认为诚信可以分为三个层次:内诚于心(道德本源)、外化于人(道德践行)、忠诚信义(诚信道德的最高目标)[11]。道教在立教时就强调,诚信既是学道修道的基础,也是做人做事的根本,明确提出"天下之事,孝忠诚信为大"(《太平经》),要求人们"人当常相教为善,有诚信"(《老子想尔注》)。佛教认为诚信是社会最普遍、最基本的伦理价值需要,也是人必须而且应当具备的基本素质和品格,并教化修行者"人有诚信之心,可自得度"(《那先比丘》)。

综上可见,由于在成己、成人、成事中的重大功用,诚信被视为一切道德原则和道德行为的根本,成为"五常之本,百行之源"(周敦颐《通书·诚下》),其道德教化功能绵延数千年而不衰。随着历史的发展,诚信已经成为中华传统文化的重要组成部分。

西方的诚信伦理最早产生于宗教。如《旧约·箴言》中有"行事诚实的,为上帝所喜悦"的言论;"摩西十诫"将"不作伪证"作为最重要的道德戒律等[12]。可见,道德诚信亦是西方诚信观的首要内涵。经过数千年的演绎和强化,道德诚信已经成为教义、信仰植根于现代西方社会,成为民众一种自觉自愿的人格品质追求。

1.1.3　经济(契约)诚信

经济交往是人类社会实践活动的重要内容。无论是"熟人社会",还是"陌生人社会",诚信都是经济主体的行为规范和经济交往活动的基本准则。古今中外,概不例外。经济诚信作为"存在于经济领域中的诚信关系和现象",体现的是建立在"契约"基础之上、以承诺及对承诺合理期待为核心的一种交互主体性的利益交换方式和交换关系[13]。

历史上,我国长期处于以农为本的农业经济社会,但从奴隶社会开始,物物交换还是遏制不住地发展了起来[14]。到明清时期,城镇商品经济空前繁荣发展。为规范"天下熙熙皆为利来,天下攘攘皆为利往"的市场秩序,我国古代建立了以诚信无欺为核心的商业经济规范,如要求"贾民禁伪而除诈"(《周礼·地官·司市》),"布帛精粗不中数,幅广狭不中量,不鬻於市"(《礼记·王制》)。要求"虽使五尺之童适市,莫之或欺。布帛长短同,则贾相若;麻缕丝絮轻重同,则贾相若;五谷多寡同,则贾相若;屦大小同,则贾相若"(《孟子·滕文公上》)等。在长期的经济活动中,商贾们通过实践也认识到制假贩假、坑蒙拐骗、囤积居奇等不义行为是不可能有长远的经济利益的,只有诚信无欺才能赢得市场和顾客。因此,各商帮、行会都制定了以诚信为本的全面系统、细致严格的行规、行约和从业人员操守规范,形成了独具中国乡土特色的"从心"的诚信"规矩"(费孝通《乡土本色》)。这一"规矩"建立在"从心的"个人诚信道德操守自律基础上,又通过社会、经济交往实践"习"出来。正是因为恪守货真价实、买卖公平、童叟无欺的经济诚信准则,才造就了如徽商、晋商这样规模大、实力强、雄视中国商界数百年而不衰的古代传奇商帮。

西方历史中没有中国传统的"家国同构"现象,贸易主义政策早在古希腊时期即已推行,较发达的商品经济交往促使人们较早地从"熟人社会"进入"陌生人的世界"。随着社会生产力的发展和对外贸易的扩张,契约作为一种商业手段被广泛应用于社会经济生活——事实上,古希腊文化延伸出来的契约伦理被认为是西方诚信的另一个源头[15]。在经济交往中,双方或多方当事人通过订立和实施合意性契约来保证交易顺利进行。人们经过利益交换的反复博弈后发现,信守承诺才能实现个人利益最大化,否则必是两败俱伤或交易失败。于是,诚信也就变成为"经济行为主体之间自然而然的事情"[16]。这种受到利益驱使的契约诚信,其本质上首先反映的是经济规律,是行为主体在长期的社会经济交往过程中为谋求长期稳定的经济利益而形成的必然理性选择,并成为降低交易成本的有效手段。德国著名的经济学家和社会学家马克斯·韦伯在揭示诚实守信对于市场交易的重要意义时,不止一次地强调:诚信就是金钱。

在近现代社会,经济交往又总是离不开契约协议,因此,经济诚信和契约诚信在经济范畴是本质含义一致的不同表述。另外,由于经济领域(主要是在金融领域)的"信用"通常是指信用人(债务人或借款人)承诺在将来的特定期限内付款或还贷而先期获得商品、服务或资金的能力,考核的核心是信用人是否按期"欠债还钱"——而"欠债还钱"是基于一定的经济基础事先承诺或协议好的,所以,信用也是一种经济(契约)诚信,并且,后者在内涵和外延上涵盖前者。

现代经济交往复杂,行为主体须恪守经济(契约)诚信,方能实现当事人之间的利益平衡和社会公正,促进交易有效开展。现代市场经济的发展强化了经济(契约)诚信,反过来,经济(契约)诚信又成为市场经济发展不可缺少的条件。在我国,传承经济(契约)诚信传统,对建立良好的市场经济秩序,具有无可争辩的强烈的现实意义。

综上所述,经济诚信是指公民和法人在经济活动中对自身承诺的履行和责任的承担,以及对自身信誉的珍惜和维护,是公民和法人"责任伦理"意识和经济理性精神的彰显,包括以下几层含义:

(1)经济交换中的诚实守信。诚实指货真、价实、量足,守信指以诚待人、重诺。

(2)商业分工中的诚实守信。表现为:存在风险状态下对伙伴的信赖;合作各方确信没有一方会利用另一方的弱点去换取利益;对被信任方采取合意行动可能性的信念和预期;一方对另一方信誉和可靠性的评价[17]。

(3)诚实地遵守契约,履行合同。

(4)是构成社会资本的核心。

1.1.4　法律诚信

作为一项基本法律准则,法律诚信是指法律中的诚信原则。诚信原则反映了市民社会的根本价值和基本要求,是民事主体进行民事活动的基本行为准则,有民法"帝王条款"之称。法律诚信与道德诚信、经济(契约)诚信密不可分。

首先,法律是适应社会发展的需要而产生的,经过了"从习惯到法"的历史演变过程。"在人类社会早期发展阶段,调整人们相互关系的习惯、宗教教条、禁忌以及具有强制力的道德信条等行为规范之间,没有多少区别。因此,作为特定的社会共同体日常生活中的行为准则,法律和道德有着共同的起源"[18]为增强那些被视为社会交往的基本且必需的道德规范的约束力,每个时代都会将其纳入法律体系中并使之制度化,这种道德规范法律化现象在人类法律及其发展史中经常发生,以至于有学者宣称:法律是"道德生活的见证和外部沉淀"。所以,道德诚信经由"道德规范法律化"而演变上升为法律诚信是自然而然的事情。

其次,法律又是经济基础的上层建筑,"无论是政治的立法或市民的立法,都只是表明和记载经济关系的要求而已"[19]。马克思主义认为,经济(契约)诚信的本质首先是现代经济规律,是在交换过程中形成的商品关系的内在要求。为实现公平、正义和维持社会经济秩序的价值目标,将经济(契约)诚信上升为法律诚信,赋予其普遍的法律效力,使其成为在商品经济领域乃至整个民事领域反对各种不正当行为的重要法律手段,正是为了与这种"内在要求"相适应。法律诚信是经济(契约)诚信的"直接法律翻译"[20]。

罗马法中的"诚信契约"和"诚信诉讼"被认为是法律诚信的起源[21]。在继承罗马法的基础上,经过近代思想家的进一步发展,法律诚信"内涵不断扩大和丰富,它超出债法领域,扩及所有的民事法律部门,以至于许多国家民法均开宗明义将它作为一项民法基本原则加以规定"[22],"它强调法律行为主体在社会活动中信守承诺、诚实无欺,必须在不损害他人利益的前提下追求自己的利益"[23],"就是要求民事主体在民事活动中维持双方的利益平衡,以及当事人利益与社会利益平衡的立法者意志","当事人以诚实、善意的态度行使权利,履行义务,法官根据公平正义进行创造性的司法活动"是实现上述三方利益平衡的手段[24]。

受罗马法影响,《法国民法典》《德国民法典》《瑞士民法典》等都将诚实信用作为基本原则,我国的《民法通则》中也明确规定了诚实信用是民事活动的一项基本原则,具有适用于全部民法领域的效力。目前,我国已经颁布实施的《中华人民共和国合同法》《中华人民共和国担保法》《中华人民共和国保险法》《中华人民共和国票据法》《中华人民共和国消费者权益保护法》《中华人民共和国反不正当竞争法》中,也都把诚实信用列为法律规则或原则。在民事诉讼领域,也有学者提出有必要将诚实信用作为一项基本原则予以规定。

"随着国际交往的加强,中国大陆法系的一般的诚信原则被引进到英美法中,与英美固有的曾经起诚信原则功能的制度结合,形成了独特的英美法系的诚信制度。"可见,法律诚信具有全球普遍性[25]。

综上所述,法律诚信有下列含义:
(1)是道德规范法律化的产物。
(2)法律原则,即当事各方在与他人的社会活动中必须遵循的基本原则。
(3)法律义务,即当事各方在与他人的社会活动中必须履行的基本义务。
(4)法律正义平衡和解释、补充的工具。

1.1.5 现代诚信内涵

综上,诚信是一个历史范畴,包含道德、经济、法律三个层面的含义。道德诚信是过去、现在、未来始终存在的普遍性的人类德性要求,强调精神自律,是人的自我修养和自觉自愿的人格品德追求。经济诚信是道德诚信在经济领域的实践演化结果,强调货真价实、童叟无欺、信守承诺,是一种比经济资本和人力资本更重要的社会资本[26]。法律诚信则是"道德规范法律化"的历史嬗变,它以国家强制力为后盾,对人类行为实施他律,以有效反对欺诈、虚假、不恪守诺言等一切损害商品经济和市民社会生活秩序与安全的行为[27],是谋求当事人及当事人和社会之间利益均衡的外部约束制度。这三者之中,道德诚信是本源,经济诚信和法律诚信是道德诚信的外化表现;道德诚信和法律诚信又为经济诚信的实现提供了从内部(自律教化)到外在(他律约束)的双重保证。以整体的历史眼光,从诚信精神的连续性和传承性角度考察,道德诚信、经济诚信、法律诚信在从传统走向现代的历史进程中相互依赖、互为补充,并日益被整合成为现代诚信不可或缺的组成部分,现代诚信熔三者于一体。

总之,现代意义上的诚信,是古今中外道德诚信、经济诚信、法律诚信的传承和融合,已经融入现代社会生活的各个方面,被公认为协调不同利益主体之间关系的原则之一。简单地说,诚信就是要:第一,说到做到;第二,不欺诈并公平行事;第三,承担默示义务[28]。"说到"为事前承诺(promise,体现为法律法规、标准规范、合同契约和社会道德等中的要求),"做到"是履约表现(performance,体现为法律法规、社会道德等的遵守情况以及合同履行、工作质量等行为结果),两者的匹配程度即为诚信状况。诚信水准通过外部有形的产品质量、服务质量、合同履行程度等表现出来,具有过程性和积累性。

依据环境生态学和信用成长环境理论,诚信水准的高低不仅受行为主体自身因素的影响,还受到外部诚信环境的影响。本研究界定的诚信内涵如图1.1所示:

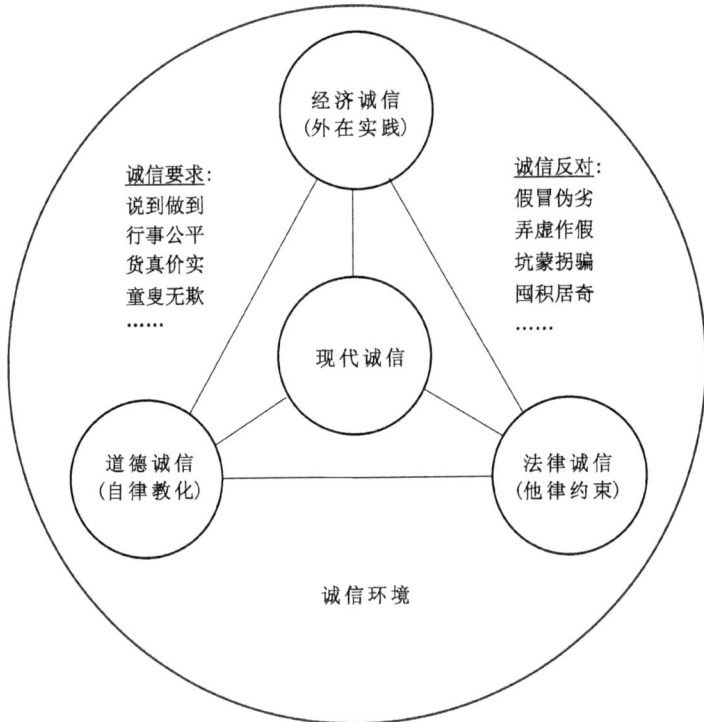

图 1.1 现代诚信内涵

依据上述诚信内涵,考虑到建筑市场各方主体的业务特点,将建筑市场各方主体的诚信(图 1.2)相应定义为:各方主体在(招)投标过程[工程交易市场,(招)投标诚信]中的事前承诺(promise,说到)和在履约过程(项目实施现场,履约诚信)中的行为表现(performance,做到)相匹配的程度。

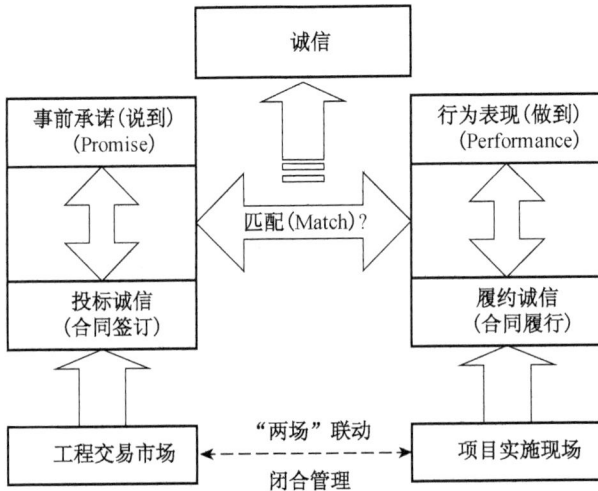

图 1.2 建筑市场各方主体诚信

1.2 诚信与相关理论

1.2.1 信息经济学与诚信

在市场经济条件下,信息不对称是导致市场诚信问题产生的根源之一。信息不对称是指信息在有契约关系的双方之间呈现不均匀分布状态,掌握信息比较多的一方往往处于比较有利的地位,信息贫乏的另一方则处于较为被动的地位。"隐藏知识"和"隐藏行为"是交易中信息不对称条件下易于导致的两类失信现象。"隐藏知识"将引发"逆向选择",信息经济学对简单的商品买卖双方在信息不对称情况下的"逆向选择"现象进行了分析:在市场中,卖家比买家拥有更多有关产品的信息。市场中的商品有好有差,在同一价格水平下,低质量的商品卖主更愿意出售商品;处于劣势的买方为了保护自己的利益则会压低商品的价格,导致"逆向选择",从而打击了高品质商品生产者的积极性,市场中商品的质量趋于下降,劣质商品充斥整个市场,市场失信现象泛滥。"隐藏行为"表现为签约后的失信,是占有优势的一方以"不作为"或"不当行为"致使合同不适当履行而损害对方利益的欺骗行为,可将其归为道德风险,这也是市场交易中常见的一种失信行为。如果消除了这种信息不对称,不守信者就会失去生存的市场,失信现象将会大大减少。因此,保证信息的有效传递是解决市场中诚信缺失问题的有效手段之一[29]。

1.2.2 交易费用理论与诚信

交易费用理论是新制度经济学的一个主要支流,最早由科斯提出。该理论认为,交易费用应包括度量、界定和保障产权的费用,发现交易对象和交易价格的费用,讨价还价、订立合同的费用,以及督促契约条款严格履行的费用等[30]。交易过程中的有限理性、机会主义、不确定性等使得市场交易费用高昂,而诚信原则的存在,则有助于降低和消除交易过程中上述原因导致的额外交易费用,可有效降低交易成本,提高市场运作效率。因此,需要注重和加强社会诚信体系的建设。

在一个诚信体系较为完善的社会中,个体的履约守信状况在持续的交易中,以信用等级形式被记录下来。在这种情况下,一个理性的个体不会去做损害其声誉进而影响其未来收益的行为——即失信行为,从而抑制了市场交易中的机会主义;其次,完善的社会诚信体系的存在也会在一定程度上弱化未来的不确定性。也就是说,在这样一个社会中,交易双方的交易行为变得更加容易预见,减少了未来信息缺失方受到损害的可能性,从而减少弱势方搜集信息、防范违约的费用,进而降低整个交易的费用。简言之,完善的社会诚信体系的构建和运作是降低交易费用、维持高效市场运作的重要条件[19]。

1.2.3 经济伦理学与诚信

经济伦理学兴起于20世纪70年代至80年代的美国,是以社会经济生活中的伦理道德现象为研究对象,揭示经济活动中道德的形成、发展和发挥作用的规律,为社会和个人的经济行为确立道德价值准则和道德理想的科学,其本质在于使人们明确经济领域的善恶价值取向及应该不应该的行为规定[31]。

随着经济的发展,坑蒙拐骗、假冒伪劣、信用欺诈等诚信缺失行为对以诚信为基础的市场经济带来了极大的危害,严重影响市场效率,这促使学者们对经济伦理学加以关注。目前的研究集中在市场经济与道德的关系、公平与效率、诚信与经济发展三大方面。可以说市场经济是一种诚信经济,因而如何发挥道德约束在经济交往中的作用是经济伦理学研究的重点之一。该理论认为,在现代市场经济中,诚信不仅仅是伦理的概念,还是一种无形的资本,在市场交易中发挥着极大的作用,可以带来巨大的经济价值。在市场交易过程中,个人行为是由个人利益这只无形的手牵引的结果,当一个理性的交易者认识到诚信能够带来比失信更多的经济价值时,为了长期获益,其在交易中则会恪守诚信原则。这不仅会节约交易成本,而且可以将诚信转化为极大的品牌效应,进而又促使人们遵守经济交往中的各种道德要求,实现经济道德的良性循环,促进经济高效、公平、快速的发展。

通过以上分析可以发现,制定有效的管理制度降低或消除信息不对称、完善诚信体系、建立失信严惩机制是解决失信的有效途径。对于建筑市场来说,通过对建筑市场各方主体进行诚信评价、构建诚信信息平台等方式,可以促进建筑市场健康地发展。

1.3 诚信评价

诚信度是可以被测量的,即诚信是可以评价的。诚信度测量最早出现于20世纪40年代末,是从心理学和行为学的角度,用来评价人们的诚实、诚信、可依靠性,从而预测他们的偷盗、违反工作纪律行为,以及今后工作业绩的以纸笔测验为主的测验工具,多用于招聘和人才选拔[32]。随着经济社会的发展以及诚信内涵的扩展,诚信度越来越受到人们的关注,国内外学术界对此展开了大量的研究。

20 世纪 60 年代的美国,员工的偷盗行为给美国商家造成了巨大的经济损失,诚信度测量在这种背景下产生并得到了长足的发展。Sackett & Harris(1984)[33]估计,美国每年大约有 6 000 多个组织使用诚信度测验,他们对测验的信度进行了分析,发现测验结果的内部一致性信度为 0. 90 或更高。美国心理学协会(American Psychological Association,APA)对诚信度进行了综合调查研究,认为诚信度测验具有积极的测验效度[34]。到 20 世纪八九十年代,诚信度测验的理论和方法发生了很大的变化,诚信内涵不断拓宽延伸到人格的各个相关成分,如"可信度""责任感"等,成为测试员工诚实性、自律性和职业道德的重要工具,整体绩效也成为其重要的效度验证效标[35]。诚信度测验分为显性诚信度测验、以人格为基础的诚信度测验两类[30]。但是 Camara 和 Schneider 指出,由于对"诚信"的精确定义没有达成一致,诚信度测验的结构过于宽泛,有错误定义的可能,有必要更多地取得结构效度方面的证据[36]。Ones 等则认为诚信度测验具有一定的聚焦效度和区分效度,并且认为宽的诚信度测验结构比窄的结构更具有实际意义[37]。但 Iddekinge 等的研究指出,窄的诚信度测验维度比宽的维度更能预测工作中的反工作行为和工作绩效[38]。因此,他们认为"诚信"是一个多方面相关的结构,对诚信的具体维度的关注可能会更好地理解和预测工作中的不良行为。可见,诚信总是被认为与被评价对象的工作行为和工作质量紧密相连。

在国内,诚信度测量也被引进用于人力资源选拔。诚信度测验突出考察员工的道德品质的优劣、诚实守信的程度,而不是工作能力的强弱、知识水平的高低,它是对人品的考察。陈丽君、腾召汉对西方诚信度测量的发展和应用现状进行了综述,指出诚信度测量具有较好的信度和效度。大五人格模型中的责任感、宜人性和情绪稳定性是诚信度测验潜在的测量内容,但诚信度测验与大五人格模型以外的其他人格维度也存在较高的相关性。诚信度测验对反工作行为和整体工作绩效具有良好的预测效度[39]。赵继凯提议可将诚信度测量纳入公务员诚信水平考评,且不仅仅用于公务员招聘考试中,也要将其纳入公务员一年一次的述职考核中[40]。陈丽萍等提出了对经济人进行诚信度测量的步骤和数学方法[41]。龙景奎等对大学生诚信度评价指标系统设计进行了研究,指出大学生诚信度既是其诚信品质的内在反映,又是其诚信态度、诚信行为的外在表现。作者构建了大学生诚信度的评价系统,并且提出了相应的评价标准、评价等级和应用方法[42]。

综上,诚信度测量的研究应用主要集中于人力资源的选拔评价领域,与被评价对象的工作表现、效果、质量紧密相关。

1.4 诚信评价实践国际经验

当前国际上没有专门针对建筑市场主体进行诚信评价的实践。就全球看,诚信评价主要体现为经济领域(主要是金融领域)的信用评价,即主要考察评价对象的"欠债还钱"能力,考核的焦点集中于企业的持续盈利能力和现金流的产生能力方面。目前,美国几乎垄断了国际信用评级市场。

1975 年美国证券交易委员会(SEC)建立了"国家认可评级机构"(Nationally Recognized Statistical Rating Organization, NRSRO)制度,对美国信用评级业实施监管,通过认可的评级机构的评级结果被认为具有较高可信度和公信力。在此监管特许下,信用评级变成了为官方所支持的"准强制性"评级。穆迪(Moody's)、标准普尔(Standard and Poor's)和惠誉(Fitch)三家评级机构获得首批认可,并逐渐成为国际上最具权威性的专业信用评级机构。然而,SEC 的监管特许也为信用评级构筑了一道不可侵犯的准入壁垒,自 1975 年提出并实施这一制度以来,除了当初的穆迪、标准普尔和惠誉三大信用评级公司外,基本没有再认可其他公司——"三大"的垄断格局自开始就已形成。虽然这会形成信用评级行业缺乏竞争、滥用权力和利益冲突等弊端,但这些弊端都是除美国以外世界其他国家的弊端。三大评级机构借着美国政策的优势和美国的强势国际地位,垄断并控制了 90% 以上的国际信用评级市场。不仅如此,三大评级机构还在全球主要经济体国家设立分支机构,或者通过合资、兼并等方式努力进入其他国家的信用评级市场,以期进一步控制全球市场。正在成长中的中国信用评级及相关资讯行业,也被三大评级机构渗入。目前,国内四大信用评级公司中除大公国际外,其余三家中诚信、联合、上海新世纪都是三大评级机构的合资公司。可以说,三大评级机构几乎掌握了我国的信用评级话语权,这是需要警醒和必须采取措施加以改变的现状。

尽管如此,学习并借鉴美国信用管理的制度设计以及著名评级机构的实践经验,有利于提高我国诚信体系建设的水平。

1.4.1 穆迪(Moody's)评级[43]

1.4.1.1 评价指标要素

穆迪对工业企业(非银行或金融机构)的信用评级主要基于两大方面:一是对公司的信用进行定性的分析,二是对公司的财务状况进行财务指标的量化分析。

（1）工业企业信用分析框架

此分析框架主要以定性分析为主，侧重于企业信用环境及其组织架构的分析评价，具体如表 1.1 所示：

表 1.1 工业企业信用分析框架

行业发展趋势
● 经营周期
● 全球化商品价格
● 国际竞争环境
● 行业准入壁垒
● 受科技支配的程度

国家政策和监督环境
● 国家经营习惯
● 监管和撤管的趋势
● 政府担保和支持
● 货币政策及外币汇率

管理阶层的素质
● 策略的导向
● 财务观念
● 稳健程度
● 管理业绩
● 母子公司关系
● 业务计划延续性
● 监管系统

公司基本经营与竞争地位
● 市场占有率展望。要分析公司目前在主要经营业务及营运国家的市场占有率和过去 5～10 年间市场占有率的改变情况
● 业务行业的多样化和收益流
● 成本结构

财务状况及流动资金来源
● 财务弹性。公司是否有能力保持充裕的流动资金以及时履行债务
● 备用流动资金的重要性。要关注公司在极短时期内偿还债务，一旦发生流动危机，最有可能提供内外流动资金的来源
● 备用流动资金的需求。要考虑短期借贷的性质和款额、长期债券到期日及偿还本息的安排、公司备用资金来源的性质等
● 备用融资的性质。包括合约式的借贷承诺、银行内部向公司口头传达的信贷额、公司由于同银行的关系而获得的额外借贷能力等
● 信贷来源。要考虑提供融资银行的信贷素质以及个别机构或整体过去有无违约
● 融资供应时间。各个融资来源和信贷安排的时间
● 有价证券作为变现工具。要分析可在短时间内变现的有价证券和其他可用作抵押以应付到期短期债务的资产
● 作为备用流动资金的抵押

公司架构
● 附属公司对集团的重要性。母公司在附属公司出现财务困难时能否提供支援,一般决定于母公司跟附属公司维持关系的益处以及放弃附属公司会形成的危机
● 比较财务状况
● 法律环境
● 合资伙伴和合作安排
● 附属公司架构及债权优先次序
● 契约约束条款。要研究借款人及其在法律组织中的位置,然后了解附有不同银行约束条款、银行抵押要求和契约约束条款的债务如何保障债权人不受损失

母公司担保及维持协议
● 国家经营习惯
● 监管和撤管的趋势
● 政府担保和支持

（2）财务分析指标

包括收益分析、现金流量分析和资产负债分析三个方面,通过分析了解公司的获利能力、运营能力、偿债能力、举债经营能力和经营风险程度,为确定信用等级提供依据。

① 收益分析

主要进行四项分析:一是收益项目比重分析,主要了解收益各项目的重要性;二是利息倍数分析,了解收益为利息的倍数;三是资产效率分析,了解资产的运营效率如何;四是资产及资本的收益率,了解资产和资本的获利能力。

② 现金流量分析

包括经营活动、投资活动和筹资活动三个方面,重点是了解现金流量同资本支出和负债的关系,用以说明企业用现金流量维持或扩大再生产规模以及偿还全部债务的能力。

③ 资产负债分析

主要分析资本化总额的各项目比例、负债各项目比例和一些杠杆比率等方面,其目的在于了解资本、负债的结构和举债经营的情况,判断经营中的风险。

1.4.1.2　信用等级划分

穆迪的公司信用等级由最高的 Aaa 级到最低的 C 级,一共分为 21 个级别。评级级别分为两个部分,包括投资等级和投机等级。

（1）长期债务评级（到期日一年或以上）

穆迪长期债务评级是有关固定收益债务相对信用风险的意见,这些评级是关于某种金融债务无法按承诺履行的可能性,同时反映违约概率及违约时蒙受的任何财务损失,具体等级见表 1.2。

表 1.2 信用等级划分

投资级别	评 定	说 明
Aaa 级	优等	信用质量最高,信用风险最低。利息支付有充足保证,本金安全
Aa 级 (Aa1,Aa2,Aa3)	高级	信用质量很高,有较低的信用风险。本金利息安全。但利润保证不如 Aaa 级债券充足,为还本付息提供保证的因素波动比 Aaa 级债券大
A 级 (A1,A2,A3)	中上级	投资品质优良。本金利息安全,但在未来某个时候还本付息的能力有可能会下降
Baa 级 (Baa1,Baa2,Baa3)	中级	保证程度一般。利息支付和本金安全现在有保证,但在相当长远的一些时间内具有不可靠性
投机级别	评 定	说 明
Ba 级 (Ba1,Ba2,Ba3)	具有投机性质的因素	还本付息的保证有限,一旦经济情况发生变化,还本付息能力将削弱。具有不稳定的特征
B 级 (B1,B2,B3)	缺少理想投资的品质	还本付息,或长期履行合同中其他条款的保证极小
Caa 级 (Caa1,Caa2,Caa3)	劣质债券	有可能违约,或现在就存在危及本息安全的因素
Ca 级	高度投机性	经常违约,或有其他明显的缺点
C 级	最低等级评级	前途无望,不能用来做真正的投资

注:前四个级别债券信誉高,履约风险小,是"投资级债券",第五级开始的债券信誉低,是"投机级债券"。

(2)短期债务评级(到期日一年以内)

穆迪短期评级是有关发行人短期融资债务偿付能力的意见。此类评级适用于发行人、短期计划或个别短期债务工具。除非明确声明,否则此类债务的原始到期日一般不超过 13 个月,具体等级见表 1.3。

表 1.3 信用等级划分

等 级	评 定
Prime-1(P-1)	发行人(或相关机构)短期债务偿付能力最强
Prime-2(P-2)	发行人(或相关机构)短期债务偿付能力较强
Prime-3(P-3)	发行人(或相关机构)短期债务偿付能力尚可
Not Prime(NP)	发行人(或相关机构)不在任何 Prime 评级类别之列

1.4.1.3 信用评级流程

(1)与发行机构管理层会面

评级的第一步是召开初步评级会议,会议时间一般持续半天到一天。在会议举行前,穆迪的分析师将会和债券发行机构讨论会议的议事日程,以确保发行机构知道穆迪在这种会议上通常收集的信息的类型。会议一般涉及以下议题:

- 公司/实体的背景和历史;
- 行业/部门趋势;
- 国家的政治和监管环境;
- 管理的质量,经验,业绩,对风险的态度;
- 管理结构;
- 经营和竞争地位;
- 公司战略;
- 债务结构;
- 财务状况和流动性,包括:现金流的稳定性、偿债能力、经营利润率等。

会后,分析师通常会与发行机构进行进一步讨论,以获得后续分析所需信息。分析完成后,分析师会向穆迪评级委员会作评级建议。

(2) 穆迪评级委员会

信用评级具有一定的预测性和主观性。评级委员会的职责是通过让每位分析师了解相关风险因素及观点,尽可能加强评级过程的客观性。

对于首次评级,主分析师会在完成所有分析后召开一次评级委员会会议。主分析师按需要召集尽可能多的信用风险专业人士,他们在处理与发行人有关的所有分析性事宜方面拥有丰富的知识及经验。在决定评级委员会的组成时,考虑的因素包括债务发行的规模、信用的复杂性及新工具的引进等。主分析师在评级委员会上的职责是提出评级建议及其理由,并确保与评级有关的所有事项都会提呈讨论。穆迪评级委员会的讨论会绝对保密。

(3) 评级发布及公布

穆迪的评级过程从初步讨论到公布评级大约需要 60 到 90 天。评级委员会作出决定后,穆迪便会通知发行人其评级及理由。若是公开评级,则新评级会通过新闻发布会同时向全球主要金融媒体发布。穆迪也会在其官方网站(www. moodys. com)上公布有关评级。

(4) 持续关系

在授予及公布评级后,穆迪至少每年会与管理层会面一次,或根据事态及行业发展需要增加会面次数。穆迪分析师会通过电子邮件及电话与发行人保持定期联络,并随时可以回应发行人的需要或解答其疑问。

在通过新闻发布最初评级之后,穆迪会每季发布其对发行人的意见。对于非常活跃的发行人,穆迪还会公布年度深入分析。若随后有任何评级行动或预期变动,穆迪也会通过新闻发布会公布。

1.4.2 标准普尔(Standard & Poor's)评级[44]

1.4.2.1 评价指标要素

标准普尔利用一套完整的信用评级公式来分析企业的信用风险。例如,在对企业进行分析时,首先是对企业进行一些基本的商业分析和预测;然后再对企业的财务进行分析(分析要素见表1.4)。企业信用等级的最后确定在很大程度上还是依赖对企业财务风险的评估。

表 1.4　企业信用分析的要素

企业运营风险
● 企业的特点和特征,如:行业、规模等
● 竞争环境(国内/国外),如:市场、技术、效率、法律法规等
● 企业的内部管理

企业财务风险
● 财务的特点
● 企业财务制度
● 盈利情况
● 资本结构
● 现金流
● 财务的机动性和适应性

1.4.2.2 信用等级划分

标准普尔将企业信用划分为"长期信用等级""短期信用等级",各自的表现方式也有所不同(表1.5)。

表 1.5　信用等级划分

长期信用等级	评　述	短期信用等级	评　述
AAA	清偿能力很强,风险很小	A-1	清偿能力最强,风险最小
AA	清偿能力较强,风险小	A-2	清偿能力较强,尽管有时会受内部条件和外部环境影响,但是风险较小
A	清偿能力强,有时会受经营环境和其他内外部条件不良变化的影响,但是风险较小	A-3	清偿能力一般,比较容易受到内部条件和外部环境的影响,有一定的风险
BBB	有一定的清偿能力,但易受经营环境和其他内外部条件不良变化的影响,风险程度一般	B	清偿能力不稳定,具有投机性

长期信用等级	评　述	短期信用等级	评　述
BB	清偿能力较弱,风险相对越来越大,对经营环境和其他内外部条件的变化较为敏感,容易受到冲击,具有较大的不确定性	C	清偿能力很差
B	清偿能力弱,风险相对越来越大,对经营环境和其他内外部条件变化较为敏感,容易受到冲击,具有较大的不确定性	D	不能按期还本付息
CCC	清偿能力较弱,风险相对越来越大,对经营环境和其他内外部条件的变化较为敏感,容易受到冲击,具有较大的不确定性	—	—
CC	清偿能力很弱,风险相对越来越大,对经营环境和其他内外部条件的变化较为敏感,容易受到冲击,具有较大的不确定性	—	—
C	濒临破产,债务清偿能力极低	—	—
D	为破产倒闭的金融机构	—	—

注:每个信用级别可用"＋""－"进行微调。

1.4.2.3　信用评级流程

(1) 与发行主体接触

接触的目的是详细了解发行主体的主要经营领域、财务计划、管理政策和影响信用等级的因素。评级工作由评级小组承担,评级小组代表标准普尔公司。评级小组包括高级职员、与发行主体经常保持接触的产业分析专家和其他熟悉发行主体或产业的专家。发行主体一般要向评级小组提供详细的经营数据资料。

发行主体一般要提供的文件有:发行主体简介、年中和年终财务报告以及发行主体的有关情况。发行主体的情况包括:五年规划,包括损益表、资产负债表、现金流量分析和假设分析等;竞争对手分析报告、资本投入计划、财务替换方案和应急财务计划;发行主体认为对其信用等级有影响的因素分析,如多角化经营分析、储备价值、资产评估等。

发行主体提供给评级小组的大部分资料相当敏感,只提供给评级小组评级使用。这些资料由评级小组严格保密,不能用于其他目的,也不能让第三者或标准普尔公司内部的其他人采用。

（2）评级

与发行主体接触后，评级小组马上就召开评级委员会会议。评级委员会一般由5～7名有表决权的成员组成。评级小组需事先向评级委员会成员提供财务统计报告和评级分析报告，产业专家在评级委员会上作报告，报告的内容一般包括：证券发行情况、契约条款、发行主体的经营情况、发行主体的经营环境、发行主体的财务管理和发展战略评价、财务分析、初评结果。

评级委员会决定被评对象的信用等级后，首先通知发行主体评级结果和评级的主要观点。标准普尔公司的政策是，在评级结果公布之前首先征询发行主体意见。如果发行主体提供了新的补充资料，就必须重新召开评级委员会会议。此后，评级结果就通过媒介向外公布。对某些评级类别，如商业票据评级，发行主体有向外公布信用等级的优先权。

为了保证评级过程的独立和客观，标准普尔公司的内部对评级结果的审议和评级委员会成员的人选是对外保密的，不能透露给发行主体。

（3）评级变更

有时需要根据变化了的条件对一些评级对象进行更改评级。更改评级过程与第一次评级过程完全相同。评级委员会更改评级结论后，会通知发行主体，并向社会公布更改后的信用等级。何时更改评级，由跟踪评级本身决定。

1.4.3 邓白氏征信[45]

1.4.3.1 征信流程

征信是评级的基础和前提工作。邓白氏依赖其特有的 DUNSRight 流程对原始数据进行收集、编辑及核实，构建了全球综合性最好的征信基础数据库，具体见表1.6。DUNSRight 的流程操作由全球数据收集、实体匹配、邓氏编码、企业关联、预测指数等五大步骤有序构成，其中多达 2 000 次的自动核对及人工审核以确保数据达到高质量标准。

（1）全球数据收集（Global Data Collection）

邓白氏收集来自世界范围内的各种数据，其质保措施确保了全球数据的准确性、完整性、及时性以及跨国界的一致性。每天数据更新超过 150 万条的邓白氏数据库为用户提供了完整的全球信息，帮助用户：

● 获得更清晰、更完整的关于每个客户、潜在客户和供应商的信息；

● 获取世界范围内的客户及潜在客户的信息；

- 做出更明智的风险决策；

- 从多种来源所收集的数据中确定新的潜在客户。

邓白氏数据涉及全球 1 亿多家企业，覆盖 200 多个国家。收集的信息主要有：政府登记部门数据、法院及其档案室提供的信息、电话公司的数据、新闻媒体及网络、公司的支付数据及财务信息、直接调查访谈收集的信息等。

表 1.6 邓白氏征信数据

数 据 来 源	数 据 作 用
多国政府登记的 4 500 多万商业注册数据	核实法律名称和所有权，以鉴定潜在的商业欺诈行为
电话公司的数据	识别新业务，更改现有记录并更新联系信息
热门新闻供应商数据	揭露影响客户、潜在客户以及供应商的风险改变
5 000 多家公司的支付经历	预测潜在客户和现有客户未来的支付习惯
3 000 多家美国法院和备案的公共记录	提供对公司风险的重要见解
上市公司和私人持股公司财务报表	了解其财务实力和弱点
电话核实和其他第三方信息	做出更明智的风险决策

邓白氏将收集到的信息进行处理以使其规范化，并进行及时修正和更新。在数据入库前经过 2 000 多次的质量编辑和确认，确保相关信息的一致性；使用全球清理软件来规范不同国家的销售记录，以避免数据的重复和错误；大约有 20% 的财务报表进行二次人工审查以确定高风险业务，保证准确性。

(2) 实体匹配(Entity Matching)

第一阶段收集到的信息是多层次零散的，需要运用邓白氏特有的实体匹配技术对其进行处理，将零散的信息整合成有条理的系统的信息，然后输入到邓白氏数据库，使得每家企业的信息唯一、精确。

实体匹配可以减少重复记录、完善企业信息。邓白氏通过手动和自动质量检查以确保实体匹配的质量。

(3) 邓氏编码(D-U-N-S® Number)

邓白氏对每一个征信分配一个独一无二的邓氏编码。邓白氏利用这个特有的邓氏编码来识别和跟踪企业的业务活动，如运输服务情况可以通过邮局档案记录来跟踪；电话情况可以查看电话公司的数据来跟踪；保险情况可以进行客户调查访谈。通过严格的邓氏编码识别系统可以最大限度地减少重复信息。

邓氏编码是一个标准编号系统，可以：

- 帮助用户核实业务是否存在；

● 澄清现有数据,识别副本并显示相关业务;

● 当添加信息时,更轻松地管理大量的客户或潜在客户;

● 当添加信息时,实现快速便捷的数据更新;

● 在适当情况下,通过其在国内和国际企业"母公司"的直销业务,提供完整的潜在客户和现有客户的信息。

（4）企业关联（Corporate Linkage）

邓氏编码能够建立企业关联,如家族企业关联、子公司和母公司关联等,可以在深度和广度上毫无限制地了解整个公司的家谱及其和各相关方的联系,以便从全局考察总的风险和机遇。企业关联的质量保证增加了家族企业信息的完整性和准确性,可用来:

● 了解家族企业的总风险;

● 企业破产或有经济压力时,对其他家族企业的影响;

● 为决定在何处购买提供帮助;

● 能立即确定可能的利益冲突等。

（5）预测指数（Predictive Indicators）

用统计分析的方法确定预测指数,这些指数能用来预测企业将来的行为,比如是否会拖延付款或者倒闭。有三种类型的预测指数:① 描述性评价:利用过去的信息进行现阶段的评级,以帮助估计将来的信用价值。② 预测分值:预测一项业务及时支付或是拖延付款的可能性。③ 需求估计:估计业务产品的总销量。

1.4.3.2　信用评估

邓白氏公司信用评估业务主要有两种模式:一种是企业之间进行交易时的信用评级,另一种是企业向银行贷款时的信用评级。这两种模式在咨询对象和咨询内容上都有一些区别,但信用报告大致包括以下几个方面的内容:

公司概览:包括地址、电话号码、业务范围、成立时间、领导人有关资料、公司架构等基本资料。

付款记录和分析:包括公司 12～24 个月的拖欠账款记录,同行业企业付款情况的比较分析,对公司的付款能力和风险的分析预测和评估。

财务状况分析:依据资产负债表、损益表等财务报告的相关财务指标对公司财务状况的分析,对公司的财务表现、财务压力和风险的评估和预测。

经营表现分析:包括诉讼记录、公众记录、新闻机构对公司的评价。

营运状况:包括产品品种、生产能力、产量、交易方式、销售地区、原料来源、顾客类别等资料。

目前,邓白氏公司的信用评估咨询服务项目,亦称为邓白氏信用风险管理解决方案,主要有以下几项资信产品:

(1)商业资信报告

被全球企业广泛使用。借助邓白氏覆盖全球200多个国家及地区的信息网络,企业可以及时地全方位了解其客户的资信状况,并交叉核实自己已掌握的客户信息,监控老客户或问题客户的风险变化,最快地洞悉新客户的信用状况,为业务决策提供信息支持。邓白氏商业资信报告主要包括:注册信息,历史记录,付款记录和付款指数,财务信息,公共信息,营运状况及企业家族关系,以及邓白氏评级风险指数和行业标准。

(2)信用管理咨询服务

由邓白氏的商务咨询顾问,运用邓白氏信用风险管理知识,为企业提供旨在帮助企业建立和调整其信用管理体系的咨询服务,支持企业更好地管理客户和应收账款,减少坏账,优化现金流量。邓白氏商务咨询顾问首先通过对企业各相关部门进行访谈,了解企业的行业状况、业务需求和现有信用管理水平。然后提供项目报告,协助企业确立其今后发展各阶段的信用管理目标,提出相应的信用管理解决方案,并为项目的具体实施提供支持和培训。邓白氏信用管理咨询服务可以帮助企业建立:① 信用管理职能,包括制定连续稳定的信用政策,确定标准化的信用申请和审批流程,创建客户化的评估模型,设定信用相关人员和部门的职责等;② 应收账款管理职能,包括系统化应收账款管理流程和建立催收政策等;③ 客户档案管理职能,包括建立集中、完善、可及时更新的客户档案等。

(3)风险评估管理(RAM)系统

风险评估管理系统是一个集客户管理、信用评估及应收账款管理为一体的自动化信用管理工具,它将企业内部数据和邓白氏信息以信息仓库的形式结合在一起,结合后的信息通过一系列的客户优化决策模型融入企业自己的信用决策准则,进而将商业信息提升为商业情报。同时,RAM可以对每个客户自动评出风险分数,并给予建议性的信用额度,使企业的整个信用决策过程客观、一致和高效。RAM还能够细分客户群体,将不同的信用风险进行归类,让企业对其客户有更深层次的了解。

(4)数据库管理咨询服务

通过数据整合优化,确保企业所有的分支机构、职能部门在具有相同质量信息的基础之上进行运作。这一服务将企业所有的业务部门的客户和供应商信息整合在一起,使企业准确了解自己与各公司或集团公司的总体业务关系,确认以顾客身份出现的供应商,从而发现属于同一企业族系的客户和供应商的额外业务发展机会。借助这一服务,企业可在节省大量时间和资源的同时,提高自身分析顾客、评估供应商、设定信用额度和确定风险的能力。数据库管理咨询服务的过程包括:标准化、清理客户和供应商的主要数据;删除重复记录;统一、及时整合不同来源的数据;识别已停止和有潜在欺骗性的商业个体;提供能够被企业资源规划(ERP)系统接受的客户与供应商的数据格式等。

(5)邓白氏付款信息交流项目

这是一个集客户信用分析与公司信息采集为一体的信用信息系统。具体的运作方法为:客户根据交易周期的长短,将企业的付款信息按月或按季提交给邓白氏公司,邓白氏公司将这些付款记录分类输入到相应的公司档案里,通过相应的数学模型软件进行分析比较,然后将分析结果反馈给参与项目的客户。可以帮助客户:迅速判断回收货款的时间及其对利润的影响;准确把握付款变化的趋势;对公司的付款记录与行业水平进行对比;对某一公司与其他供应商在付款上的差异进行比较,评估潜在的业务损失。

1.4.3.3 信用评估的保障系统和技术手段

邓白氏公司在长期经营的实践中,逐渐建立起一套与众不同的、独特的信用评估保障体系和技术手段。

(1)邓白氏全球数据库

邓白氏公司的"全球数据库"是全世界信息量最大的企业信用数据库,邓白氏公司的信用产品和服务就是来源于这个数据库。邓白氏的数据基地位于美国东部,在全球37个分支机构建有数据库分基地,有3 000多人从事数据的收集和加工工作。数据库由5个子系统组成:邓白氏全球数据库联机服务系统、全球企业家谱和联系系统、全球数据库支持系统、全球市场分析系统和全球市场方案系统。为了满足客户的需求,邓白氏数据库采取多渠道、多形式收集信息,目前收集信息的主要渠道有:当地的商事登记部门,当地的信息提供机构,当地的黄页、报纸和出版物,官方的公报,商业互联网站,银行和法庭;有时候,还采取拜访和访谈的形式收集有关消息。邓白氏全球数据库不仅累积了多年收集的信息,而且每天以100万次的频率更新。

(2)邓白氏编码系统

邓白氏编码是邓白氏公司信息库及其信用分析系统所使用的编码系统,由9位数字组成。每个邓白氏编码对应的是邓白氏全球数据库中的一条记录,它被广泛用作一个标准工具,用来识别、整理、合并各个企业的信息。主要作用有:管理现有客户和潜在客户档案,识别企业家族族系,连接相关贸易伙伴,扩大商机;帮助客户清理内部档案;整合企业内部数据库。数以千计的公司都使用邓白氏编码与供应商、客户以及贸易伙伴建立联系,同时对自己的供应链进行有效的管理。此外,邓白氏编码在支持电子商务、行业网络等现代的交易系统中都发挥了重要作用。

目前,邓白氏编码得到了国际标准组织、欧盟、联合国、美国国家标准学会、美国联邦政府等 50 多个组织机构和工业及贸易协会的认可和推荐。

(3) 邓白氏信用评级方法

根据邓白氏信用风险指数和邓白氏风险指数行业标准,按照客户规模由小到大的三种信用额度区间,将三种区间由低到高对应于邓白氏风险指数,最终确定其风险水平。

1.4.4 经验启示

各类评级都有各自成熟的评级流程、评级模型(包括评价指标)、评级工具,都需要评价信息(数据库)支持,都需要各行业或业务分析的专家人才,都借助于先进的 IT 技术支撑(模型计算、网站等)。这些都是我国进行诚信体系建设可以借鉴的好的经验。

本章注释

[1] 马尽举. 诚信系列概念研究[J]. 高校理论战线,2002(4):17-23.

[2] 廖益新. 构建福建信用文化的法律思考[J]. 东南学术,2003(2):46-49.

[3] 段玉裁. 说文解字注[M]. 上海:上海古籍出版社,1981.

[4] 田义双. 诚信场域论[D]:博士学位论文. 北京:中共中央党校研究生院,2006.

[5] 简耀. 中西方诚信观在言语中的镜像折射[D]:硕士学位论文. 南京:南京师范大学,2006.

[6] 郭玉宇. 中西方传统诚信观之解读[J]. 南京医科大学学报:社会科学版,2005(4):291-294.

[7] 彭万林. 民法学[M]. 北京:中国政法大学出版社,2002.

[8] 唐贤秋. 诚信道德探源[J]. 道德与文明,2003(6):22-25.

[9] 夏澍耘. 古代诚信源流考[J]. 党建杂志,2002(6):17-18.

[10] 苏士梅. 唐代诚信思想研究[D]:博士学位论文. 开封:河南大学,2008.

[11] 詹向红. 朱熹诚信思想论[J]. 江淮论坛,2008(6):149-152.

[12] 王进. 中西方诚信观比较[D]:硕士学位论文. 武汉:华中师范大学,2008.

[13] 姜正冬. 论社会诚信[J]. 山东师范大学学报:人文社科版,2002(3):14-18.

[14] 李玉琴. 经济诚信论[D]:博士学位论文. 南京:南京师范大学,2004.

[15] 郭玉宇. 中西方传统诚信观之解读[J]. 南京医科大学学报:社会科学版,2005(4):291-295.

[16] 何小春. 中西诚信伦理的文化分野及其现代整合[J]. 中央社会主义学院学报,2009(3):111-112.

[17] 周晓桂. 关于诚信的经济学诠释[J]. 经济问题,2004(11):14-16.

[18] 戴维·沃克. 牛津法律大辞典[M]. 北京:光明日报出版社,1988.

［19］中共中央马克思恩格斯列宁斯大林著作编译局.马克思恩格斯全集:第一卷［M］.北京:人民出版社,2001.

［20］徐国栋.民法基本原则解释［M］.北京:中国政法大学出版社,1992.

［21］徐国栋.民法基本原则解释［M］.北京:中国政法大学出版社,1992.

［22］汤维建.论民事诉讼中的诚信原则［J］.法学家,2003(3):92-104.

［23］葛晨虹,赵爱玲.中西信用思想的发展演变［J］.江西社会科学,2006(8):29-32.

［24］徐国栋.民法基本原则解释［M］.北京:中国政法大学出版社,1992.

［25］徐国栋.英语世界中的诚信原则［J］.环球法律评论,2004(3):366-375.

［26］弗朗西斯·福山.信任——社会道德与繁荣的创造［M］.李宛蓉,译.呼和浩特:远方出版社,1998.

［27］李开国,张玉敏.中国民法学［M］.北京:法律出版社,2002.

［28］徐国栋.英语世界中的诚信原则［J］.环球法律评论,2004(3):366-375.

［29］陆桔利,何玉长.诚信的信息经济学分析［J］.学术月刊,2003(12):31-36.

［30］卢现祥,朱巧玲.新制度经济学［M］.北京:北京大学出版社,2007.

［31］经济伦理学［EB/OL］.http://baike.baidu.com/view/644677.htm.

［32］滕召汉,陈国海.西方诚信度测验研究综述［J］.心理科学进展,2007,15(6):890-898.

［33］Sackett P R, Harris M M. Honesty testing for personnel selection: a review and critique［J］. Personnel Psychology, 1984(37):221-245.

［34］Sackett P R, Wanek J E. New developments in the use of measures of honesty, integrity, conscientiousness, dependability, trustworthiness, and reliability for personnel selection［J］. Personnel Psychology, 1996(49):787-829.

［35］Sackett P R, Wanek J E. New developments in the use of measures of honesty, integrity, conscientiousness, dependability, trustworthiness, and reliability for personnel selection ［J］. Personnel Psychology, 1996(49):787-829.

［36］Camara W J, Schneider D L. Integrity tests: facts and unresolved issues ［J］. American Psychologist, 1994, 49:112-119.

［37］Ones D S, Viswesvaran C, Schmidt F. Comprehensive meta-analysis of integrity test validities: findings and implications for personnel selection and theories of job performance ［J］. Journal of Applied Psychology Monograph, 1993, 78:679-703.

［38］Van Iddekinge C H, Taylor M A, Eidson C E. Broad versus narrow facets of integrity: predictive validity and subgroup differences ［J］. Human Performance, 2005, 18:151-177.

［39］陈丽君.诚信度测验在人力资源管理中的应用及前景［J］.外国经济与管理,2000,25(11):24-27.

［40］赵继凯.诚信度测验在我国公务员招聘考核中的应用［J］.社会科学辑刊,2006(6):98-101..

［41］陈丽萍,李丽华,宋和平.经济人诚信度评价模型［J］.经济论坛,2005(10)：127-128.

［42］龙景奎,陈韶君.大学生诚信度评价系统设计［J］.现代教育科学,2006(4)：130-133.

［43］Moody's Corporation. How to get rated［EB/OL］.［2015-07-08］.http://www.moodys.com/ratings-process/How-to-Get-Rated/002001.

［44］林汉川,夏敏仁.企业信用评级理论与实务［M］.北京：对外经济贸易大学出版社,2003.

［45］The Dun & Bradstreet Corporation. Our company［EB/OL］.［2015-07-09］.http://www.dnb.com/us/about/db_database/dunsright_demo.html.

第二章　建筑业企业诚信评价

2.1　绪论

2.1.1　研究背景

　　市场经济是诚信经济,提倡真诚、有信,反对欺诈、假冒伪劣、弄虚作假。然而,当前社会的诚信缺失问题却依然相当突出,金融欺诈、商品造假、"楼倒倒""桥脆脆"等新闻纷纷见诸报端。这些不诚信事件的发生,不仅破坏社会、市场经济秩序,而且危害社会、经济发展,需要花大力气进行整治。对此,我国政府予以高度重视,国务院多次召开会议,研究部署社会信用体系建设、质量诚信体系建设工作,强调"把诚信建设摆在突出位置,大力推进政务诚信、商务诚信、社会诚信和司法公信建设,抓紧建立健全覆盖全社会的征信系统,加大对失信行为的惩戒力度,在全社会广泛形成守信光荣、失信可耻的氛围"。加强诚信建设已经成为时代的迫切要求。

　　工程建设作为我国社会经济生活的重要内容,如何保证我国每年十多万亿的工程建设投资效果和工程项目质量,是摆在政府、投资者和建设者面前的一个重大问题。然而一段时期以来,工程交易过程中不诚信的行为时有发生,如挂靠、组织或参与"陪标";中标后的"转包"和违法"分包"行为;拖欠农民工工资;在施工过程中存在"偷工减料""以次充好"等损害工程质量的行为;违反法定基本建设程序等。据报道,在四川省雅安市永定桥水库首部枢纽工程招投标过程中,因竞标企业之间的"陪标",险些给国家造成约 7 000 万元的经济损失[1]。此外,关于建筑业企业施工过程中"偷工减料"的报道也不在少数,如深圳市某经济适用房项目,业主入住半个月就发现房屋出现墙根渗水、墙面开裂等一系列问题,经调查发现,施工单位在装修过程中存在明显的偷工减料行为,未按工程设计图纸和施工技术标准施工[2]。这些不诚信行为扰乱了建筑市场秩序,带来了不少"豆腐渣工程",浪费了大量的社会财富,甚至危及社会公共安全。

在这一背景下,作为"关系到我国建筑业健康发展的一项重要战略任务",加强工程建设领域的诚信建设显得尤为重要。由于"产品是生产出来的",所以加强对建筑产品的"生产者"——建筑业企业[①]的诚信管理成为重中之重(事实上,建筑市场的许多不诚信事件都与建筑业企业相关)。本章着重研究建筑业企业诚信评价这一基础和前提问题。

2.1.2　国内外研究现状

目前,国内外多数研究主要集中在企业的信用评价方面,而关于企业诚信评价的研究较少。由于诚信比信用含义更为宽泛(详见第一部分"诚信内涵"),诚信包含诚实和信用[3],因此,诚信评价与信用评价,既有区别又有联系。这就决定了在研究建筑业企业诚信评价时,必须借鉴信用评价方面的研究成果。以下主要对建筑业企业诚信/信用评价指标以及评价方法进行综述。

2.1.2.1　国外研究现状

(1) 国外关于诚信/信用评价指标的研究现状

在国外,美国的信用体系建设最具代表性。穆迪(Moody's)、标准普尔(Standard and Poor's)和惠誉(Fitch)是世界上最大的信用评价公司,其信用评价结果在国际范围内均得到认可,具有权威性,其中穆迪公司主要从资产流动性、负债比率、金融风险以及资本收益四个方面构建信用评价指标体系;而标准普尔公司的信用评估指标体系包括企业的产业分析、财务分析和风险分析三方面[4]。

由于资源、政治体制、文化传统、道德价值观等方面的差异,美国并没有形成对工程交易诚信的专门研究,而只是有一些专门机构关注和研究建筑市场的信用问题,如美国发展建设实践委员会(ICPC)与美国保险协会、美国承包商协会、美国担保协会和承包商咨询服务机构,这些部门之间通过合作,有计划地提高建筑业的信用管理水平。

国外针对建筑市场主体诚信/信用评价指标的研究较少,如 Nicholas 等从供应商的角度对承包商进行信用评价(creditworthiness evaluation)研究,通过问卷调查将承包商的营业额(sales turnover)、赊销额占营业额的比率(credit sales to turnover ratio)等作为信用评价指标[6-7]。目前,国外还没有关于建筑业企业诚信评价指标方面的专门研究。

(2) 国外关于诚信/信用评价方法的研究现状

诚信/信用评价方法大致可以分为要素分析法、统计模型法以及人工智能方法。

---

① 本书所称建筑业企业是指从事土木工程,建筑工程,线路管道设备安装工程,装修工程的新建、扩建、改建等活动的企业[《建筑业企业资质管理规定》(中华人民共和国建设部令第159号)]。

要素分析法包括 5C 要素分析法、CAMPARI 要素分析法、5W 要素分析法、骆驼评估体系分析法、4F 要素分析法、LAPP 要素分析法以及 5P 要素分析法[8];统计模型法包括 Z 记分模型、营运资产分析模型、特征分析模型,其中特征分析模型包括判别分析,回归法(普通的线性回归、Logistic 回归模型、Probit 回归模型),数学规划方法和非参数统计方法,如聚类分析(cluster analysis)和 K 近邻判别(K nearest neighbour)等[9];而人工智能方法则是在积累了大量的历史数据以及计算机技术的发展而产生的,其中神经网络法是信用评价人工智能方法中比较有代表意义的一种方法,Costa & Carvalho(1999)实证研究表明:在众多神经网络算法中,BP 网络具有很好的评估效果[10],此外,Bart 等(2003)[11]也运用神经网络方法进行信用评价研究,Julia 等(2005)[12]将神经网络方法与 Probit 回归模型的信用评价结果进行了对比分析,认为神经网络信用评价结果更准确。

目前,国外也还没有关于建筑业企业诚信评价方法方面的专门研究。

2.1.2.2 国内研究现状

(1)国内关于诚信/信用评价指标的研究现状

目前,国内金融机构对信用评价指标的研究较多,均以"现金流量对债务的保障程度"作为分析和预测信用的核心,因此其评价指标多侧重于被评价主体的财务方面,与国外的信用评价指标体系较为相似。

国内关于建筑市场主体的诚信/信用评价指标的研究较多,如马自强从企业素质、资金信用、经营管理、经济效益和发展前景五个方面搭建了建筑企业诚信评估指标体系[13];孙鹏等根据施工企业在建设工程中的信用行为的特点,认为施工企业的信用标准体系可以大致分为市场准入、承揽项目和项目履约三个方面[14];刘晓峰等从企业的基本情况、人力资源水平、工程项目信息、奖励及处罚记录和环境能力五个方面构建了建筑企业信用评价指标体系[15];唐茜从企业素质、偿债能力、经营管理、经营效益和发展前景五个方面构建了建筑施工企业信用评估指标体系[16];曲春慧从信用记录、宏观环境、企业素质、偿债能力、盈利能力、营运能力、发展能力七个方面构建了建筑企业信用评价指标[17];邵丽芳从人员素质、技术素质、经营能力、资金能力、投标行为、合同履行、惩奖记录以及社会责任八个方面构建了公路施工企业信用评价指标[18];宋鹏程等设计的施工企业信用评价指标体系,主要从施工企业的经营能力、竞争能力、管理能力、财务能力以及信用记录五个方面去考察[19];孙杰从合同管理水平、合同缔约能力、合同缔约状况、合同履约能力、合同履约状况和合同社会信度六个方面分别构建了发包人、承包人的建设工程契约信用评价指标[20];段婵从企业素质、企业经营能力、企业管理能力以及企业信用记录四个方面构建了建筑业企业信用评价指标体系[21];袁莉从财务能力、信用记录两个方面构建了建筑业企业信用评价指标体系[22]。

此外,建筑业相关行业协会以及政府部门也发布了关于建筑业相关主体的评价指标,如中国施工企业管理协会主要从经营能力、管理能力、财务能力、优良记录以及不良记录五个方面构建了工程建设企业信用评价指标体系[23];浙江省颁布的《浙江省企业信用评价指标性标准(招标投标领域适用)》文件,其评价指标体系主要包括企业基本状况、财务指标状况、创新和发展能力状况、公共信用监管信息以及招标投标监管信息等方面[24]。

(2)国内关于诚信/信用评价方法的研究现状

在充分借鉴国外先进的诚信/信用评价方法的基础上,国内对诚信/信用评价方法的研究也取得了一些成果。如信用要素分析法通常主张采用"信用状况的五性分析——即安全性(insurance)、收益性(profitability)、成长性(potentialities)、流动性(liquidity)、生产性(reducibility)";还有不少学者根据分析问题的需要,提出了一些其他要素分析的方法,如杨松(2009)在分析我国担保公司授信评判要素时采用了4C要素分析法[25]。

许多学者更注重对人工智能方法的研究。如王春峰运用神经网络和判别分析方法对企业进行信用评级,其实证结果表明,神经网络在信用评级上具有更高的预测精度和更强的鲁棒性[26];傅荣等将150家上市企业分为三类,分别用BP神经网络和多元判别法进行了上市企业经营失败的研究,其结果也显示神经网络的应用价值更大[27];胥振兴也认为BP神经网络在信用评估方面的表现要比传统的线性回归模型更好[28]。

关于建筑业企业诚信/信用评价方法,唐茜运用多属性决策理论对建筑施工企业进行了信用评价;曲春慧采用了基于熵值法的模糊综合评判模型对建筑企业信用进行了评价;孙鹏运用层次分析法(AHP)对施工企业进行了信用评价;段婵基于层次分析法模糊综合评价模型,对建筑业企业进行了信用评价;袁莉运用支持向量机原理对建筑业企业进行了信用评价。

2.1.2.3 评述

综上可以看出:目前缺少关于建筑业企业诚信评价的专门研究。

(1)建筑业企业诚信评价指标方面

个别学者从企业素质、资金信用、经营管理、经济效益和发展前景五个方面搭建了建筑企业诚信评估指标体系,但该诚信评估指标体系与其他学者所构建的信用评价指标体系的相似处较多。尚无从建设工程交易全过程(投标过程+履约过程)的角度出发来构建建筑业企业诚信评价指标体系的专门研究。

（2）建筑业企业诚信评价方法方面

前述三类信用评价方法中，要素分析法简单易行、便于操作，但其完全依靠专家打分，主观性太强，不同专家间的评价结果可能差异很大；统计模型法相对更为客观、准确，但此方法需要建立在大型数据库支持的基础上，很明显，我国目前的国情并不适用。

建筑业企业诚信评价必须是定量的客观分析和定性的主观分析相结合，因此，一些研究采用的模糊综合评价方法，对进行建筑业企业诚信评价更具借鉴意义。

2.2　建筑业企业诚信概述

2.2.1　建筑业企业诚信内涵

如前文所述，现代诚信的内涵较为广泛，涉及道德、经济、法律三个层面。简单地说，诚信就是要"说到做到"。"说到"为事前承诺，"做到"是履约表现，两者的匹配程度即为诚信状况。诚信水准通过外部有形的产品质量、服务质量、合同履行程度等表现出来，具有过程性和积累性。

结合建筑业企业的业务特点，将建筑业企业诚信定义为：建筑业企业在获取业务和合同履行过程中的实际行为表现满足法律法规、合同要求的程度。

2.2.2　建筑业企业诚信问题由来

建设工程交易方式经过多年的发展，已形成了多种被广泛认同的交易方式，如"设计＋招投标＋施工"（DBB）、"设计＋施工"（DB）和"设计＋采购＋施工"（EPC）等。目前，"设计＋招投标＋施工"（DBB）模式是我国工程建设交易的主要方式[41]。这些交易方式，在一定程度上，均要求建筑产品的生产者——建筑业企业必须诚信。

（1）建筑业企业诚信产生于交易的非同时履行

建设工程的交易在生产之前开始，先签订合同，再生产产品，这一特点决定了建设工程交易天然就是一种诚信交易方式。建设单位选择的不是建筑产品，而是产品的生产者。事实上，签订合同与履行合同之间存在"时滞"现象。这种非同时履行的"时滞"现实要求合同双方必须信守合同签订时的"承诺"，如建筑业企业按合同约定进行（保质保量）建筑产品生产，建设单位（合同甲方）按时支付工程款。一般而言，建筑业企业的不诚信行为主要表现为不按合同要求提供建筑产品/服务，如偷工减料等；建设单位的不诚信行为主要表现为拖欠工程款。当然，招投标过程中双方也可能出现围标、串标等"不诚信"行为。

（2）建筑业企业诚信产生于交易双方的信息不对称

大多数情况下,建设单位与建筑业企业之间通常是一次性交易,而且交易双方的信息存在不对称现象。一方面,建设单位通常缺乏建筑市场的专业知识和经验,难以对建设过程、建筑产品成本、质量等作出准确的判断,在选择建筑业企业时,也不一定确切知道对方的水平高低;另一方面,建筑业企业对建设单位的项目资金是否到位,是否有拖欠工程款的先例也可能全然不知。

根据信息经济学的理论,在信息不完全的情况下"隐藏知识"容易导致"逆向选择"和"道德风险"的后果。在追求商业利益的经济背景下,建筑业企业就有可能利用信息优势,在施工过程中实施偷工减料、以次充好等不诚信行为,以谋求最大利益。自然,这会给建筑产品质量和建设单位带来风险。

（3）建设业企业诚信产生于激烈的市场竞争

目前,我国建设工程交易市场属于典型的买方市场,存在"僧多粥少""供大于求"的现象。据统计[42-43],近年来在南京市的建设工程交易中,每个施工类标段平均的报名企业数接近 30 个,建设工程交易的竞争程度相当激烈。

在竞争如此激烈的市场环境下,有些建筑业企业为了竞标成功,使用虚假资料,低于成本投标,甚至用围标、串标等手段谋取中标;如果这些不诚信的企业竞标成功,往往又会在项目实施过程实施偷工减料等不诚信行为。

2.2.3　建筑业企业诚信缺失的表现

建筑业企业是典型的项目导向型企业,以下将区分投标阶段和合同履行阶段,分析建筑业企业可能的不诚信行为。

2.2.3.1　投标阶段的诚信缺失行为

在投标阶段,建筑业企业主要通过竞争以提交投标文件的方式,许下"承诺"从而获得工程项目的承包权。由于市场竞争激烈等原因,建筑业企业可能会以虚假材料等不诚信行为骗取中标。

南京市建设工程交易制度创新研究课题组曾对投标阶段建筑业企业的不诚信行为进行问卷调查,具体结果详见图 2.1。

（1）"挂靠"现象严重

资质是指某一单位或个人被有关政府机关或授权机构赋予或确认具有承办某事务的资格。我国建筑市场实行建设工程承包人（建筑业企业）市场资质准入制度,明确规定建筑业企业只能在其相应的资质等级范围内承接工程建设业务,否则所订立的施工合同将被认定为无效。

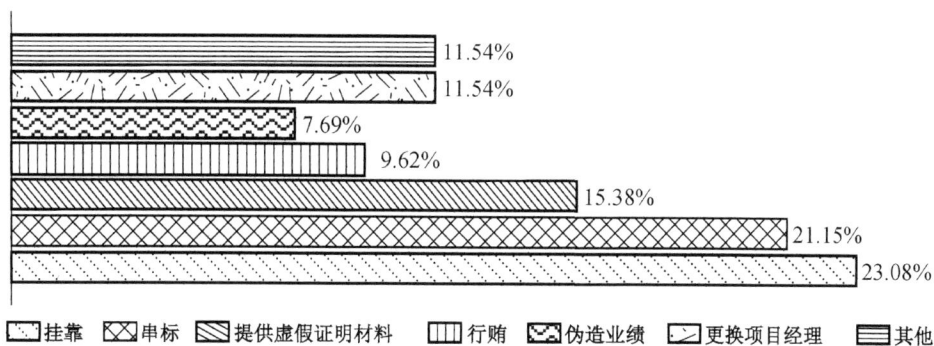

图 2.1　投标阶段的不诚信行为

建筑业企业的资质等级是建筑业企业综合实力和能力的体现,是建设工程质量和安全的基本保障。建筑业企业必须具备相应的资质等级,并在资质登记范围内承接工程,这是法律强制性的规定。

所谓"挂靠",是指不具备资质条件的单位或个人以赢利为目的,以某一资质的建筑业企业的名义承揽施工任务的行为,这种行为为我国法律所禁止[44]。目前,建设工程交易市场上的"挂靠"主要有以下三种表现形式:① 联营,是指与业主签订了承包合同的一方只负责办理投标、签订合同、结算等手续,而实际施工则由别的企业完成;② 分包,是指中标的企业以分包的名义将工程全部"分包"给另一方来做;③ 内部承包,是指中标的企业将某个人聘为其职员,实际上私下与其签订"内部承包合同",将中标的工程交由其完成。

"挂靠"的危害:① 严重扰乱了建设工程交易市场的正常秩序;② 加剧不正当竞争,易滋生腐败;③ 是产生"豆腐渣"工程现象的一个主要原因。

(2) 提供其他虚假资格审查资料

资格审查时,除了提供关于资质证明的资料外,还需提供建筑业企业营业执照及其年检合格证明、安全生产许可证、正在施工和新承接的项目情况表、近年完成的类似项目情况表和近年财务状况表等资料,建筑业企业往往会在以下几方面弄虚作假:项目部管理人员的资格、业绩证明,甚至"借用"其他企业的项目经理等。

(3)"串标""围标"行为

建筑业企业(投标人)之间的"串标"行为可以分为价格同盟型、轮流坐庄型、补偿投标型(陪标)以及市场分割型。

① 价格同盟型

参加某次投标的某些建筑业企业(投标人)通过相互串通就投标价格达成协议,要么哄抬投标价格,要么故意压低投标价格,以达到排挤其他投标人、损害业主利益的目的。

② 轮流坐庄型

为了避免因激烈竞争导致投标价格过低,部分建筑业企业(投标人)就会对该区域中一定期限内(多为1年)的招标工程进行"串标",事先制定串通投标的规则以保证每个参与"串标"的建筑业企业(投标人)都能中标,以维护参与"串标"建筑业企业的共同利益。

参与此种"串标"的建筑业企业往往以高价中标,使业主多支付工程费用。

③ 补偿投标型("陪标")

参加投标的建筑业企业先进行内部竞价,私下确定中标人,然后再参加投标,最终约定的内部中标人以高价中标后,将获得的中标项目分包给参加"串标"的其他建筑业企业或者给予一定的补偿费用。

这种"陪标"行为已经不存在竞争,业主为此支付了较高的价款,却不能达到通过招投标选择合适建设工程产品生产者的目的;同时,有数据表明,经过"陪标"操作,80%的建筑业企业都能如愿"中标"[45]。

④ 市场分割型

建筑业企业事前达成市场分割的协议,同意在特定的工程类型或特定的招标项目上彼此之间不相互竞争,投标人只能在分配给自己的市场领域内参与投标。

(4) 借故拒绝签订合同

有的建筑业企业由于种种原因低价中标,然后利用业主急于开工的心理,寻找各种借口拒绝签订合同,或要求重新商洽合同实质性内容,甚至选择放弃中标。

以上这些行为,都违背了"公开、公平、诚实信用"的招投标原则,扰乱了建筑市场的秩序。

2.2.3.2 合同履行阶段的诚信缺失行为

中标签约后进入合同履行阶段,基本行为要求是全面、恰当和诚信履约。这一阶段建筑业企业可能存在以下一些不诚信行为。

(1) 更换项目经理

项目经理作为建筑业企业在项目上的全权委托代理人,将代表建筑业企业处理项目实施中的一切重大事宜。在一定程度上,项目经理是项目合同履约的负责人,项目经理的工作对于项目的成功实施起着关键作用。这也是建设单位招标时特别看重项目经理人选的原因,同时也造成优秀的项目经理成为建筑业企业的"稀缺资源"。为了更加充分地利用这些"稀缺资源"(主要为了去争取下一个项目),建筑业企业经常会在中标后,用其他项目经理去替换投标的项目经理,造成投标时的"说到"在合同履行时的"做不到"的不诚信事实。

（2）转包、非法分包

《中华人民共和国建筑法》明令禁止承包单位将全部工程或将其肢解后转包他人，对于分包，除了总承包合同中约定的或经业主认可的，总包单位严禁将工程分包给不具备相应资质的单位。

然而，转包、非法分包在项目实施时时有发生。由于工程经层层转包、分包，层层收取利润，直接导致实际投入项目的资金大大减少，实施施工的人员为了赚钱，可能会偷工减料、违反建设程序等，给工程质量、安全等埋下隐患。

近年来发生的工程质量、安全事故，存在转包、非法分包的不在少数，这些事故给人民的生命财产安全带来了重大损失[46]。

（3）拖欠农民工工资

建筑业企业拖欠农民工工资的问题也很普遍。尽管这与国家的经济形势、建筑市场的"三角债"等有关，但仍然存在建筑业企业在取得工程款的前提下，依然肆意拖欠民工工资的情况。这一不诚信行为会造成比较恶劣的社会负面影响，并易引起群起性事件，危及社会公平和稳定。

以上这些不诚信行为都应该被制止。

2.3　建筑业企业诚信评价指标体系构建

2.3.1　构建原则

（1）系统性和科学性原则

建筑业企业诚信涉及的因素较多，需要遵循系统和科学的原则，设置能全面、准确地反映建筑业企业诚信的关键评价指标，同时还要保证设置的评价指标内涵明确。

（2）定量与定性相结合原则

由于影响建筑业企业诚信状况的因素较多，存在一些难以量化的评价因素，单纯依靠定量指标并不能科学、全面地对受评建筑业企业进行诚信评价。因此，需要定量分析与定性分析相结合。

（3）适用性和可操作性原则

设置的评价指标所需数据应易于获得，尽可能采用财务、信用、资质等评价中已有的指标，指标体系要繁简适中，使用简便、实用；各评价指标及其计算方法应能标准化、规范化。对于难以量化的定性指标，可以结合问卷调查、实地调研、专家评议等方法确定,并尽量将定性指标定量化。

(4) 一致性和可比性原则

一致性是指同类企业应采用相同的评价标准;可比性则是指所选取的评价指标在同类企业间有完全一致的定义和内涵,数据来源统一,以保证同一指标在不同企业间具有横向可比性。一致性和可比性是保证建筑业企业诚信评价结果客观、公正的基本前提。

(5) 针对性和独立性原则

建筑业企业诚信评价指标体系必须具有针对性,应与信用评价、财务评价等有所区别,以充分体现建筑业企业诚信评价的目的;此外,设置的指标应尽可能相互独立,尽量减少指标间的重叠。

2.3.2 指标体系的构建步骤

为形成科学、全面、合理的指标体系,本研究将按照文献研究 & 理论分析—调研访谈 & 专家会议—问卷调查及数据分析的技术路线,在文献研究、理论分析的基础上初步设置诚信评价指标;遵循调查问卷设计原则[71],设计调查问卷;通过问卷分析对评价指标进行修正与结构调整,在此基础上设计新一轮的调查问卷;经过三轮的问卷发放、回收与分析,兼顾专家会议精神,最终确立建筑业企业诚信评价指标体系。

2.3.3 建筑业企业诚信评价指标体系初建

2.3.3.1 文献研究

依据检索结果,挑选了与"建筑业企业诚信评价指标体系"联系较为密切的文献,分析归纳结果详见表 2.1。

表 2.1 案例分析归纳结果

文献	主题	共性评价指标	性质	差异化评价指标	性质
1	施工企业信用	经营能力、竞争能力、管理能力、财务能力、信用记录	履约能力、金融信用	—	—
2	建设工程契约信用	合同管理水平、合同履约能力、合同缔约能力、合同社会信誉度	履约能力、金融信用	合同缔约状况、合同履约状况	合同签订诚信与履约诚信

文献	主题	共性评价指标	性质	差异化评价指标	性质
3	建筑施工企业信用	企业素质、偿债能力、经营管理、经营效益、发展前景	履约能力、金融信用	—	—
4	公路施工企业信用	人员素质、技术素质、经营能力、资金能力、奖惩记录、社会责任	履约能力、金融信用	投标行为、合同履行	投标诚信与履约诚信
5	工程建设企业信用	经营能力、管理能力、财务能力、优良记录、不良记录	履约能力、金融信用	—	—
6	投标领域企业信用	企业基本状况、财务指标状况、创新和发展能力、公共信用监管信息	履约能力、金融信用	招标投标监管信息	投标诚信
7	建筑企业诚信	企业素质、资金信用、经营管理、经济效益、发展前景	履约能力、金融信用	—	—
8	建筑企业信用	企业基本情况、人力资源水平、奖励及处罚记录、环境能力	履约能力、金融信用	工程项目信息	—
9	施工企业诚信行为	—	—	市场准入、承揽项目、项目履约	投标诚信与履约诚信
10	建筑企业信用	企业素质、偿债能力、盈利能力、营运能力、发展能力、信用记录	履约能力、金融信用	—	—
11	建筑业企业信用	企业素质、企业经营能力、企业管理能力、企业信用记录	履约能力、金融信用	—	—

表中所列经营能力、偿债能力、盈利能力、发展能力等评价指标,通常为银行等金融机构对一般企业进行信用评价时所选用,可以用"金融诚信"来简化。金融诚信、奖励及处罚记录、公共信用监管记录等主要反映评价对象过去的诚信水平。由于诚信评价的目的是考察评价对象以往"说到做到"的程度,并用来预测其今后的诚信程度,所以过去的诚信情况和企业素质可以称为"诚信基础"。

此外,本研究要从建设工程交易全过程(投标过程+履约过程)研究建筑业企业的诚信问题,因此需要设置"投标诚信"和"履约诚信"来考察建筑业企业的业务诚信。参考有关文献[47-48],从投标意愿和投标能力两方面考察投标诚信,从机构设置情况、人员设备进场情况、施工进度情况、质量情况、安全文明环保情况、资金使用情况以及项目资料归档情况七个方面考察履约诚信。

2.3.3.2 建设工程交易全过程中建筑业企业诚信行为流程分析

为设置建筑业企业诚信评价指标,需要对建筑业企业在建设工程交易全过程(投标过程+履约过程)中的诚信行为表现进行流程分析,以寻找能够表征建筑业企业投标诚信和履约诚信的指标。流程分析结果详见图2.2:

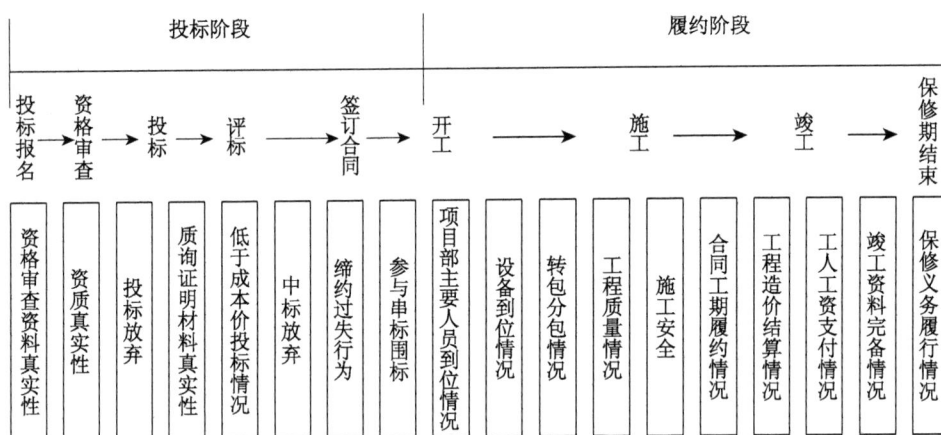

图 2.2 建筑业企业在建设工程交易全过程中的诚信行为分析

依据上述流程分析,将投标诚信指标进行细化。

2.3.3.3 评价指标初选

(1)金融诚信包括:经营能力、偿债能力、盈利能力、发展能力细分评价指标;

(2)诚信基础包括:优良诚信记录、不良诚信记录细分评价指标;

(3)投标诚信包括:投标意愿、投标能力细分评价指标;

(4)履约诚信包括:机构设置情况、人员设备进场情况、施工进度情况、质量情况、安全文明环保情况、资金使用情况以及项目资料归档情况细分评价指标。

2.3.4 建筑业企业诚信评价指标体系确立

问卷调查作为一种快捷、有效收集信息的工具,被广泛应用于社会调查、验证假设和观点研究中。本研究采用问卷调查法,广泛征集专家及相关人士的意见和建议,以完善建筑业企业诚信评价指标体系。

2.3.4.1　问卷调查

1) 问卷设计原则

问卷调查结果是相关研究工作的基础,好的问卷才能获得有效的调查结果,保证研究工作的质量,达到研究目的,因此,问卷编制设计应当遵守一定的原则[72]。

(1) 可接受性原则。需要做到以下几点:① 向问卷填写者简要、清晰地说明研究的目的、意义和作用;② 问卷应该具有较强的可读性,表达语言通俗易懂;③ 问卷填写时间限制在 30 分钟以内,以避免引起问卷填写者的反感。

(2) 目的性原则。在明确研究目的的基础上解决:① 问卷采用的形式:开放式或封闭式? ② 如何统计分析问卷;③ 如何选定问卷填写者,应当收集被调查者哪些个人背景信息等问题,以保证问卷调查结果的有效性。

(3) 针对性原则。问卷调查的目的在于获得研究所需要的有效信息,因此,进行问卷调查时,应当选择与研究目的密切相关的调查对象,明确样本的属性,以做到有的放矢。

(4) 操作性原则。操作性原则是在问卷设计时应尽可能地做到:① 提供简单的问卷填答指导;② 尽可能采用封闭式、客观性问题;③ 对问卷填写者的背景信息要合理编码;④ 问题内容不宜过多。以便问卷资料收集、处理和统计。

(5) 经济性原则。问卷调查研究的重要原则之一就是以最少的问题获得最大量的信息,这样不仅可以节省研究经费、研究者的时间和精力,而且从问卷填写者的角度来说,也更是一种时间和精力的节约,且易于获得他们的配合,以保证问卷调查的质量。

2) 问卷设计和发放过程

根据上述问卷设计原则,本研究问卷的设计和发放主要经历了以下几个阶段:

首先,通过相关文献研究,结合研究目的和建筑业企业业务特点,初选了建筑业企业诚信评价指标,以此为基础设计了半开放式的第一轮调查问卷,并进行了网络发放。

其次,对第一轮回收的问卷进行分析,针对调查问卷中的意见反馈以及数据分析结果,修改完善问卷,形成调查问卷第二稿,采用人工调查和网上调查相结合的方式进行发放。

最后,重复上述分析过程,进一步完善了评价指标体系,形成问卷终稿。第三轮调查问卷采用现场调查和网上调查相结合的方式进行了发放。

关于问卷调查对象的选取基于下列考虑:

本研究的考察对象是建筑业企业的诚信问题,依据诚信内涵,建筑业企业的诚信通过其在社会经济活动中的行为表现出来,因此,与其有经济活动交往的其他社会主体都可以对其诚信情况进行评价。在建筑市场,与建筑业企业有经济交往或联系的主体较多,包括建设单位、监理单位、银行、设计单位、招标代理、项目管理公司、各种材料设备供应商等,当然也要接受政府主管部门的监督管理。图2.3是按照业务关系联系紧密程度所示的建筑业企业诚信评价相关主体。问卷发放时,将尽量按此图所示,选择来自相关部门的专业人士作为问卷调查对象,以保证能够获得比较全面的调查信息。

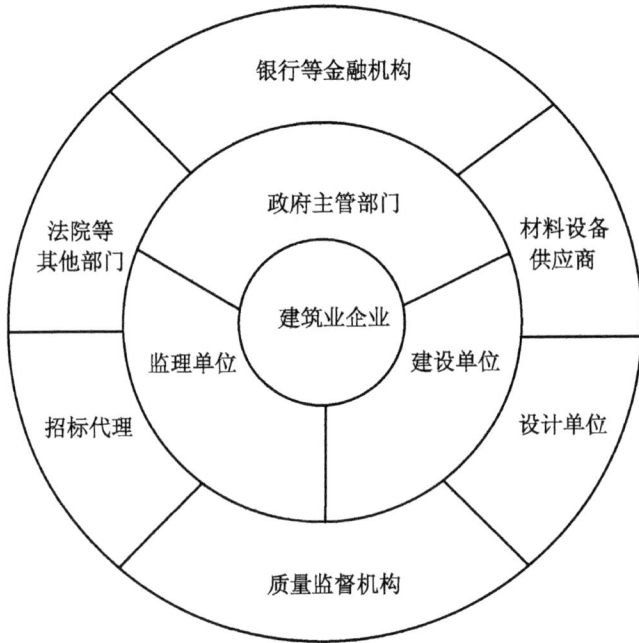

图 2.3　与建筑业企业关联的主体图

2.3.4.2　问卷分析

本研究将按下列内容进行问卷调查数据分析。

1) 描述性统计分析

描述性统计分析的主要目的在于说明各个观测指标的描述统计。一方面,通过统计每个观测指标的得分情况的最小值(Minimum)、最大值(Maximum)、中位数(Median)、均值(Mean)、标准差(Standard Deviation),了解问卷数据的整体分布情况;另一方面,判断样本数据是否服从正态分布,主要检验数据的偏度(Skewness)和峰度(Kurtosis),若数据的均值与中位数相近,且偏度小于2,峰度值小于5,则认为该数据满足正态分布要求。

2）信度分析

信度分析用来度量测验结果的一致性、稳定性。一致性是指同一调查项目调查结果的一致程度。稳定性是指在前后不同的时间内对相同测试者重复测量所得结果的相关程度[73]。问卷调查信度分析方法主要有再测法、折半法、复本相关法和 Cronbach α 系数法，其中 Cronbach α 系数法是目前社会科学研究中使用频率最高的方法，其计算公式如下：

$$Cronbach\ \alpha = \frac{N \times \bar{r}}{1 + (N-1) \times \bar{r}} \qquad (2.1)$$

式中，N 是指问卷的题项数量，$\bar{r}$ 是指题项之间的平均相关系数。

Cronbach α 系数愈高，表示该测验的结果愈一致、稳定、可靠，一般认为 Cronbach α 大于 0.9 时，说明问卷具有较高的信度；在 0.7～0.9 时，可以接受；在 0.7 以下时，说明问卷需要进行进一步完善；若 Cronbach α 系数在 0.6 以下时，说明可能存在问卷设计不合理、问卷题目区分度不高等问题，需要对问卷进行重新编制[74]。在进行信度分析时，还会借助各观测指标的校正的项总计相关性（Corrected Item-Total Correlation，CITC）来进行指标的净化。但对于指标净化标准学术界没有统一的意见，目前通常认为当某观测指标在信度检验中同时满足以下两个标准时予以删除：① $CICT$ 小于 0.4[75]；② 删除该题项可以提高问卷的整体信度。

3）效度分析

效度（Validity）即有效性，它指测量工具或手段能够准确测出所需测量的事物的程度，即所测量到的结果反映所想要考察内容的程度。测量结果与要考察的内容越吻合，则效度越高；反之，则效度越低。效度可以分为内容效度、准则效度和结构效度三种类型，通常较多进行内容效度和结构效度分析。

本研究在进行指标体系设置时，通过专家访谈、文献研究和理论分析相结合的方式保证问卷的内容效度；在进行结构效度分析时，采用常用的因子分析法，主要通过探索性因子分析、验证性因子分析，从量表全部观测指标中提取一些公因子，各公因子分别与某一群特定变量高度关联，用这些公因子来最大限度地表示所有变量的基本信息，从而降低结构维度，获得清晰的量表结构体系。

（1）探索性因子分析（Exploratory Factor Analysis，EFA）

在做因子分析前需要做 KMO 样本充足度检验（Kaiser-Meyer-Olkin）与 Bartlett 球形检验，以判定是否适合做因子分析。一般认为 KMO 值等于或超过 0.6，Bartlett 球形检验的 χ^2 值显著性概率小于 0.01 时，量表适合做因子分析[76]。探索性因子分析是一项用来寻找多元观测变量的本质结构并进行降维的技术。通过对问卷进行探索性因子分析,根据一定的准则进行公因子的提取和指标的重新归类及取舍,最终构建一个简单、易于解释、信息量丢失较少的模型。目前,学术界对于指标的归类和取舍准则还未达成一致,本研究在进行文献综述的基础上,将采用以下原则进行公因子的提取和指标归类取舍:

① 提取的公因子的特征值应大于 1;

② 提取的公因子的累计贡献率越大,说明信息丢失越少,故累计贡献率应越大越好,但应不低于 50%;

③ 问卷中每观测指标在相应的公因子上的负荷应当大于 0.5,且若某观测变量在所有公因子上负荷小于 0.5,应予以改变或删除该变量;

④ 如果提取的某个公因子只包含一个观测变量,通常可考虑将该因子与其他因子合并或干脆删除该因子;

⑤ 提取的模型应当既简单且易于从专业角度给出解释。

在进行因子提取时,只要对初始共性因子进行旋转,就可以获得一组新的因子,对这组因子的解释也随之发生变化,即通过探索性因子分析所得到因子的结果并不是唯一的。合适旋转方法的选择能够使得对公因子的命名和解释变得更加容易和合理。因此,应当采取多种方法进行因子的提取,然后将不同旋转方法下得到的结果进行比较,最终选择合理的因子结构模型。常见的因子旋转方法有正交旋转和斜交旋转两种,通过正交旋转提取出的因子彼此不相关,而通过斜交旋转提取出的因子间彼此相关。本研究将采用正交旋转法进行因子的提取。常见的正交旋转有方差最大旋转(Varimax Rotation)和平均正交旋转(Equamax Rotation)两类:方差最大旋转,使每个因子上的具有最高载荷的变量数最小,从而简化对因子的解释;而平均正交旋转,使在一个因子上有高载荷的变量数和变量中需要解释的因子数最少。本研究采用方差最大旋转法。

在进行探索性因子分析时,除了需要满足上述因子提取和指标归类取舍原则外,提取出的因子结构应具有较好的区分效度和收敛效度。

区分效度是指提取出的不同因子之间必须能够有效分离,具有较好的区分度。目前,用于检验区分效度的方法主要有以下三种[77]:

① 计算因子间的相关系数,若该相关系数值的 95% 置信区间不包含 1,则可以认为这两个因子之间具有较好的区分效度;

② 将两个因子之间的相关系数设为 1,计算模型拟合后的卡方值,然后再计算两个因子之间的相关系数自由估计时模型拟合后的卡方值,当卡方值的变化量 $\Delta\chi$ 达到显著时,则表明两个因子之间具有区分效度;

③ 计算每个因子的平均方差萃取量(Average Variance Extracted,AVE),若

AVE 大于该因子与其他因子的相关系数的平方时,则表明这两个因子之间具有区分效度。

本研究采用第三种方法来进行因子提取结果因子间区分效度的检验,AVE 的计算公式如下:

$$\mathrm{AVE} = \frac{\sum_{i=1}^{n} \lambda_i^2}{\sum_{i=1}^{n} \lambda_i^2 + \sum_{i=1}^{n} \theta_i} \tag{2.2}$$

其中,λ 表示因子负荷,θ 表示测量误差。

收敛效度是要检验各个指标在所属因子上的因子负荷(factor loading)是否显著,因子负荷判断标准如表 2.2 所示:

表 2.2　因子负荷的判断标准[78]

因子负荷 λ	因子负荷的平方 λ^2	结　　论
0.71	50%	优秀
0.63	40%	非常好
0.55	30%	较好
0.45	20%	好
0.32	10%	不好
0.32 以下		不及格

此外,许多学者建议通过计算各个因子的平均变异萃取量(AVE)值来进一步收敛效度检验。一般认为所有完全标准化的因子载荷要大于 0.5 且达到显著水平($p <$ 0.05);AVE 大于 0.5 时可认为提取的因子结构具有良好的收敛效度。

(2)验证性因子分析(Confirmatory Factor Analysis,CFA)

验证性因子分析,主要的目的是测试一个因子与相对应的观测变量之间的关系是否符合研究者所设计的理论关系,或是对通过探索性因子分析所得出一个或多个因子结构模型进行拟合检验,以获得一个整体拟合度最优的模型。目前,结构方程模型下的验证性因子分析是常用的分析方法,模型拟合效果的评价指标有绝对、相对和简约拟合指数三类:绝对拟合指数用来检验所考虑的理论模型与样本数据的拟合程度,评价指标有拟合优度卡方检验(x^2/df)、拟合优度指数(GFI)、近似误差均方根(RMSEA)和标准化残差均方根指数(SRMR);相对拟合指数是将基准模型与理论模型进行比较以衡量拟合程度的改进,评价指标主要有规范拟合指数(NFI)、不规范拟合指数(NNFI)、比较拟合指数(CFI)、增长拟合指数(IFI)等。

　　研究表明,模型的拟合度受到样本量、载荷量、评分等级数和分布形态的影响,因此,应当根据研究的内容来选择合适的拟合度评价指标。Hu & Bentler(1999),郭庆科、李芳(2008)[88-89]等通过模拟分析和文献研究表明 RMSEA、SRMR、NFI、NNFI、IFI、CFI 等指标在进行拟合评价时具有较好的稳定性。此外,卡方准则也是进行模型拟合度检验的重要准则,因此,本研究采用 x^2/df、RMSEA、SRMR、NNFI、IFI、CFI 等指标来进行模型拟合度的评价和比选。各类指标的检验标准如表 2.3 所示[78-82]:

表 2.3　拟合指数及判断标准

类别	拟合指数名称	判断值	特性及优缺点
绝对拟合指数	拟合优度卡方检验(x^2/df)	<2	不受模型复杂度影响
	近似误差均方根(RMSEA)	<0.05	不受样本数量与模型复杂度影响
	标准化残差均方根指数(SRMR)	<0.05	不受样本数量的影响
相对拟合指数	不规范拟合指数(NNFI)	>0.90	不受样本数量、模型复杂度影响,并对复杂模型进行校正
	比较拟合指数(CFI)	>0.90	适用于小样本;不对复杂模型进行校正
	增长拟合指数(IFI)	>0.90	不受样本数量的影响,可对复杂模型进行校正

2.3.4.3　第一轮问卷分析报告

　　第一轮调查问卷包括三部分:第一部分简要介绍了问卷调查的目的;第二部分是基本资料,主要是被调查者的个人信息,用于了解被调查对象的情况;第三部分是建筑业企业诚信评价指标列表,分四个因素 16 个指标。此外,预设了"补充指标"以及"其他修改意见和建议"部分。

　　调查问卷评分标准采用 5 分量表制(Likert-5 Scale),问卷的打分以被调查者认为该指标对建筑业企业诚信的重要程度为度量。1~5 分依次表示的是:很不重要、不重要、一般重要、重要、很重要。

第一轮调查问卷的主要调查对象为高校教师,采用电子邮件的形式发放问卷。

(1) 调查问卷的基本信息(表2.4至表2.7)

表2.4　问卷填写者学历情况表

学历	研究生	本科	大专	其他
所占比例	90.3%	9.7%	0	0

表2.5　问卷填写者工作年限情况表

工作年限	16年以上	11～15年	6～10年	5年及以下
所占比例	57.7%	23.1%	7.7%	11.5%

表2.6　问卷填写者职称情况表

职称	高级职称	中级职称	初级职称
所占比例	73.1%	23.1%	3.8%

表2.7　问卷填写者工作单位情况表

工作单位	施工单位	高校	设计单位
所占比例	1.9%	94.3%	3.8%

(2) 补充、修改建议总结

被调查者提出的补充、修改建议主要集中在以下几个方面:① 增加反映企业规模的指标;② 增加对项目经理的考察指标;③ 关注建筑业企业在投标过程中的"不诚信"行为;④ 部分指标之间的相关程度较高,可以对其进行合并;⑤ 加大对投标承诺内容与实施过程中实际发生情况之间一致性的考察。

(3) 描述性统计分析

描述性统计分析的主要目的在于说明各个观测指标的描述统计。一方面,利用描述每个观测指标的得分情况,包括最小值、最大值、平均数、中位数与标准差等信息,来了解被调查对象对各题项回答的差异性;另一方面,对各观测指标的得分进行峰度和偏度的分析,获得其集中与分散的情形。

本次问卷调查各个观测指标的描述性统计结果如表 2.8 所示:

表 2.8　问卷指标的描述性统计

	编号	观测指标	最小值	最大值	均值	中位数	标准差	偏度	峰度
金融诚信	X1	企业基本素质	1.000	5.000	3.981	4.000	0.896	−0.641	0.613
	X2	经营管理	1.000	5.000	4.000	4.000	0.741	−1.203	4.133
	X3	盈利能力	2.000	5.000	4.250	4.000	0.682	−0.746	1.038
	X4	偿债能力	1.000	5.000	4.231	4.000	0.854	−1.452	3.146
	X5	发展能力	1.000	5.000	3.750	4.000	1.027	−0.488	−0.350
投标诚信	X6	投标意愿	1.000	5.000	3.500	4.000	1.019	−0.693	0.394
	X7	投标能力	1.000	5.000	4.000	4.000	1.029	−1.460	2.363
履约诚信	X8	机构设置情况	1.000	5.000	3.192	3.000	0.991	−0.152	0.073
	X9	人员设备进场情况	1.000	5.000	3.423	3.500	0.915	−0.323	−0.132
	X10	施工进度情况	1.000	5.000	3.923	4.000	0.860	−1.004	1.783
	X11	质量情况	1.000	5.000	4.308	4.000	0.875	−1.568	3.158
	X12	安全文明环保情况	1.000	5.000	3.577	4.000	1.054	−0.419	−0.210
	X13	资金使用情况	1.000	5.000	3.885	4.000	0.943	−0.785	0.602
	X14	项目资料归档情况	1.000	5.000	3.289	3.000	0.936	−0.470	0.614
诚信基础	X15	优良诚信记录	1.000	5.000	4.192	4.000	0.768	−1.428	4.530
	X16	不良诚信记录	1.000	5.000	4.231	4.000	0.877	−1.203	1.961

注:X5、X6、X7、X12 这四个指标的标准差大于1,说明被调查者对这 4 个指标的评价存在较大差异;从偏度和峰度来看,能满足"偏度小于 2,峰度值小于 5"的要求,可以认为该样本数据满足正态分布要求。

(4) 信度、效度检验

运用 SPSS 15.0 进行 KMO 抽样适当性检验和 Bartlett 球形检验,检验结果显示 KMO 值为 0.813,Bartlett 球形检验的 χ^2 值为 418.692(自由度为 120),达到显著水平 ($p < 0.001$),适合进行因子分析。

问卷 Cronbach α 值在 0.671~0.854,其中投标诚信项分值低于 0.7;除了 X1、X4、X5、X13 指标的 CITC 小于 0.5 外,其余指标相应分值均大于 0.5,删除这些指标后的 Cronbach α 值大大提高。

采用主成分分析法,进行 Varimax 方差正交旋转,最终提取特征值大于 1 的因子 3 个,3 个共同因子累计解释的变异量为 68.241%。分析结果显示:指标 X1~X5、

X15、X16 共属于一个因子。

计算指标间的相关系数,编制验证性因子分析 LISREL 程序语句如下:

```
Confirmatory Factor Analysis
DA NI=16 NO=52 MA=KM
KM SY
1.000
0.649 1.000
0.168 0.427 1.000
0.160 0.310 0.572 1.000
0.229 0.335 0.455 0.335 1.000
0.290 0.286 0.381 0.203 0.459 1.000
0.128 0.437 0.531 0.312 0.278 0.505 1.000
0.424 0.401 0.333 0.201 0.414 0.563 0.404 1.000
0.321 0.405 0.267 0.274 0.365 0.210 0.333 0.557 1.000
0.049 0.246 0.401 0.532 0.333 0.157 0.421 0.294 0.640 1.000
0.208 0.423 0.492 0.637 0.327 0.352 0.435 0.428 0.495 0.736 1.000
0.199 0.376 0.395 0.372 0.444 0.529 0.398 0.549 0.514 0.569 0.590 1.000
0.392 0.337 0.351 0.399 0.415 0.490 0.323 0.381 0.103 0.231 0.329 0.325 1.000
0.334 0.424 0.315 0.307 0.525 0.524 0.407 0.637 0.427 0.369 0.440 0.464 0.505
1.000
0.376 0.414 0.468 0.320 0.311 0.376 0.273 0.337 0.273 0.290 0.377 0.466 0.383 0.276
1.000
0.455 0.362 0.262 0.372 0.087 0.154 0.087 0.264 0.242 0.258 0.365 0.277 0.412 0.204
0.544 1.000
  LA；X1 X2 X3 X4 X5 X6 X7 X8 X9 X10 X11 X12 X13 X14 X15 X16
  MO NX=16 NK=4 LX=FU,FI PH=ST TD=DI,FR
  LK；BaI TI PI IR
  PA LX
  5 (1 0 0 0)
  2 (0 1 0 0)
  7 (0 0 1 0)
  2 (0 0 0 1)
  PD
  OU MI SS SC
```

整理结果如表 2.9 至表 2.11 所示:

表 2.9　问卷模型拟合指标值

x^2/df	RMSEA	GFI	NFI	NNFI	CFI	显著性 P
1.93	0.13	0.68	0.80	0.87	0.90	<0.01

表 2.10　验证性因子分析部分结果汇总

潜变量	观测指标	因子负荷 λ	测量误差 θ	组合信度（CR）	平均变异抽取量（AVE）
金融诚信	企业基本素质 X1	0.48	0.77	0.75	0.37
	经营管理 X2	0.66	0.56		
	盈利能力 X3	0.70	0.51		
	偿债能力 X4	0.61	0.63		
	发展能力 X5	0.58	0.66		
投标诚信	投标意愿 X6	0.69	0.52	0.67	0.51
	投标能力 X7	0.73	0.46		
履约诚信	机构设置情况 X8	0.69	0.52	0.85	0.47
	人员设备进场情况 X9	0.66	0.56		
	施工进度情况 X10	0.70	0.51		
	质量情况 X11	0.77	0.41		
	安全文明环保情况 X12	0.76	0.42		
	资金使用情况 X13	0.50	0.75		
	项目资料归档情况 X14	0.68	0.54		
诚信记录	优良诚信记录 X15	0.82	0.33	0.71	0.55
	不良诚信记录 X16	0.67	0.56		

表 2.11　问卷潜变量间的相关系数

	银行诚信	投标诚信	履约诚信	诚信记录
银行诚信	1.00*			
投标诚信	0.79* (0.12)** 6.32***	1.00		
履约诚信	0.84* (0.08)** 10.63***	0.80* (0.11)** 7.37***	1.00	
诚信记录	0.75* (0.12)** 6.03***	0.46* (0.17)** 2.66***	0.61* (0.13)** 4.68***	1.00

注：＊为相关系数；＊＊括号内为标准差；＊＊＊为 T 值。

数据表明：金融诚信、履约诚信的 AVE 小于 0.50,故二者的聚敛效度不够理想;金融诚信、投标诚信以及履约诚信三个潜变量的相关系数的95%置信区间涵盖了1,表示这三个潜变量间的区分效度不足;而诚信记录与其他三个潜变量的相关系数的95%置信区间都不包括1,说明诚信记录与其他三个潜变量存在较高的区分效度。

（5）第一轮调查问卷分析总结

金融诚信、投标诚信以及履约诚信三个潜变量间的区分效度不足;各潜变量下的观测指标设置不够均匀,"投标诚信""诚信记录"只设定了两个观测指标,不利于分析;调查对象不应仅限于高校教师,还应包括政府主管部门、建设单位、监理单位、施工单位等。调查问卷需要进一步完善。

2.3.4.4　第二轮调查问卷简要分析

在第一轮调查问卷统计分析的基础上,设计了第二轮的调查问卷。与第一轮调查问卷相比,此次问卷的变化主要体现在:

将经营能力、偿债能力、盈利能力、发展能力等评价指标简化为"金融诚信"指标（本轮问卷中以银行信用等级代替）,并和领导素质、资质等级等指标共同构成诚信基础指标;细化投标、诚信指标,保留履约诚信指标。

第二轮调查共发放现场调查问卷150份,回收150份,发放电子问卷214份,回收48份。对回收的调查问卷的有效性进行检验,发现有效现场问卷113份,有效电子问卷48份,有效问卷回收率达到44.2%,满足对问卷进行统计分析的要求。

（1）调查问卷的基本信息（表2.12至表2.15）

表2.12　问卷填写者学历情况表

学历	研究生	本科	大专	其他
所占比例	38.5%	47.2%	14.3%	0

表2.13　问卷填写者工作年限情况表

工作年限	16年以上	11~15年	6~10年	5年及以下
所占比例	85.7%	8.7%	3.7%	1.9%

表2.14　问卷填写者职称情况表

职称	高级职称	中级职称	初级职称
所占比例	77.0%	19.9%	3.1%

表 2.15　问卷填写者工作单位情况表

工作单位	施工单位	高校	建设单位	监理单位	政府部门
所占比例	6.3%	36.6%	17.4%	16.1%	23.6%

（2）补充、修改建议总结

被调查者提出的补充、修改建议主要集中在以下几个方面：① 要对诚信环境进行分析；② 增加与建筑业企业有过合作关系的建设单位、监理单位，对其进行诚信评价；③ 增设对工程施工索赔考察的指标。

（3）描述性统计分析

运用 SPSS 15.0 对回收的问卷进行描述性统计分析，结果见表 2.16：

表 2.16　问卷指标的描述性统计

	编号	观测指标	最小值	最大值	均值	中位数	标准差	偏度	峰度
诚信基础	E1	领导素质	2.000	5.000	4.373	5.000	0.835	−1.120	0.297
	E2	职工素质	1.000	5.000	3.913	4.000	0.876	−0.564	0.002
	E3	资质等级	1.000	5.000	3.758	4.000	0.973	−0.526	−0.129
	E4	企业业绩	1.000	5.000	3.832	4.000	0.950	−0.587	0.088
	E5	技术装备	1.000	5.000	3.665	4.000	1.100	−0.526	−0.342
	E6	管理素质	1.000	5.000	4.081	4.000	0.962	−0.889	0.430
	E7	技术素质	1.000	5.000	3.808	4.000	0.997	−0.677	0.252
	E8	银行信用等级	1.000	5.000	4.025	4.000	0.974	−0.912	0.634
投标诚信	B1	资格审查材料真实性	1.000	5.000	4.435	5.000	0.812	−1.735	3.592
	B2	资质真实性	1.000	5.000	4.360	5.000	0.905	−1.700	3.189
	B3	投标放弃	1.000	5.000	3.441	3.000	1.264	−0.373	−0.830
	B4	质询证明材料真实性	1.000	5.000	3.963	4.000	0.948	−0.683	0.005
	B5	低于成本价投标情况	1.000	5.000	3.745	4.000	1.103	−0.697	0.059
	B6	中标放弃	1.000	5.000	3.950	4.000	1.139	−0.955	0.198
	B7	缔约过失行为	1.000	5.000	4.217	4.000	0.940	−1.134	0.815
	B8	参与串标围标	2.000	5.000	4.540	5.000	0.766	−1.613	1.807

续　表

	编号	观测指标	最小值	最大值	均值	中位数	标准差	偏度	峰度
履约诚信	P1	项目部主要人员到位情况	1.000	5.000	4.310	5.000	0.853	−1.379	2.215
	P2	设备到位情况	2.000	5.000	3.994	4.000	0.771	−0.487	0.001
	P3	转包分包情况	1.000	5.000	4.422	5.000	0.834	−1.584	2.697
	P4	工程质量保证	1.000	5.000	4.509	5.000	0.784	−1.728	3.000
	P5	施工安全	1.000	5.000	4.342	5.000	0.881	−1.228	0.896
	P6	合同工期履约情况	1.000	5.000	4.118	4.000	0.832	−0.950	1.338
	P7	工程造价结算	1.000	5.000	3.853	4.000	1.032	−0.836	0.422
	P8	工人工资支付	2.000	5.000	4.068	4.000	0.923	−0.668	−0.481
	P9	竣工资料完备情况	1.000	5.000	3.938	4.000	0.947	−0.770	0.006
	P10	保修义务履行情况	1.000	5.000	4.162	4.000	0.908	−1.088	1.019

（4）信度、效度检验

运用 SPSS 15.0 计算 Cronbach α 系数为 0.791～0.927，大于 0.7。因子分析和结构方程模型拟合结果如表 2.17 至表 2.19 所示，指标间相关系数矩阵、变量间关系路径图等结果略。

表 2.17　问卷模型拟合指标值

x^2/df	RMSEA	GFI	NFI	NNFI	CFI	显著性 P
2.69	0.11	0.70	0.88	0.91	0.92	<0.01

表 2.18　验证性因子分析部分结果汇总

潜变量	观测指标	因子负荷 λ	测量误差 θ	组合信度（CR）	平均变异抽取量（AVE）
诚信基础	领导素质	0.30	0.91	0.81	0.36
	职工素质	0.45	0.80		
	资质等级	0.61	0.63		
	企业业绩	0.66	0.56		
	技术装备	0.74	0.46		
	管理素质	0.62	0.62		
	技术素质	0.75	0.44		
	银行信用等级	0.53	0.72		

潜变量	观测指标	因子负荷 λ	测量误差 θ	组合信度（CR）	平均变异抽取量（AVE）
投标诚信	资格审查材料真实性	0.68	0.54	0.81	0.34
	资质真实性	0.51	0.74		
	投标放弃	0.48	0.77		
	质询证明材料真实性	0.66	0.57		
	低于成本价投标情况	0.46	0.79		
	中标放弃	0.55	0.70		
	缔约过失行为	0.68	0.54		
	参与串标围标	0.64	0.59		
履约诚信	项目部主要人员到位情况	0.59	0.65	0.90	0.49
	设备到位情况	0.71	0.50		
	转包分包情况	0.68	0.54		
	工程质量保证	0.74	0.45		
	施工安全	0.69	0.53		
	合同工期履约情况	0.68	0.54		
	工程造价结算	0.69	0.52		
	工人工资支付	0.70	0.51		
	竣工资料完备情况	0.73	0.47		
	保修义务履行情况	0.76	0.43		

表 2.19　问卷潜变量间的相关系数

	诚信基础	投标诚信	履约诚信
诚信基础	1.00*		
投标诚信	0.73 (0.05) 13.38	1.00	
履约诚信	0.74 (0.05) 15.52	0.83 (0.04) 21.25	1.00

注：* 为相关系数；* * 括号内为标准差；* * * 为 T 值。

数据表明："领导素质"观测指标的因子负荷最小；各潜变量的平均变异抽取量都小于 0.5，问卷的聚敛效度不理想。

（5）第二轮调查问卷分析总结

诚信基础、投标诚信、履约诚信三个潜变量通过了区分效度检验,但都没有通过聚敛效度检验,需要对问卷作进一步完善。

依据环境生态学和信用成长环境理论,诚信水准高低不仅受行为主体自身因素的影响,也受到外部诚信环境的影响。因此,增设诚信环境指标。参考有关文献,设置经济发展水平、金融发展水平、征信体系建设水平、政府诚信水平、诚信法律环境以及诚信文化环境六个指标来考察建筑业企业诚信环境。在诚信基础和履约诚信中增加企业劳动保障、建设单位评价、监理单位评价指标,以此形成第三轮问卷。

2.3.4.5 第三轮调查问卷简要分析

第三轮调查问卷设计了包括诚信基础、投标诚信、履约诚信和诚信环境四个二级指标和中标放弃、违法转包分包等 33 个三级指标在内的建筑业企业诚信评价指标体系,采用现场调查和网上调查相结合的方式进行问卷发放。

本轮问卷调查共发放电子问卷 525 份,回收 58 份,发放现场调查问卷 500 份,回收 484 份,最终有效调查问卷为 415 份,有效问卷回收率达到 40.5%,满足对问卷进行统计分析的要求。

（1）调查问卷的基本信息（表 2.20 至表 2.23）

表 2.20 问卷填写者学历情况表

学历	研究生	本科	大专	其他
所占比例	17.6%	55.2%	27.2%	0

表 2.21 问卷填写者工作年限情况表

工作年限	16 年以上	11~15 年	6~10 年	5 年及以下
所占比例	54.4%	18.5%	14.0%	4.1%

表 2.22 问卷填写者职称情况表

职称	高级职称	中级职称	初级职称
所占比例	63.4%	33.8%	2.8%

表 2.23 问卷填写者工作单位情况表

工作单位	施工单位	招标代理	高校	建设单位	监理单位	银行	政府部门
所占比例	20.6%	10.4%	15.6%	18.7%	23.5%	4.1%	7.1%

上述数据表明,问卷对象供职单位多样,且与建筑业企业联系紧密;较长的从业年

限和较高的职称能保证提供水平较高的"专家"意见。问卷质量总体较高。

（2）描述性统计分析

运用 SPSS 15.0 对回收的问卷数据进行描述性统计分析，结果表明"经济发展水平""投标放弃""质询证明材料真实性""低于成本价投标""中标放弃""参与串标围标""司法记录"这 7 个指标的标准差大于 1，说明被调查者对这 7 个指标的认可存在一定的分歧；所有指标的偏度和峰度满足"偏度小于 2，峰度值小于 5"的要求，可以认为问卷的样本数据满足正态分布要求（表 2.24）。

表 2.24　问卷指标的描述性统计

观测指标	最小值	最大值	平均值	中位数	标准差	偏度	峰度
经济发展水平 C1	1.000	5.000	3.380	3.000	1.080	−0.220	−0.584
金融发展水平 C2	1.000	5.000	3.440	3.000	0.940	−0.271	−0.051
征信体系建设水平 C3	1.000	5.000	3.810	3.000	0.960	−0.631	0.256
政府诚信水平 C4	1.000	5.000	4.240	5.000	0.990	−1.348	1.356
诚信法律环境 C5	1.000	5.000	4.310	5.000	0.960	−1.520	1.899
诚信文化环境 C6	1.000	5.000	3.890	4.000	0.930	−0.601	0.029
资质等级 F1	1.000	5.000	3.730	4.000	0.990	−0.511	−0.177
工程业绩 F2	1.000	5.000	3.960	4.000	0.920	−0.949	1.128
不良行为记录 F3	1.000	5.000	4.230	4.000	0.880	−1.070	0.805
银行信用等级 F4	1.000	5.000	4.000	4.000	0.880	−0.714	0.343
纳税记录 F5	1.000	5.00	3.760	4.000	0.970	−0.616	0.229
司法记录 F6	1.000	5.00	3.750	4.000	1.000	−0.588	−0.110
企业劳动保障评价 F7	1.000	5.000	3.830	4.000	0.920	−0.494	−0.134
资格审查材料真实性 B1	1.000	5.000	4.110	4.000	0.990	−1.097	0.761
资质真实性 B2	1.000	5.000	4.120	4.000	0.970	−0.971	0.327
投标放弃 B3	1.000	5.000	3.620	4.000	1.050	−0.558	−0.229
质询证明材料真实性 B4	1.000	23.000	3.910	4.000	1.320	1.092	1.709
低于成本价投标 B5	1.000	5.000	3.760	4.000	1.010	−0.472	−0.365
中标放弃 B6	1.000	5.000	4.050	4.000	1.020	−0.975	0.483
缔约过失行为 B7	1.000	5.000	4.170	4.000	0.990	−1.174	0.898
参与串标围标 B8	1.000	5.000	4.300	5.000	1.080	−1.626	1.877

续　表

观测指标	最小值	最大值	平均值	中位数	标准差	偏度	峰度
项目概况 P1	1.000	5.000	3.500	4.000	1.000	-0.386	-0.104
项目部情况 P2	1.000	5.000	3.910	4.000	0.950	-0.730	0.294
设备到位情况 P3	1.000	5.000	3.590	4.000	0.890	-0.478	0.308
违法转包分包 P4	1.000	5.000	4.140	4.000	0.950	-1.043	0.672
工程质量 P5	1.000	5.000	4.350	5.000	0.920	-1.626	2.654
施工安全 P6	1.000	5.000	4.280	4.000	0.900	-1.257	1.333
合同工期 P7	1.000	5.000	3.760	4.000	0.870	-0.609	0.400
工程施工索赔 P8	1.000	5.000	3.730	4.000	0.870	-0.409	0.111
工人工资支付 P9	1.000	5.000	4.100	4.000	0.920	-0.981	0.917
保修义务履行情况 P10	1.000	5.000	4.000	4.000	0.880	-0.764	0.616
建设单位评价 P11	1.000	5.000	4.030	4.000	0.890	-0.947	0.935
监理单位评价 P12	1.000	5.000	3.790	4.000	0.970	-0.603	0.090

（3）信度、效度检验

运用 SPSS 15.0 计算 Cronbach α 系数、CITC 值、个别项目信度、潜在变量的组合信度（CR），结果表明：C1、C2、B3、B4、P1 指标的 CITC 值偏低，且删除后有利于分别提升该部分量表的总体信度，故删除这些指标。其余满足信度要求。

在删除 5 个指标后，计算有效样本 KMO 值为 0.923，Bartlett 球形检验的 χ^2 值为 7 048.061（自由度为 595），达到显著水平（$p=0.000$，小于 0.001）。采用主成分分析法，进行 Varimax 方差正交旋转，最终提取特征值大于 1 的因子 4 个，共同因子累计解释的变异量为 60.74%，正交旋转后得到的因子负荷矩阵如表 2.25 所示。

表 2.25　问卷信度分析

	编号	校正的项总计相关性	对应指标删除后的 Cronbach α 系数	部分量表 Cronbach α 系数	整体量表 Cronbach α 系数	个别项目信度	组合信度
诚信环境	C1	0.365	0.752			0.31	
	C2	0.408	0.735			0.33	
	C3	0.518	0.712	0.750	0.939	0.63	0.96
	C4	0.628	0.674			0.80	0.75
	C5	0.575	0.690			0.77	
	C6	0.509	0.717			0.59	

	编号	校正的项总计相关性	对应指标删除后的 Cronbach α 系数	部分量表 Cronbach α 系数	整体量表 Cronbach α 系数	个别项目信度	组合信度
诚信基础	F1	0.567	0.834			0.59	
	F2	0.539	0.831			0.57	
	F3	0.584	0.827			0.62	
	F4	0.608	0.824	0.845		0.60	0.85
	F5	0.609	0.835			0.68	
	F6	0.565	0.828			0.64	
	F7	0.526	0.832			0.62	
投标诚信	B1	0.554	0.794			0.63	
	B2	0.579	0.791			0.66	
	B3	0.432	0.810			0.44	
	B4	0.409	0.821	0.817		0.42	0.83
	B5	0.599	0.801			0.63	
	B6	0.616	0.785		0.939	0.71	0.96
	B7	0.656	0.780			0.76	
	B8	0.598	0.787			0.71	
履约诚信	P1	0.435	0.862			0.46	
	P2	0.516	0.854			0.56	
	P3	0.563	0.850			0.57	
	P4	0.558	0.850			0.64	
	P5	0.634	0.844			0.71	
	P6	0.634	0.844	0.862		0.69	0.86
	P7	0.609	0.846			0.63	
	P8	0.558	0.850			0.61	
	P9	0.617	0.845			0.69	
	P10	0.619	0.845			0.67	
	P11	0.548	0.813			0.65	
	P12	0.586	0.805			0.66	

　　经多次迭代最终因子旋转后的因子负荷矩阵结果看，每一个指标在共同因子上的负荷均大于 0.5[63]，因子提取后的指标维度和问卷设计时构建的指标维度相同，说明

因子提取和指标归类较合理,指标体系因子结构合理。

对于因子3"投标诚信"指标,其细分指标 B1、B2 都是指项目投标时,建筑业企业使用虚假资质、虚假资格材料骗取投标资格,可以使用"投标身份真实性"一个指标来代替。本课题在召开的专家会议以及问卷调查回收意见中专家多有提及,B1、B2 两个指标也有很高的相关性。因此,本研究在决定最后的三级指标时,使用"投标身份真实性"指标替代第三轮问卷中的 B1、B2 两个指标,即因子3"投标诚信"指标中最终细分为 5 个三级指标。

结构方程模型分析结果见表2.26。LISRAL 编程及验证性因子分析路径图略。

表 2.26　因子载荷矩阵(Rotated Component Matrix)

观测指标	共同因子 Component			
	1	2	3	4
征信体系建设水平 C3	0.784	0.155	0.227	0.086
政府诚信水平 C4	0.736	0.287	0.224	0.142
诚信法律环境 C5	0.681	0.035	0.124	0.137
诚信文化环境 C6	0.663	0.094	0.035	0.430
资质等级 F1	0.207	0.781	0.120	0.051
工程业绩 F2	0.164	0.647	0.107	0.394
不良行为记录 F3	0.228	0.722	0.232	0.390
银行信用等级 F4	0.100	0.601	0.003	0.101
纳税记录 F5	0.421	0.805	0.204	0.066
司法记录 F6	0.224	0.736	0.333	0.119
企业劳动保障评价 F7	0.122	0.710	0.128	0.409
资格审查材料真实性 B1	0.077	0.155	0.739	0.117
资质真实性 B2	0.102	0.287	0.715	0.184
低于成本价投标 B5	0.164	0.035	0.739	0.066
中标放弃 B6	0.379	0.094	0.754	0.191
缔约过失行为 B7	0.062	0.100	0.737	0.204
参与串标围标 B8	0.317	0.213	0.767	0.333
项目部情况 P2	0.225	0.060	0.283	0.682
设备到位情况 P3	0.018	0.354	−0.066	0.790
违法转包分包 P4	0.386	0.153	0.307	0.804
工程质量 P5	0.285	0.009	0.127	0.913

观测指标	共同因子 Component			
	1	2	3	4
施工安全 P6	0.363	0.346	0.065	0.902
合同工期 P7	0.279	0.226	0.013	0.774
工程施工索赔 P8	0.133	0.262	0.233	0.743
工人工资支付 P9	0.182	0.131	0.164	0.772
保修义务履行情况 P10	0.118	0.192	0.107	0.876
建设单位评价 P11	0.106	−0.004	0.232	0.847
监理单位评价 P12	0.105	0.238	0.003	0.788

表 2.27　问卷模型拟合指标值

	x^2/df	RMSEA	GFI	NFI	NNFI	CFI	显著性 P
拟合指数值	1.697	0.057	0.91	0.92	0.93	0.92	0.000
标准	<2	<0.08	>0.90	>0.90	>0.90	>0.90	<0.01

表 2.27 数据表明,模型拟合效果较好,结构效度得到保证。

2.3.4.6　建筑业企业诚信评价指标体系

综上,通过三轮问卷分析,最终获得满足信度、效度要求且拟合度较好的模型,据此确定如图 2.4 所示的建筑业企业诚信评价指标体系。

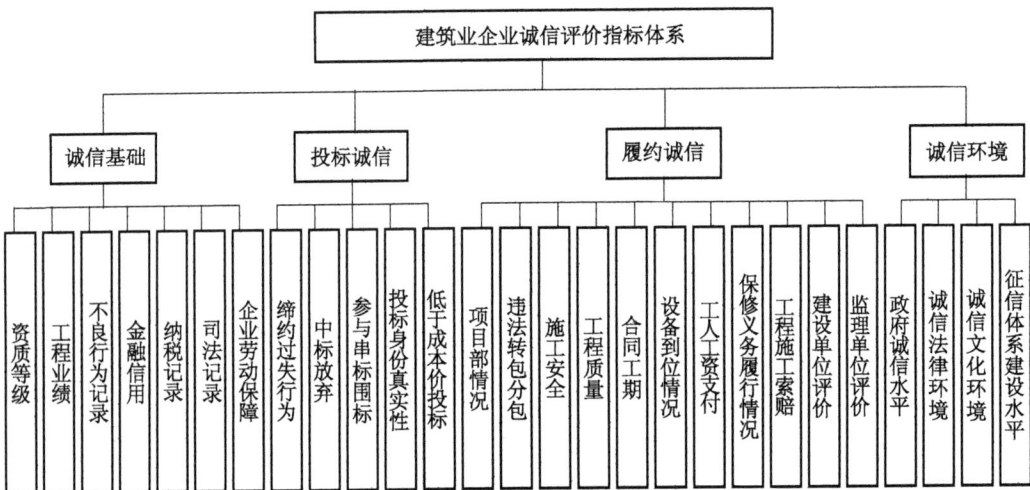

图 2.4　建筑业企业诚信评价指标体系

上述指标体系从本研究定义的诚信内涵出发,依据建筑业企业义务流程,着重评价建筑业企业在建设工程交易全过程中"说到做到"的程度,这种"说到做到"的程度主要通过建筑业企业自身的工作质量体现出来。设置的指标比较全面地涵盖了道德诚信指标、经济诚信指标和法律诚信指标,兼顾了定性指标和定量指标、动态指标和静态指标,基本遵循了前述指标体系的构建原则。

2.4　建筑业企业诚信评价

2.4.1　建筑业企业诚信评价特点

依据前述诚信内涵,以及建筑业企业诚信评价指标设置情况及指标体系构建过程,本研究的建筑业企业诚信评价有下列特点:

(1) 评价对象独特,并有很强的专业性;

(2) 评价指标涉及道德、经济、法律三个方面,并基本上反映了建筑业企业的业务全过程;

(3) 评价指标体系中既有定性指标又有定量指标,既有动态指标又有静态指标;

(4) 评价需要全面和大量的诚信信息源数据,及国外所谓的征信信息。我国目前尚没有这样的征信体系和相应的数据库;

(5) 评价结果具有时效和动态性。

2.4.2　诚信评价方法

根据文献总结,目前常用的诚信评价方法可以分为四类:第一类为基于统计学模型的方法,包括判别分析法、回归分析法、K-近邻法等;第二类为基于数据挖掘技术的方法,包括神经网络、支持向量机、决策树、遗传算法、粗糙集 RS、专家系统等;第三类为基于运筹学的方法,如整体规划法、线性规划法等;第四类为综合评价法,如模糊综合评价法等。几个常用的评价方法的优缺点和适用范围分析见表2.28。

模糊综合评价(FCE)是基于模糊数学的一种综合评价方法,该方法根据模糊数学中的隶属度理论综合考虑多种因素对某一事物做出全面评价,较其他评价方法而言,能够传达更多的评价信息,具有较强的系统性[83-84]。在运用该方法进行评价时,其指标权重的确定具有独立性,可根据研究的目的和研究者的偏好选择不同的赋权方法或进行权重的调节,具有较高的自由度。将一些模糊的定性问题定量化,既可以用于主观因素的综合评价,又可以用于客观因素的综合评价,具有较强的适应性。

表 2.28 常见评价方法对比

评价方法	基本原理	优点	缺点	适用条件或范围
Logistic 回归分析法	Logistic 回归分析法是一种研究因变量为二分类或多分类观察结果与影响因素(自变量)之间关系的多变量分析方法,属于概率型非线性回归分析法	① 对假设条件要求很少,能处理定性指标;② 稳健性较好,能适用于不同的检验样本;③ 不要求同分布假设,自变量之间也不必符合多元正态分布	① 要求自变量和因变量之间为非线性关系;② 对自变量的多维相关性较为敏感,需选择代表性的自变量,以减少候选变量之间的相关性	可用于二分类及多分类反应变量的情况,并且多分类反应变量既可以是序次测量,也可是名义测量,常用于判别、预测和危险因素的识别
神经网络	神经网络是一种模拟人脑组织结构和运行机制,通过训练和学习获取对评价对象的认识并进行评价的方法。目前以 BP(Back Propagation)和径向基函数(RBF)神经网络最为常用	① 对数据分布无要求,具有容错能力、学习能力以及处理资料遗漏和错误的能力;② 具有强大的计算能力,能够有效地处理非线性和非正太分布的预测问题	① 需要大量的学习训练样本且存在过学习问题,只能处理数值型问题;② 问题处理随机性较强,需要人为调试来获取较好的模型;③ 学习收敛速度慢,难以获得全局最优解	非常适用于非线性问题并在信息含糊、不完整、存在矛盾的情况下具有良好的适应性
支持向量机	支持向量机建立在统计学习理论的 VC 维(Vapnik-Chervonenkis Dimension)理论和结构风险最小原理的基础上,其根据有限的样本信息在模型的复杂性和学习能力之间寻求最佳折中,以期获得最好的推广能力	① 对样本数据无严格要求,算法简单,而且具有较好的鲁棒性;② 可高效地从训练样本到预报样本的"转导推理",简化了通常的分类和回归等问题;③ 计算的复杂性取决于支持向量的数目,这在某种意义上避免了"维数灾难"	① SVM(Support Vector Machine)的关键在于核函数,但难以定义核函数好坏的标准;② 训练速度慢,难以适应多维度问题的分析;③ 不能给出计算结果的现实解释,不易于理解和解释	该方法在小样本、非线性及高维模式识别中有许多特有的优势,常用于分类和回归分析,但不适用于多分类问题
遗传算法	遗传算法是模拟达尔文生物进化论的自然选择和遗传学机理的生物进化过程,是通过模拟自然进化过程搜索最优解的一种计算模型	① 可以直接对结构对象进行操作,不存在求导和函数连续性的限定;② 具有内在的隐并行性和更好的全局寻优能力;③ 采用概率化的寻优方法,能自动获取和指导优化的搜索空间,自适应地调整搜索方向,不需要确定的规则	① 样本要求量大;② 收敛较早,导致计算结果不精确;③ 运算结果可靠性差,不稳定;④ 运算参数的设定过多地依靠经验,缺乏理论指导	遗传算法不依赖于问题的具体领域,对问题的种类有很强的鲁棒性,适用于高纬度、高度非线性、非平滑性最优化问题的解决

评价方法	基本原理	优点	缺点	适用条件或范围
决策树	决策树是一种逼近离散值目标函数的方法	① 方法简单,分类精度高;② 可以清晰地显示各因素之间的交互作用;③ 计算量相对较小;④ 对噪声数据有很好的健壮性。⑤ 规则易于理解	① 存在训练过度的情况;② 要求建树时每个切分要求分成的组之间的差异最大	决策树模型的建立较快,适用于数据量较大、非数值型数据的问题的处理
模糊综合评价法	模糊综合评价法是一种基于模糊数学的综合评价方法。该综合评价法根据模糊数学的隶属度理论把定性评价转化为定量评价	① 将定性问题定量化,有效地实现定性和定量的结合;② 能有效解决非确定性和模糊性问题;③ 所得结果为一向量,结果清晰、系统性强,结果包含的信息量丰富;④ 权重数值属于独立参数,可以根据目标进行调整,具有较高的自由度;⑤ 方法简单,操作简单	① 不能解决评价指标间相关造成的评价信息重复问题;② 在某些情况下,隶属函数的确定有一定困难	对数据分布没有特殊要求,适用于分析大型复杂系统、多层次指标的复杂问题,尤其适用于评价中只能给出相应模糊判断难于量化的指标的情况

结合建筑业企业诚信评价特点,本研究选择模糊综合评价方法进行建筑业企业诚信评价。

2.4.3 建筑业企业诚信模糊综合评价

2.4.3.1 评价步骤

(1)确定评价因素集合

图 2.4 中各指标构成。

(2)确定评价等级标准集合

模糊综合评价的目的,就是在综合考虑所有影响因素的基础上,从评语集中得出对被评价对象最佳的评判结果。评语等级有多种形式,对称或非对称,等距、等比或不等距的均可,在使用时须根据实际情况进行量化。国际上资信评级通常采用三等九级,用 A、B、C 3 个字母表示。

心理学研究表明,人的最佳区分能力在 6 个等级左右,最高为 9 个等级,因此进行模糊综合评价时的评语等级数以 5~7 个为宜。目前运用较多的评语集一般分为 5 个等级,在不同的研究中有一定的差异。根据参考文献[64]和本研究实际,对建筑业企业诚信评价指标给出 $V=\{V_1,V_2,V_3,V_4,V_5\}=\{较差,差,一般,良好,很好\}$ 评语集,

并分别赋值为 $S = \{60, 70, 80, 90, 100\}$；将建筑业企业诚信等级设计为 AA、A、BB、B、C 五级，各诚信等级符号与分值范围见表 2.29。

表 2.29 建筑业企业诚信评价等级

诚信等级符号	分值范围	隶属评价等级
AA	$90 \leqslant F \leqslant 100$	诚信水平很好
A	$80 \leqslant F < 90$	诚信水平良好
BB	$70 \leqslant F < 80$	诚信水平一般
B	$60 \leqslant F < 70$	诚信水平差
C	$F < 60$	诚信水平较差

（3）确定隶属度矩阵

隶属度矩阵元素对应着各个评价指标的隶属度。确定隶属度矩阵必须先确定各个指标的隶属度。建筑业企业诚信评价指标可分为定性指标和定量指标两大类，本研究将对不同性质的指标采用不同的确定隶属度的方法。

① 定性指标隶属度计算

对于定性指标，本研究采用"模糊统计法"计算其隶属度，计算公式为：

$$r_{ij} = \frac{v_{ij}}{n} \tag{2.3}$$

式中：r_{ij}——定性指标 i 对评价等级 j 的隶属度；

v_{ij}——对第 i 个指标评价等级为 j 等级的专家人数；

n——参加评价的专家总人数。

② 定量指标隶属度计算

线性分析法是常用的确定定量指标隶属度的方法，该方法首先在一个连续的区间上确定一系列具有分界点作用的值，然后将实际指标值通过线性内插公式进行处理，即可得到该指标值对应的隶属度。

本研究采用模糊数学中广泛应用的半梯形分布函数作为隶属度函数，具体方法如下：设评价指标因素集 $X^T = \{x_1, x_2, \cdots, x_m\}$，评价等级标准 $V = \{v_1, v_2, \cdots, v_n\}$，设 v_j 和 v_{j+1} 为相邻两级标准，且 $v_{j+1} > v_j$，则 v_{j+1} 级隶属度函数为：

$$r_1 = \begin{cases} 1 & x_i \leqslant v_1 \\ \dfrac{v_2 - x_i}{v_2 - v_1} & v_1 < x_i < v_2 \\ 0 & x_i \geqslant v_2 \end{cases} \tag{2.4}$$

$$r_2 = \begin{cases} 1 - r_1 & v_1 < x_i \leqslant v_2 \\ \dfrac{v_3 - x_i}{v_3 - v_2} & v_2 < x_i < v_3 \\ 0 & x_i \leqslant v_1 \text{ 或 } x_i \geqslant v_3 \end{cases} \quad (2.5)$$

$$r_j = \begin{cases} 1 - r_{j-1} & v_{j-1} \leqslant x_i \leqslant v_j \\ \dfrac{v_{j+1} - x_i}{v_{j+1} - v_j} & v_j < x_i < v_{j+1} \\ 0 & x_i \leqslant v_{j-1} \text{ 或 } x_i \geqslant v_{j+1} \end{cases} \quad (2.6)$$

由 r_{ij}，生成隶属度矩阵 $\boldsymbol{R}$：

$$\boldsymbol{R} = \begin{bmatrix} r_{11} & r_{12} & \cdots & r_{1n} \\ r_{21} & r_{22} & \cdots & r_{2n} \\ \vdots & \vdots & \cdots & \vdots \\ r_{m1} & r_{m2} & \cdots & r_{mn} \end{bmatrix} \quad (2.7)$$

③ 指标的评分标准

设置各指标的考核内容和评分标准是计算隶属度的基础。为使设置的评分标准科学、合理、全面，并兼顾其信息的可获取性，本研究依据现行法律法规，以及所有关于建筑业企业的不良行为认定标准[65]，参考银行信用等级评定办法，在征求相关专家意见的基础上，设置了建筑业企业诚信评价指标的评分标准，详见表 2.30。

表 2.30　建筑业企业诚信评价指标评分标准

一级指标	二级指标	指标评分办法
诚信基础 (0.17)	资质等级(0.002 2)	取得营业执照、资质证书、安全生产许可证等并在有效期内，特级:100 分，一级:80 分，二级:60 分，三级:40 分
	工程业绩(0.004 4)	满足《建筑业企业资质等级标准》规定，每项业绩达到标准的计 20 分。每超 50%加 5 分，超 100%加 10 分，限加 10 分。单项不达标的计 0 分
	不良行为记录(0.021 0)	以政府主管部门曝光的不良行为信息为依据，被曝光一次扣 25 分，扣完为止。无，计 100 分
	金融信用(0.030 0)	银行信用等级 AAA 级 100 分，AA 级 80 分，A 级 60 分，其他等级 50 分，未提供银行等级证明的 0 分
	纳税记录(0.033 7)	依据纳税情况评价:非常差、较差、好、较好、非常好
	司法记录(0.014 6)	依据诉讼情况评价:非常差、较差、好、较好、非常好
	企业劳动保障(0.041 7)	由建设主管部门评价:非常差、较差、好、较好、非常好

一级指标	二级指标	指标评分办法
投标诚信 (0.26)	缔约过失行为(0.020 9)	有要求调整合同实质性内容、故意推迟签订合同、要求订立"阴阳合同"行为的,每次扣10分;无,计100分
	中标放弃(0.012 3)	有,每次扣40分;无,计100分
	参与串标围标(0.058 5)	有,每次扣100分;无,计100分
	投标身份真实性 (0.117 6)	有,每次扣50分;无,计100分
	低于成本价投标 (0.039 0)	有,每次扣40分;无,计100分
履约诚信 (0.45)	项目部情况(0.001 3)	项目经理不到位扣20分,每更换一次扣10分;技术负责人或安全生产负责人不到位扣10分,每更换一次扣5分。项目部出现其他被曝光行为的每次扣10分。无,计100分
	违法转包分包(0.181 7)	有,每次扣50分;无,计100分
	施工安全(0.077 8)	有,每次扣50分;无,计100分
	工程质量(0.067 8)	存在偷工减料、质量保证措施没有落实的,每次扣20分;出现质量事故的,每次扣50分;无,计100分
	合同工期(0.014 1)	由企业原因造成延误的,每延误1%,扣10分;无,计100分
	设备到位情况(0.006 7)	由建设单位评价:非常差、较差、好、较好、非常好
	工人工资支付(0.045 7)	被主管部门曝光拖欠工资的,每次扣50分,发生讨要拖欠工资群体事件的,得0分
	保修义务履行情况 (0.028 2)	由建设单位评价:非常差、较差、好、较好、非常好
	工程施工索赔(0.009 6)	发生一次扣5分;无,计100分
	建设单位评价(0.013 4)	非常差、较差、好、较好、非常好
	监理单位评价(0.007 7)	非常差、较差、好、较好、非常好
诚信环境 (0.12)	政府诚信水平(0.041 5)	专家评价:非常低、较低、高、较高、非常高
	诚信法律环境(0.084 4)	专家评价:非常不健全、较不健全、健全、较健全、非常健全
	诚信文化环境(0.008 0)	专家评价:非常差、较差、好、较好、非常好
	征信体系建设水平 (0.016 2)	专家评价:非常低、较低、高、较高、非常高

说明:表中数值为指标权重。"诚信基础"和"诚信环境"年度更新,其余随项目不同而更新。

（4）确定指标权重

指标赋权是多指标综合评价中的关键环节,赋权的科学性、合理性将直接影响评价结果的准确性。目前常用的赋权方法可以分为主观赋权法、客观赋权法和组合赋权法三大类。主观赋权法是评价者根据自己的知识和经验对指标的重要程度直接进行评判的方法,主要有专家评判法、层次分析法(AHP)、网络分析法(ANP)、环比评分法、二项系数法等。该类方法能够体现评价者的主观偏好,操作简单,但是主观随意性较大,缺乏稳定性。客观赋权法是直接根据指标的原始信息,通过统计处理后获得权数的一种方法,常用的有变异系数法、嫡值法、主成分法、因子分析法、TOPSIS法、灰色关联度法、复相关系数法等。这类方法根据样本指标值来进行赋权,具有较好的客观性,但容易受到样本数据的影响。组合赋权法是为了克服单一赋权方法的缺点,将主客观赋权方法按照一定的数学方法组合后进行指标赋权的一种方法,目前还处于探索研究阶段,应用还不够成熟[85-87]。表2.31列出了几种赋权方法的原理、优缺点和适用范围。

表 2.31　常见赋权方法对比分析

方法	基本原理	优点	缺点	适用条件或范围
专家评判法	采取匿名的方式就某一问题广泛征求专家的意见,经过反复多次的信息交流和反馈修正,使专家的意见逐步趋向一致,最后根据专家的综合意见对评价对象作出评价	可以避免会议讨论时产生的害怕权威随声附和,充分发挥专家的主观能动性,吸取多人的意见和建议具有一定程度综合意见的客观性	① 过程比较复杂,花费时间较长;② 主观性较强,对各种观点的可靠性缺乏衡量	适用于指标结构复杂而且缺乏必要的数据的情形
层次分析法	基于独立性假设将目标问题分解为包含最高层、中间层和最低层组合排序的递进层次结构模型,通过两两比较确定同一层次各因素的相对重要性,构建判断矩阵,从而计算出各因素的权重	① 能够有效地把定性分析与定量分析有机结合起来;② 定性判断与定量计算相结合提供了层次思维的框架,增强了科学性和实用性;③ 通过对比进行标度,增加了判断的客观性与可靠性	① 评价时主观因素的影响很大;② 比较、判断过程较为粗糙,不能用于精度要求较高的决策问题;③ 当对比因素过多时(大于9个),标度工作量较大,易于引起评判者的反感情绪	特别适用于那些难以完全定量分析的问题,但不适合用于因素间关联性较强的复杂问题
网络分析法	是在层次分析法的基础上逐渐完善发展起来的,二者的决策原理基本相同,不同之处在于网络分析法构建的是网络层次模型,各层次间的因素存在一定的联系	① 能够解决具有相互依存关系指标赋权的问题;② 与层次分析法相比,更适合应用于复杂指标体系的赋权,赋权更为合理	① 需要更多的判断比较来处理指标之间的支配和依存关系;② 超矩阵的计算比较复杂,需要借助相关软件进行	适应于复杂的、存在相互依赖关系的指标体系的赋权

方法	基本原理	优点	缺点	适用条件或范围
环比评分法	通过从上至下依次比较相邻两个指标的重要程度,给出功能重要度值,然后进行归一化处理,即得各指标权重	① 在运用时,每个要素只与上下要素进行对比,不与全部的要素进行对比;② 评分时从实际出发,灵活确定比例,没有限制	① 主观性较强,对各种观点的可靠性缺乏衡量;② 当指标过多时,比较计算工作量较大,限制了其使用范围	适用于各个评价对象之间有明显的可比关系,能直接对比,并能准确地评定功能重要度比值的情况
变异系数法	根据各个指标在所有被评价对象上观测值的变异程度大小来对其赋权。如果某项指标在所有被评价对象上观测值的变异程度较大,说明评价对象达到该指标平均水平的难度较大,则赋予较大的权数;反之,赋予较小的权数	① 操作简单,易于理解;② 很好地反映了指标数值上的差异档次	完全依靠决策数据进行评判,不能体现指标的独立性大小以及评价者对指标价值的理解	适用于评价指标独立性较强的指标赋权
因子分析法	根据指标的相关程度进行因子提取,并计算因子方差贡献率。因子方差贡献率表示该因子涵盖信息量的多少,也即该因子的重要程度,据此确定因子的权重	① 可以消除指标间的信息重叠;② 以方差贡献率为权数进行加权平均,评价具有客观性和准确性;③ 与主成分分析法相比,它通过旋转使得因子变量更具有可解释性,命名清晰性高	① 对样本要求较多;② 对数据的依赖性强,对数据的质量要求较高	要求指标间具有一定的相关性,且有效样本数量至少是指标数量值的 5 倍,多用于中间层指标的赋权
TOPSIS (Technique for Order Preference by Similarity to an Ideal Solution)	基本思路是找出有限方案中的最优方案和最劣方案,然后分别计算评价对象与最优方案和最劣方案间的距离,获得各评价对象与最优方案的相对接近程度,以此作为评价优劣或重要程度的依据	① 对样本资料无特殊要求,使用灵活简便;② 能够充分利用原始信息,定量地反映评价对象的优劣或重要程度	在应用过程中规范化矩阵的求解比较复杂,正负理想解求解比较困难	对评价对象规模的大小和指标的多寡均无严格限制,既适用于规模较小的评价对象,也适用于指标层次较为复杂的赋权

　　在对多指标分层次的指标体系进行赋权时,已有研究较多采用层次分析法(Analytic Hierarchy Process, AHP),近年来越来越多的学者开始采用网络分析法(Analytic Network Process, ANP)进行赋权。ANP 是建立在 AHP 基础之上的一种

方法,与 AHP 最大的不同之处在于 ANP 能够构造一个网络层次关系。在 AHP 的递阶结构中,主因子严格控制次因子;ANP 结构具有递阶控制与反馈的双重性,且所有次因子之间可以相互关联,不需要独立性约束,从而可以更好地体现指标间的相互依存与制约关系。因此,在确定层次结构内部循环支配且存在依存关系和反馈性的指标体系的权重时,ANP 比 AHP 更加合理。

本研究所建立的诚信评价指标体系既有定性指标又有定量指标,且有些指标间存在相关性。因此,选取 ANP 赋权法来确定建筑业企业诚信评价指标的权重。

应用网络分析法(ANP)进行指标权重计算一般有如下步骤:

第一步,分析问题。在使用 ANP 进行指标权重确定时,首先对问题进行系统分析,形成元素和元素集,确保元素归类正确性的同时,判断元素间、元素集合间是否存在相互依存和反馈关系。

第二步,构造 ANP 网络结构。在上述问题分析的基础上,首先构造控制层,确定决策目标和评价准则;利用 AHP 法确定各准则对于决策目标的权重;然后确定元素集合以及集合内部元素间的关系,构建网络层次结构。

第三步,构造 ANP 结构的判断矩阵并计算优势度。在 AHP 中通过对一个准则下受支配的元素进行两两比较来获得判断矩阵,但在 ANP 中被比较元素之间可能不是独立的,而是相互依存的,因而这种比较将以两种方式进行:

① 直接优势度:给定一个准则,在该准则下对两元素的重要程度进行比较;

② 间接优势度:给定一个准则,在该准则下对两元素对第三个元素(称为次准则)的影响程度进行比较。

直接优势度比较适用于元素间互相独立的情形,间接优势度比较适用于元素间互相依存的情形。

第四步,构造 ANP 结构的超矩阵与加权矩阵。ANP 的一个重要步骤就是按间接优势度的方式构造 ANP 结构的超矩阵,并在此基础上构造出加权矩阵 W。

第五步,计算超矩阵从而确定权重。设(加权)超矩阵 W 的元素为 w_{ij},则 w_{ij} 的大小反映了元素 i 对元素 j 的一步优势度。通过 $\sum_{k=1}^{n} w_{ik} w_{kj}$ 计算 i 对 j 的二步优势度 W^2,并不断迭代得到 W^∞。当 W^∞ 存在时,它的第 j 列就是 Ps 下网络层中各元素对于元素 j 的极限相对排序向量,即通过解极限超矩阵获得指标权重。

鉴于极限超矩阵的求解过程复杂,本研究采用超级决策软件(Super Decisions,SD)进行计算。

根据建筑业企业诚信评价指标体系,将建筑业企业诚信视为一级指标,作为目标,将"诚信基础""投标诚信""履约诚信""诚信环境"视为准则,共同构成控制层。网络层则由三级指标构成,在 SD 中建立 ANP 层次结构。

设计建筑业企业诚信评价指标相对重要性评分表,并于 2009 年 10 月 18 日通过电子邮件发送给参加前三轮问卷调查的相关专家,共发放电子版问卷 64 份,至 2009 年 10 月 28 日,回收有效问卷 21 份。将专家打分结果输入 SD 软件计算,并经一致性检验(满足 CR 小于 0.1 要求),汇总整理得到最终指标权重。SD 软件求解过程略。

(5) 模糊运算

① 一级模糊运算

依据各二级指标下的三级指标因素的权重向量和隶属度矩阵,计算得到各二级指标的模糊综合评价结果。

$$B_K = W_{ij} \times R_k = (w_{i1}, w_{i2}, \cdots, w_{in}) \begin{bmatrix} r_{11} & r_{12} & \cdots & r_{1n} \\ r_{21} & r_{22} & \cdots & r_{2n} \\ \cdots & \cdots & \cdots & \cdots \\ r_{m1} & r_{m2} & \cdots & r_{mn} \end{bmatrix} = [b_{k1}, b_{k2}, \cdots, b_{kn}]$$

$$(2.8)$$

所有二级指标的因素的模糊综合评价结果组建一个新的隶属度矩阵 B,作为二级模糊运算的隶属度矩阵。

$$B = \begin{bmatrix} B_1 \\ B_2 \\ \cdots \\ B_q \end{bmatrix} = \begin{bmatrix} b_{11} & b_{12} & \cdots & b_{1n} \\ b_{21} & b_{22} & \cdots & b_{2n} \\ \cdots & \cdots & \cdots & \\ b_{q1} & b_{q2} & \cdots & b_{qn} \end{bmatrix} \qquad (2.9)$$

② 二级模糊运算

依据一级模糊运算得到隶属度矩阵 B 和二级指标因素的权重向量,计算得到评价对象的模糊综合评价结果。

$$R = W \times B = (w_1, w_2, \cdots, w_q) \begin{bmatrix} B_1 \\ B_2 \\ \cdots \\ B_q \end{bmatrix} = (r_1, r_2, \cdots, r_n) \qquad (2.10)$$

(6) 评价结果

经过二级模糊评价后,得到了隶属度向量 R。本研究采用模糊向量单值化,通过对不同的评价等级赋值将隶属度向量转化为评分值 $F^{[90]}$：

$$F = R \times S^T = [r_1, r_2, \cdots, r_n] \times \begin{bmatrix} s_1 \\ s_2 \\ \cdots \\ s_n \end{bmatrix} \tag{2.11}$$

2.4.3.2 案例分析

在建设工程交易中心、建设单位以及工商、司法、劳动与社会保障等部门的支持下,本研究收集到了某建筑业企业相关诚信基础信息和某承建项目相关信息如下:

该企业成立于 1958 年,具有房屋建筑工程施工总承包特级资质,消防设施工程、机电设备安装工程、钢结构工程、起重设备安装工程、电梯安装工程专业承包一级资质;具有建筑智能化工程设计与施工一体化、建筑装修装饰工程设计与施工一体化、建筑幕墙工程设计与施工一体化一级资质;市政公用工程施工总承包二级资质;并通过ISO 9001 质量管理体系、ISO 140011 环境管理体系、OHSAS 18001 职业安全健康管理体系认证。

公司注册资金 3.058 亿元,拥有员工 3 万余人,各类经济技术职称人员 1 593 人,高级职称 109 人,中级职称 306 人;有国家一级注册建造师 233 人,国家二级注册建造师 267 人;公司拥有各类大中型机械设备 3 800 台套。

公司先后承接了数百项国家和省、市级重点工程,截至 2008 年,获国家鲁班奖 16项,国优银奖 7 项,詹天佑奖 1 项,全国用户满意工程 5 项,江苏省"扬子杯"奖 107 项,上海市"白玉兰"奖 43 项,以及其他省级以上优质工程奖 400 多项;多次获得"全国优秀施工企业""全国用户满意施工企业""全国建设系统精神文明建设先进单位""全国守合同重信用单位""江苏省文明单位标兵"等荣誉称号。

依据本研究设置的诚信评价指标评分标准,邀请 5 位专家对相应定性指标进行了打分评价。按照前述隶属度计算方法,构建隶属度判定矩阵。

定性指标以"建设单位评价"为例,通过电话采访 5 家与该企业合作过的建设单位进行"建设单位评价",其评价结果是:有 3 家建设单位认为"很好",2 家认为"良好",则"建设单位评价"对应于评语集的隶属度为[0 0 0 0.4 0.6]。

定量指标以企业"项目部情况"的得分设为 75 分,根据半梯形分布函数计算隶属度函数参数：$r1 = 0$，$r2 = (75-70)/(80-70) = 0.5$，$r3 = 1-r2 = 0.5$，$r4 = 0$，$r5 = 0$,得到"项目部情况"对应于评语集的隶属度为[0 0.5 0.5 0 0]。

最终该企业各诚信评价指标隶属度如表 2.32 所示:

表 2.32 该企业诚信评价指标隶属度

指标	隶属度	指标	隶属度
缔约过失行为	[0 0 0 0 1]	工程业绩	[0 0 0 0 1]
中标放弃	[0 0 0 0 1]	项目部情况	[0 0 0.5 0.5 0 0]
参与串标围标	[0 0 0 0 1]	建设单位评价	[0 0 0 0.4 0.6]
低于成本价投标	[0 0 0 0 1]	不良行为记录	[0 0 0 0 1]
违法转包分包	[0 0 0 0 1]	监理单位评价	[0 0 0.2 0.4 0.4]
投标身份真实性	[0 0 0 0 1]	银行信用等级	[0 0 0 0 1]
施工安全	[0 0 1 0 0]	政府诚信水平	[0 0.2 0.6 0.2 0]
合同工期	[0 0 0 1 0]	诚信法律环境	[0 0.2 0.4 0.4 0]
工程质量保证	[0 0 1 0 0]	诚信文化环境	[0 0.4 0.4 0.2 0]
保修义务履行情况	[0 0 0.4 0.4 0.2]	征信体系建设水平	[0 0 0.6 0.4 0]
设备到位情况	[0 0 0 0.6 0.4]	司法记录	[0 0 0.8 0.2 0]
工程施工索赔	[0 0 0.2 0.8 0]	纳税记录	[0 0 0.4 0.2 0.4]
工人工资支付	[0 0 0 1 0]	企业劳动保障评价	[0 0 0.4 0.4 0.2]
资质等级	[0 0 0 0 1]		

经过两级模糊运算,结合评语集赋值,最终得到该企业的诚信评价分值为:

$$F = \begin{bmatrix} 0 & 0.029 & 0.274 & 0.187 & 0.510 \end{bmatrix} \begin{bmatrix} 60 \\ 70 \\ 80 \\ 90 \\ 100 \end{bmatrix} = 91.78$$

依据前述评价等级设置,该企业诚信等级为 AA 级。

在获得该企业诚信评价结果后,与建设主管部门、建设单位、监理单位访谈求证,其一致的看法是:计算评价结果较为客观,能够反映该企业的实际情况。

计算评价和实际访谈评价结果相符,说明本研究所选择基于网络分析法的模糊综合评价能客观地对建筑业企业进行诚信评价。

进一步地,采用雷达图对各个评价指标结果进行分析,可以识别优势、劣势指标,从而为建筑业企业提高诚信水平提供针对性的改进意见。图 2.5、图 2.6 显示的是上述案例企业部分诚信评价指标值(同时也是与评分标准的差异)的情况。如果是多个企业同时进行评价,还可以把多个企业的相同评价值集成到同一个雷达图中,有助于同行企业进行对比分析,明晰各自的优劣势。

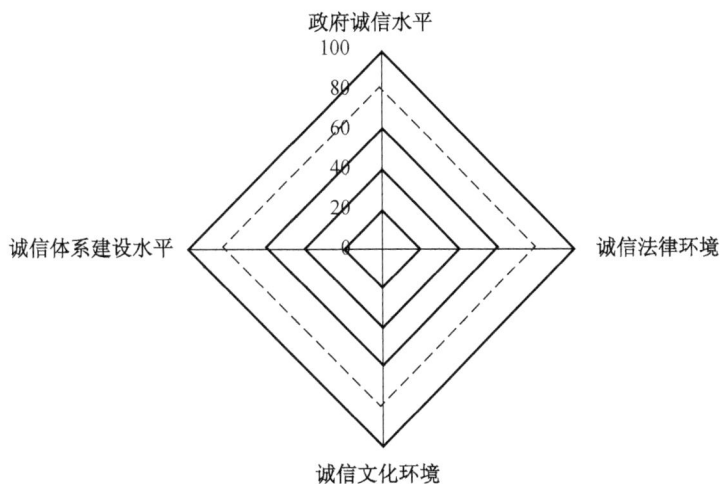

图 2.5 诚信环境指标评价结果雷达图

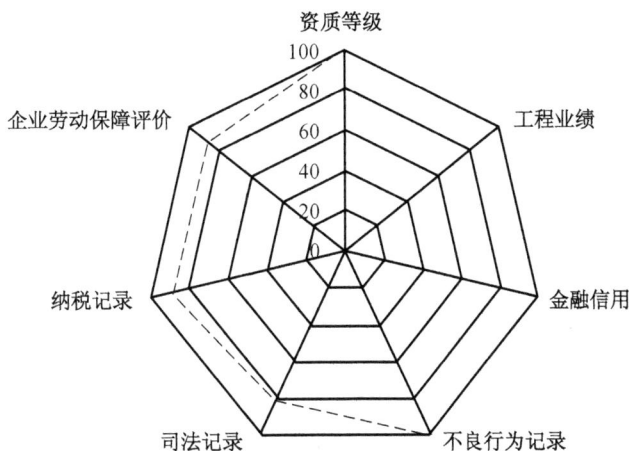

图 2.6 诚信基础指标评价结果雷达图

本章注释

[1] 江毅. 串标案险致国家损失 7000 万[EB/OL]. [2009-09-08]. http://news. qq. com/a/
20090908/000086. htm.

[2] 佚名. 深圳首个经适房成豆腐渣工程——施工单位偷工减料[EB/OL]. [2009-10-30]. http://
finance. sina. com. cn/china/dfjj/20091030/18176906480. shtml.

[3] 林钧跃. 社会信用体系原理[M]. 北京:中国方正出版社,2003.

[4] 朱顺泉. 企业资信评级方法创新及应用[M]. 成都:西南财经大学出版社,2002.

［5］Warner N. Rating and validating method of electronic commerce transactions conducted over Internet involves generating transaction trust rating based on predetermined data indicating integrity of hosting provider, merchant and/or customer：US，20080140441_A1［P］．2008－06－12.

［6］Nicholas J，Holt G D，Mihsein M. Contractor financial credit limits：their derivation and implications for materials suppliers［J］．Construction Management and Economics，2000,18(5)：535-545.

［7］Nicholas J，Holt G D，Harris P T. Suppliers' debt collection and contractor creditworthiness evaluation［J］，Building Research and Information，2010,28(4)：268-279.

［8］李婧. 信用评级方法［EB/OL］．［2007－11－23］．http：//www. ccn86. com/news/rating/20061205/20846_3. shtml.

［9］谭中明. 社会信用管理体系：理论、模式、体制与机制［M］．合肥：中国科学技术大学出版社,2005.

［10］Sousa H C D，Carvalho A D. Credit assessment using constructive neural networks［C］．Third International Conference on Computational Intelligence and Multimedia Applications，1999：40-44.

［11］Bart B，Rudy S，Christophe M，et al. Using neural network rule extraction and decision tables for credit-Risk evaluation［J］．Management Science，2003，49(3)：312-329.

［12］Julia A B，David C，Stephen T，et al. Modelling sovereign credit ratings：Neural networks versus ordered probit［J］．Expert System with Applications，2006，30(3)：415-425.

［13］马自强,旷开萃,方建慧. 建筑企业诚信评估指标体系的分析［J］．同济大学学报：社会科学版,2003,14(4)：57-63.

［14］孙鹏,施海球,倪立芬. 基于 AHP 的施工企业信用标准体系研究［J］．建筑经济,2006(7)：40-42.

［15］刘晓峰,齐二石. 建筑企业信用评价系统研究［J］．西安电子科技大学学报,2006,16(2)：62-66.

［16］唐茜. 建筑施工企业信用评估指标体系的研究［D］：硕士学位论文. 哈尔滨：哈尔滨工程大学,2006.

［17］曲春慧. 建筑企业信用评价研究［D］：硕士学位论文. 杭州：浙江大学,2006.

［18］邵丽芳. 浙江省公路施工企业信用评价研究［D］：硕士学位论文. 西安：长安大学,2006.

［19］宋程鹏,王孟钧,常燕. 施工企业信用评价体系构建［J］．铁路工程造价管理,2007(3)：44-47.

［20］孙杰. 建设工程契约信用制度与体系构建［D］：博士学位论文. 大连：东北财经大学,2007.

［21］段婵. 建筑业企业信用评价研究［D］：硕士学位论文. 武汉：武汉理工大学,2008.

［22］袁莉. 基于支持向量机的建筑业企业信用评价研究［D］：硕士学位论文. 大连：大连理工大学,2008.

［23］中国施工企业管理协会. 工程建设企业信用评价指标体系［EB/OL］．［2009-05-01］．http://

www. cacem. com. cn/pic/xyzb. doc.

[24] 浙江省发展和改革委员会. 关于在全省重点建设工程招标投标领域应用企业信用报告的通知[EB/OL]. (2008 - 05 - 15)[2015 - 07 - 06]. http://xxgk. zjhy. gov. cn/071/02/010/200805/t20080515_19455. htm.

[25] 杨松. 工程担保授信评判及授信额度模型研究[D]:硕士学位论文. 南京:东南大学,2009.

[26] 王春峰,万海晖,张维. 基于神经网络技术的商业银行信用风险评估[J]. 系统工程理论与实践,1999(9):24-32.

[27] 傅荣,吴世农. 我国上市公司经营失败风险的判定分析——BP 神经网络模型和 Fisher 多类线性判定模型[J]. 东南学术,2002(2):71-79.

[28] 胥振兴,陈启安,郑仁毅. 基于BP算法的信用评估模型的应用研究[J]. 福建电脑,2007(4):85-86..

[29] 张存如. 政府诚信及评价指标研究[D]:硕士学位论文. 杭州:浙江大学,2008.

[30] 薛小荣. 房地产开发企业诚信的博弈分析与对策研究[D]:博士学位论文. 西安:西安建筑科技大学,2007.

[31] 焦国成. 关于诚信的伦理学思考[J]. 中国人民大学学报,2002(5):2-7.

[32] 郑也夫. 信任论[M]. 北京:中国广播电视出版社,2001.

[33] 张维迎. 产权、政府与信誉[M]. 北京:三联书店,2001:19-20.

[34] 卢阳春. WTO 与我国信用制度的建设[J]. 财经科学,2002(1):118-121.

[35] 刘伟. 工程造价咨询企业诚信评价研究[D]:硕士学位论文. 西安:西安建筑科技大学,2007.

[36] 简耀. 中西方诚信观在言语中的镜像折射[D]:硕士学位论文. 南京:南京师范大学,2006.

[37] 唐贤秋. 诚信道德探源[J]. 道德与文明,2003(6):22-25.

[38] Becker T E. Integrity in organizations: beyond honesty and conscientiousness[J]. Academy of Management Review,1998,23:154-161.

[39] 王彦东,黄恒学,贾丽红. 诚信的经济价值分析[J]. 石家庄经济学院学报,2005(5):554-557.

[40] 赵爱玲. 国内诚信研究综述[J]. 道德与文明,2004(1):68-71.

[41] 王卓甫. 我国建设工程交易模式发展调查分析[J],建筑经济,2008(2):59-63.

[42] 南京市建设工程交易创新制度课题组. 2006 南京市建设工程交易年度报告[R]. 南京:南京市建设工程交易中心,2008.

[43] 南京市建设工程交易创新制度课题组. 2008 南京市建设工程交易年度报告[R]. 南京市建设工程交易中心,2009.

[44] 郭明瑞,王轶. 合同法新论[M]. 北京:中国政法大学出版社,1997.

[45] 漳州市建设工程交易管理中心. 招投标中的不规范行为及防治对策[EB/OL]. [2007-06-20]. http://www. eluban. com/zjs/? action-viewnews-itemid-5038.

[46] 住房和城乡建设部. 关于印发《全国建筑施工安全生产形势分析报告(2007 年底)》的通报(建质函〔2008〕53 号)[EB/OL]. [2008-03-14]. http://www. mohurd. gov. cn/zcfg/jswj/gczl/200803/t20080314_158292. htm.

[47] 张英宝,姚志明,陶建成.建筑业企业信用形为模式的经济学分析[J].绍兴文理学院学报,2005 (8):105-109.

[48] 海南省交通厅.海南省公路工程监理施工企业和从业人员动态信用管理暂行办法[EB/OL]. [2014-12-29]. http://xyhn. hainan. gov. cn/hnxyweb/p/12/20141229/155131527000033. html.

[49] Salant P, Dillman D A. How to conduct your own survey[M]. New York：John Wiley and Sons. , 1994.

[50] 王重鸣.心理学研究方法[M],北京:人民教育出版社,1990.

[51] 王友.电子商务成功实施的评价及要素研究[D]:博士学位论文.天津:河北工业大学,2007.

[52] 曾五一,黄炳艺.调查问卷的可信度和有效度分析[J].统计与信息论坛,2005,20(6):11-15.

[53] Nunnally J C. Psychometric Theory[M]. New York：McGraw-Hill Inc. , 1978.

[54] Bollen K A. Structural Equations with Latent Variable[M]. New York：Wiley, 1989.

[55] 邱皓政,林碧芳.结构方程模型的原理与应用[M],北京:中国轻工业出版社,2009.

[56] Tabachnick B G, Fidell L S. Using Multivariate Statistics[M]. 5th ed. Boston：Allyn and Bacon,2007.

[57] Fornell C, Larker D F. Evaluating structural equation models with unobserved variables and measurement error[J]. Journal of Marketing Research, 1981,18(3)：39-50.

[58] Bagozzi R P, Yi Y. On the evaluation of structural equation models[J]. Journal of the Academy of Marketing Science, 1988,16(1)：74-94.

[59] Raine-Eudy R. Using structural equation modeling to test for differential reliability and validity：an empirical demonstration[J]. Structural Equation Modeling, 2000,7(1)：124-141.

[60] Hair J F, Black W C, Babin B J, et al. Multivariate Data Analysis[M]. Upper Saddle River：Prentice-Hall, 1998.

[61] Anderson J C, Gerbing D W. Structural equation modeling in practice：a review and recommended two-step approach[J]. Psychological Bulletin, 1988,103：411-423.

[62] Hair J F, Black W C, Babin B J, et al. Multivariate Data Analysis[M]. 6th ed. Upper Saddle River：Prentice-Hall, 2006.

[63] 吴明隆.SPSS统计应用实务[M].北京:中国铁道出版社,2001.

[64] 建设工程参建各方质量责任认定及诚信平台建设课题组.建设工程参建各方质量责任认定及诚信平台建设研究报告[R].南京:南京市建筑安装工程质量监督站,2009.

[65] 中国建筑业协会.关于印发《建筑业企业信用评价试行办法》等文件和开展第一批全国建筑业 AAA级信用企业评价工作的通知[EB/OL].[2008-11-03]. http://www. ledict. com. cn/ ledict/show. asp? ArtID=77669.

[66] 中国建筑业协会.江苏去年建筑业发展成果显著[EB/OL].[2007-08-30]. http://www. cpmchina. com/html/2/36963. html.

[67] 刘晓波. 基于 ANP 的企业可持续发展评价指标体系与方法[J]. 桂林电子工业学院学报,2006, 26(3):222-225.

[68] 魏末梅. 企业技术创新能力评价体系与 ANP 法的研究[D]:硕士学位论文. 重庆:重庆大学,2006.

[69] 南京市建设工程交易信息系统(一期)数据词典(一)[R]. 南京市建设工程交易中心,2008.

[70] 林雪松,周婧,林德新. MATLAB 7.0 应用集锦[M]. 北京:机械工业出版社,2005.

[71] Salant P, Dillman D A. How to Conduct Your Own Survey[M]. New York:John Wiley and Sons. , 1994.

[72] 王君,赵世明. 问卷编制指导[M]. 北京:教育科学出版社,2006.

[73] 李乐. 我国零售业顾客满意度关键因子分析[D]:硕士学位论文. 天津:天津大学,2008.

[74] Nunnally J C. Psychometric Theory[M]. New York:McGraw-Hill Inc. ,1978.

[75] 张婷婷. 动机取向与创新气氛对员工创新行为的交互效应研究[D]:硕士学位论文. 上海:上海交通大学,2009.

[76] 张相勇. 建筑工程设计风险分析及管理研究[D]:博士学位论文. 北京:中国矿业大学,2009.

[77] 宋伟,张学和,彭小宝. 我国中小企业知识型员工自主学习能力的实证研究——基于长三角部分企业的调查分析[J]. 科学与科学技术管理,2010(4):186-192.

[78] 邱皓政,林碧芳. 结构方程模型的原理与应用[M]. 北京:中国轻工业出版社,2009.

[79] Hu L, Bentler P M. Fit indices in covariance structure analysis: sensitivity to underparameterized model misspecification[J]. Psychological Methods, 1998,3(4): 424-453.

[80] 郭庆科,李芳,陈雪霞,等. 不同条件下拟合指数的表现及临界值的选择[J]. 心理学报,2008,40(1):109-118.

[81] 易丹辉. 结构方程模型:方法与应用[M]. 北京:中国人民大学出版社,2008.

[82] 温忠麟,侯杰泰,马什赫伯特. 结构方程模型检验:拟合指数与卡方准则[J]. 心理学报,2004,36(2):186-194.

[83] 张月义,韩之俊. 管理咨询业顾客满意度综合评价分析[J]. 企业经济,2008(4):20-22.

[84] 刘宏伟. 基于模糊综合评价的管理咨询企业顾客满意度研究[D]:博士学位论文. 天津:天津大学,2009.

[85] 杨宇. 多指标综合评价中赋权方法评析[J]. 中国社会科学,2006(7):17-19.

[86] 徐泽水,达庆利. 多属性决策的组合赋权法研究[J]. 中国管理科学,2002(4):84-86.

[87] 阎小妍,孟虹,汤明新. 综合评价中不同赋权方法的比较探讨[J]. 研究与方法,2006(4):58-60.

[88] 郭庆科,李芳,陈雪霞,等. 不同条件下拟合指数的表现及临界值的选择[J]. 心理学报,2008,40(1):109-118.

[89] 刘洪,何光军. 关于模糊综合评价中结果向量的分析[J]. 统计与决策,2003(2):63.

第三章　建筑业企业项目经理诚信评价

3.1　绪论

3.1.1　研究背景

3.1.1.1　问题提出

在现代社会,诚信是市场交易顺利完成的基础和必要条件,是一切领域和个人之间重要的道德要求和法律规范[1]。

然而,我国当前的诚信缺失现象还很普遍,商业欺诈、制假售假、虚报冒领、学术不端等现象屡禁不止,人民群众十分不满。在工程建设领域,因假冒伪劣等造成的"楼倒倒""楼歪歪""桥脆脆"等事件,给人身、财产带来了重大损害,需要花大力气进行整治。

建筑业企业项目经理是受建筑业企业法定代表人委托对工程项目施工过程全面负责的项目管理者,是建筑业企业法定代表人在工程项目上的代表人,对工程项目施工负全面管理的责任。由于项目经理在工程建设中有着举足轻重的作用,无论项目大小,项目实施出了问题,都与项目经理自身素质较差、经验不足、能力一般、学习不够、执行力不强等方面有关[2]。因此,建设领域发生的诚信缺失事件都与项目经理有很大的关系。项目经理的诚信水平影响着工程项目的质量、安全、投资等目标的实现,同时也影响着建筑业企业在该项目上的经营目标的实现。建筑业企业项目经理诚信评价指标问卷的调查结果也显示,有超过八成的专家认为"非常必要和十分必要"对建筑业企业项目经理进行诚信评价,亟须在全国建设领域加强对建筑业企业项目经理的诚信管理。

近年来,建设行政主管部门发布了一系列推进建筑市场诚信建设的政策文件[3-5],为建筑市场执业资格人员(注册建造师等)实施诚信管理提供了有力的政策性支持。2008年1月7日,住房和城乡建设部正式启用全国建筑市场诚信信息平台,统一对外发布全国建筑市场各方主体(包括从业人员)的诚信行为信息。值得注意的是,虽然全国建筑市场诚信信息平台统一对外发布建筑市场上注册建造师(项目经理)的诚信行为信息,但这些信息侧重于考核注册建造师(项目经理)的守法诚信情况,而未能全面体现"说到做到""不欺诈"等诚信内涵。

基于上述背景,本章将基于建设工程交易全过程(投标过程+履约过程),着重对建筑业企业项目经理的诚信评价问题进行研究。

3.1.1.2 研究意义

本研究结果将为政府监管建设工程交易、业主和建筑业企业选择优秀的建筑业企业项目经理、建筑业企业项目经理了解自身竞争力等方面提供基础性、客观性依据,其作用主要体现在:

(1)有助于项目经理规范自身行为。

(2)有助于业主和承包商选择优秀的项目经理。

(3)有助于项目经理进行自我评价,增强自身竞争力。项目经理诚信评价能够较全面地反映项目经理在其实施项目管理过程中的诚信状况,项目经理可以据此进行自我评价,找出自己的不足之处,通过有针对性的完善,达到提高素质、业务水平和竞争力的目的。

(4)有助于提高政府监管水平,规范建筑市场秩序。对项目经理进行诚信评价,可以为政府对项目经理的管理提供更多的参考依据,从而弥补政府对项目经理现有监管上的不足,明确对项目经理的各种行为可采取的奖惩措施,促使项目经理队伍重信用、守合同,更好地完成工程项目,规范建筑市场秩序。

3.1.2 国内外研究现状

本研究所谓的"诚信"基于第一章第一节对诚信内涵的认识,因此,以下主要对建筑业企业项目经理诚信/信用评价指标以及评价方法进行综述。

3.1.2.1 国外研究现状

(1)国外关于诚信/信用评价指标的研究现状

在国外,根据贷款人目的的不同,个人信用评价体系中所使用的指标也有所区别。已有研究一般把考察指标分为三种类型:侧重于借款人还款能力的财务分析、侧重于借款人还款意愿的信用分析和综合分析。David Durand、David West 等人分别提出了不同的信用评估指标体系[13-14]。Edward Altman、Herbert Rijken 指出评级机构应该主要关注一些长期指标,而短期指标的权重相对要小[15]。美国主要采用信用评分(credit score)评价个人信用。信用评分模型从违约的发生时间、违约的严重程度、违约的发生次数三个角度来衡量信用违约行为对信用分的影响。信用分的计算主要考虑五个要素,按重要程度依次排列为:支付历史、未偿还债务、信用历史的长短、1 年来开立新信用账户的情况、使用信用的类型。美国的信用分一般分为三种,即信用局信用分、普通信用分和定制信用分。FICO(Fair Isaac Company)信用分是最常用的一种普通信用分,它从消费者的信用、品质以及支付能力三个方面对消费者进行信用评分[16]。

此外,国外的诚信度测试常用来评价应聘者的诚实、诚信、可依靠性,从而预测他们的反工作行为和工作绩效[8-12]。

国外目前没有关于建筑业企业项目经理诚信评价指标方面的专门研究。

(2)国外关于诚信/信用评价方法的研究现状

国外自从对信用评价方法开始研究以来[17-19],许多学者就开始致力于对方法的比较研究,但仍然多集中于个人诚信/信用评价。如 Desai 等将记忆神经网络(MNN)引入信用风险分析,通过对模式神经网络、线性判别分析、Logistic 回归模型进行比较分析,发现记忆神经网络的分类准确率优于其他方法[20]。Tam 等将神经网络、线性判别分析、Logistic 回归、决策树、K 近邻判别法用于信用风险分析,经比较分类准确性发现,神经网络最优、线性回归次之、Logistic 回归再次之、K 近邻判别法最差[21]。Messier & Hansen(1985)将改进的专家系统用于信用风险分析,并与线性判别法相比,结果证明专家系统的分类准确率远高于线性判别法[22]。

目前国外没有关于建筑业企业项目经理诚信评价方法方面的专门研究。

3.1.2.2 国内研究现状

(1)国内关于诚信/信用评价指标的研究现状

在国内,诚信度测量也多用于人力资源选拔[22-28],但没有在建筑市场领域内的专门研究。

目前,国内对个人诚信评价指标的相关研究主要集中在消费信贷领域,个别职业领域如会计、律师等,建筑领域从业主体个人诚信相关研究的文献相对较少。

在建设领域,对建筑业企业项目经理诚信评价的研究很少,马云飞应用支持向量机模型从执业信用指标和个人信用指标两方面对注册建造师信用进行评价,并将执业信用指标分为良好行为记录认定标准和不良行为记录认定标准两部分,后者按住房和城乡建设部建设市场各行为主体的不良行为记录认定标准的编号规则设置。个人信用指标作为执业信用指标的有力补充,分为个人身份基本情况,个人资产、投资及经营活动情况,个人收入情况,个人贷款情况,个人商业信用情况,影响个人信用状况的司法信誉情况六大部分[29]。舒伯乐、叶德全从项目经理合同履行、拖欠农民工工资、转用工程资金,以及招揽工程项目四个方面总结了项目经理的不良经济行为,并对如何约束项目经理的不良经济行为提出了建议[30]。

此外,政府主管部门近年来也相继出台了一些关于项目经理(注册建造师)诚信管理的政策文件。住房和城乡建设部出台的《关于征求〈注册建造师信用档案管理办法〉(征求意见稿)意见的通知》中的《注册建造师不良行为记录认定标准》,从资质、执业、其他3个部分设定了注册建造师不良行为记录的认定标准[4]。中国建筑业协会出台了《建筑业企业项目经理诚信评价试行方法》,构建了包括职业道德诚信、经营管理诚信、社会责任诚信、社会形象诚信共16个指标的诚信评价指标体系[31]。江苏省在《关于建立我省建筑业企业项目经理(建造师)个人信用档案的通知》中,规定建筑企业项目经理(建造师)的信用档案应包括建筑业企业项目经理、建造师的自然情况、业绩,建筑市场违法违规行为,工程质量安全事故、培训情况及其他不良记录等[32]。扬州市从工程招标、施工现场工程质量及安全管理、未按规定及时备案、项目经理部管理、其他不良行为五个方面对建筑施工企业及其从业人员的一般不良行为和严重不良行为进行了详细规定[33-35]。其他省市,如南京、青岛、杭州以及安徽等地虽没有出台关于项目经理诚信管理的文件,但出台了建筑施工企业项目经理管理办法[36-39],提出要对项目经理的执业行为进行考核。

(2) 国内关于诚信/信用评价方法的研究现状

国内学者对信用评价方法的研究类似于国外,并对不同方法的应用进行了大量实证研究。如石庆焱、靳云汇分别采用五种不同的评价方法,对银行数据进行信用评价,通过比较发现,神经网络等非线性方法的预测精度往往要高于判别分析、Logistic回归、线性规划等线性评分方法,但其稳定性不如线性评分方法。线性评分方法在它们的预测精度范围内能较好地区分"好""坏"客户的能力[40]。李建业应用径向基函数(RBF)神经网络进行个人信用的评估,研究指出,RBF神经网络在总体上展现出了良好的性能和优秀的信用分类能力,而且对训练样本点添加噪声可以明显增加RBF神经网络性能和提高该网络的泛化能力[41]。毛军权通过建立模糊综合评价模型来实现对个人信用的评估,认为模糊综合评价模型的数学概念清晰,计算简便实用,可信度高,较为深刻且全面地描述了个人信用评估的客观属性,避免了主观臆断性,丰富了个人信用评估的方法,具有广泛的应用前景[42]。边晓红运用模糊综合评价法对上市公司的信用风险进行了评价,结果表明,模糊综合评价法能够有效地鉴别上市公司的信用风险类型[43]。

关于建筑业企业项目经理诚信/信用评价方法,马云飞应用支持向量机模型对注册建造师进行了信用评价,结果显示,从分类精度上看,支持向量机模型比神经网络模型具有明显的优越性[29]。目前,尚没有关于建筑业企业项目经理诚信评价方法方面的专门研究。

3.1.2.3 评述

目前,国外在个人诚信评价指标方面已经有了较为系统和成熟的研究,而对建设领域的诚信评价的研究则比较少,涉及建筑业企业和项目经理的几乎没有。而在国内,虽然没有对项目经理直接进行诚信评价的研究,但对个人和建筑业企业两方面的诚信评价都已有一定程度的研究。此外,国内多地出台了与项目经理诚信评价相关的政策文件和项目经理考核方法,多数明确制定了项目经理不良行为的考核标准,值得借鉴。

在诚信/信用评价方法方面,国内外对个人信用评价方法的研究都有很长的历史,包括不同方法的比较、不同样本和指标在方法适用性方面的差异等。

本研究将在上述文献和借鉴先期建筑业企业诚信评价研究的基础上,探索建筑业企业项目经理诚信评价问题。

3.2 建筑业企业项目经理及其诚信内涵

3.2.1 建筑业企业项目经理

(1) 项目经理的地位

《建设工程项目管理规范》(GB/T 50326—2006)中规定,项目经理应由法定代表人任命,并根据法定代表人授权的范围、期限和内容,履行管理职责,并对项目实施全过程、全面的管理。大中型项目的项目经理必须取得工程建设类相应专业注册执业证书[75]。《注册建造师执业管理办法》(试行)中明确规定,大中型施工项目负责人必须由本专业注册建造师担任。一级注册建造师可担任大、中、小型工程施工项目负责人,二级注册建造师可以承担中、小型工程施工项目负责人[4]。

建筑业企业项目经理代表建筑业企业负责项目实施过程,他是合同履约的负责人、项目计划的制订和执行监督人、项目组织的指挥员、项目协调工作的纽带、项目控制的中心[2]。同时,项目经理还要遵守企业的各项规章制度,定期向企业业务部门汇报工作,接受企业的监督,维护企业的经济利益。

总之,项目经理是公司法定代表人在工程项目上的全权委托代理人。对外代表公司与业主及分包单位进行联系,处理与合同有关的一切重大事项;对内全面负责组织项目的实施,是项目的直接领导者和组织者。

（2）项目经理的职责和权限

① 项目经理的职责

《建设工程项目管理规范》中规定,项目经理具有下列职责:主持编制项目管理实施规划,并对项目目标进行系统管理;对资源进行动态管理;建立各种专业管理体系并组织实施;收集工程资料,准备结算资料,参与工程竣工验收;接受审计,处理项目经理部解体的善后工作;协助组织进行项目的检查、鉴定和评奖申报工作[75];以及项目管理目标责任书中规定的职责。

项目经理在工程施工过程中的主要职责是搞好工程施工现场的组织管理和协调工作,控制工程成本、工期、质量和安全,按时竣工验收。

② 项目经理的权限

《建设工程项目管理规范》中规定,项目经理具有下列权限:参与项目招标、投标和合同签订;参与组建项目经理部;主持项目经理部工作;决定授权范围内的项目资金的投入和使用;制定内部计酬办法;在授权范围内协调与项目有关的内、外部关系;法定代表人授予的其他权力[75]。具体见表3.1。

表 3.1　项目经理的权限[76]

权力	具体内容
用人决策权	项目经理应有权决定项目管理班子的设置,选择、聘任有关人员,对班子内的成员的任职情况进行考核监督,决定奖惩乃至辞退。项目经理的用人权应当以不违背人事制度为前提
财务决策权	在财务制度允许的范围内,项目经理应有权根据工程需要和计划的安排,安排资金的使用。对项目管理班子内的计酬方式、分配办法、分配方案等作出决策
进度计划控制权	项目经理应有权根据项目进度总目标和阶段性目标的要求,对项目的进度进行检查、调整,并在资源上进行调配,从而对进度计划进行有效的控制
技术质量决策权	项目经理应有权批准重大技术方案和重大技术措施,必要时召开技术方案论证会,把好技术决策关和质量关,防止技术上的决策失误,主持处理重大质量事故
生产指挥权	在确保上级下达任务的前提下,有权按工程承包合同的规定,根据项目随时出现的人、财、物等资源的变化情况和工程进展情况进行指挥调度
物资采购权	项目经理应有权对采购方案、目标、到货要求乃至供货单位选择、项目库存策略进行决策,并对由此而引起的重大支付问题作出决策

（3）项目经理的素质要求

《建设工程项目管理规范》中规定,项目经理应具备下列素质要求:有符合项目管理要求的能力,善于进行组织协调与沟通;相应的项目管理经验和业绩;项目管理需要的专业技术、管理、经济、法律和法规知识;良好的职业道德和团结协作精神,遵纪守法、爱岗敬业、诚信尽责;身体健康,精力充沛。岳安秋认为,选择素质高的优秀项目经理是施工项目获得成功的关键因素。项目经理的素质有政治素质、知识素质、业务素质、成本素质等[77]。闫慧娟提出,不管什么施工项目,一名合格的项目经理应具备的基本素质包括政治素质、领导素质、知识素质、实践经验、身体素质、公关素质[78]。李志鼎也提出了相似的见解[79]。

总体分析,项目经理的素质要求主要体现在品格素质、知识素质、能力素质、身体素质四大方面:

品格素质:即项目经理从行为作风中表现出来的思想、认识、品行等方面的特征,如对国家民族的忠诚,良好的社会道德品质,管理道德品质,诚实的态度,坦率的心境及言而有信、言行一致的品格。项目经理应具有高超的领导艺术、良好的组织管理和协调能力。

知识素质:工程施工项目环节多、工序复杂等特点,要求项目经理必须具有坚实的专业理论基础和一定的专业经验,同时应具备较高的管理水平,懂得经营管理知识和法律知识。

能力素质:指项目经理具有把知识和经验有机结合起来运用于项目管理的能力,包括决策能力、组织能力、创新能力、协调与控制能力、激励能力、社交能力等。

身体素质:项目经理应具有健康的身体,以保持充沛的精力和必需的体力,才能很好地适应工程项目艰苦环境的要求。

3.2.2 职业诚信与执业诚信

(1) 职业诚信

职业诚信是诚信在职业道德中的体现,是指各行各业的从业者在自己的工作岗位上必须诚实劳动,合法经营,信守承诺,讲求信誉,诚实无欺,善意行使权利和履行义务,在不损害他人利益和社会利益的前提下追求自身的利益。从业单位的诚信状况是由从业者的职业诚信状况表现出来的,因此,从业单位的诚信状况也可归之于从业者的职业诚信范畴[80-81]。

职业诚信依其针对的对象可分为从业者对本职业主体的诚信和对本职业以外主体的诚信。前者包括对本职业其他从业者的诚信和对本职业整体的诚信,后者包括从业者对用人单位的诚信、对委托人或者投资人的诚信、对包括其他职业主体在内的服务对象的诚信、对国家的诚信、对社会公众的诚信等多个方面[81]。

(2) 执业诚信

在会计、律师、医疗等行业,执业诚信/信用常常被提及。迄今为止,有不少文献探讨上述行业的执业诚信缺失的原因,却几乎没有文献对执业诚信/信用以及明确的某主体执业诚信/信用进行过明确的定义。在建筑业领域,提及执业诚信/信用的相对较少。莽薇莎提出要建立建设行业个人执业信用体系,文章没有给出个人执业信用的内涵和定义,但指出执业信用体系记载和证明的是执业资格人士的从业状况和对其的评价,能表明执业人士的从业经历、业绩、能力、职业道德等多方面的信息,能够形成优劣的比较[82]。郭树荣提出,建筑市场执业资格人员信用建设的内容是指契约信用或执业信用,包括市场交易的信用和合同履约的信用,守法执业信用,以及在履行合同中所应表现出的道德、伦理信用[83]。刘军提出,总监理工程师执业信用是指总监理工程师在执业过程中,基于执业活动相关的契约和规范,建立在诚实守信基础上的履约意识和履约能力,是其在长期的履行承诺和义务的活动中积累形成的一种信用形态,是一种不局限于"借贷"概念上的广义信用[84]。

（3）二者的关系

职业诚信是对全社会所有从业人员的基本要求,不强调必须持有资格证书,适用面比较广。执业诚信是对特定的具有某种执业资格从业者而言的,大多有执业年限和执业范围的限制,一般会被明确要求。

职业诚信存在于人们的思想观念和社会习俗中,缺乏细节化的信息表达,多以一些舆论评价来表示。执业诚信与特定契约、合同相联系,通过某种具体业务表现出来。

违反职业诚信往往会受到劳动合同、单位规章制度等的约束;违反执业诚信往往会受到行业主管部门甚至法律的惩罚。

建筑业企业项目经理诚信更多地偏重于执业诚信。

3.2.3 建筑业企业项目经理诚信

（1）建筑业企业项目经理诚信的定义

在诚信内涵剖析基础上,基于项目经理的作用、职责权利和素质分析,结合政策文件中对建筑市场执业人员诚信评价的要求,建筑业企业项目经理诚信可以从以下三个方面去理解:

① 道德诚信方面:建筑业企业项目经理作为社会个体,在为人处世、社会交往以及从业过程中,应该信守诺言,说到做到,不欺诈。

② 法律诚信方面:建筑业企业项目经理作为社会公民和特定岗位从业者,不仅限于执业活动,在信贷、纳税等各个方面,都必须遵守法律法规的规定。

③ 经济诚信方面:建筑业企业项目经理在任何经济活动中都应该恪守契约精神,全面而恰当地履行合同。尤其是对工程承包合同,项目经理必须按照甲乙双方签订的合同履行相应义务,在工程施工过程中按时到岗并认真履行职责,搞好工程施工现场

的组织管理和协调工作,控制工程成本、工期、质量和安全,按时竣工交付;项目经理的工作质量和所负责的项目实施效果,应该力求得到聘用企业、建设单位及监理等行业和社会的肯定。

基于以上分析,结合项目经理的执业特点和执业要求,本研究将项目经理诚信定义为:项目经理在执业过程中的表现("做到")与法律法规和相关合同要求(事前承诺,即"说到")相匹配的程度。

项目经理诚信来源于其个人素质和专业修养,集中表现在与其职业相关的执业过程和工作质量中,具有长期积累性。

(2)建筑业企业项目经理诚信的特征

与一般意义上的个人诚信相比,建筑业企业项目经理诚信具有以下特征:

① 项目经理诚信评价侧重于项目经理在执业过程中的履约和守法情况

诚信评价最重要的是评价项目经理在执业过程中的履约情况,即"做到"的程度。项目经理每完成一个工程项目,就形成一个项目履约诚信记录。评价这些诚信记录,可以用来预测项目经理将来执业"说到做到"的程度,以此作为选聘项目经理的依据。

因为履约情况反映出项目经理的专业能力、组织协调能力、沟通能力等众多能力要素。执业诚信评价应该对执业人士以往的履约结果以及项目经理当下在单一项目上的履约情况并重。项目经理在单一项目上的执业情况能够反映出项目经理现时的执业情况,同时被归入项目经理的执业业绩,可以以此来更准确地预测项目经理将来可能的执业行为和履约结果,具有很大的参考价值。

项目经理作为社会人,在执业过程中不仅要信守合同,还要遵守相关的法律法规。只有市场参与主体遵纪守法,市场才能健康有序地发展。

② 项目经理诚信评价基于特定的工程建设项目和相应的施工合同

项目经理的执业活动必须依赖于特定的工程建设项目,不同的工程项目有不同的项目特征。项目复杂程度、技术难度不同,对项目经理的要求不同,项目经理的诚信表现和影响也不同。因此,应该基于特定工程建设项目,通过考察该工程项目的质量、安全、进度、成本等建设目标的实现程度,来综合评价项目经理的诚信水平。

不同工程项目的质量、安全、进度等要求体现在不同的施工合同中,项目经理作为建筑业企业在项目上的法定代表人,全面负责履行施工合同,因此在进行诚信评价时,应该根据项目经理对特定施工合同中规定的各项职责和义务的履行情况和结果,业主及相关方(如监理单位)对其的满意度,进行项目经理诚信评价[82]。

建筑业企业项目经理诚信评价指标应该基于上述内容进行设置。

3.3　建筑业企业项目经理诚信评价指标体系设计

3.3.1　建筑业企业项目经理诚信评价指标初选

依据前述诚信内涵,从系统角度,借鉴银行等商业机构对个人的信用评价,并参考律师、会计行业的执业诚信评价,基于特定的工程项目和相应的施工合同,结合相关法律法规,遵循过程控制思想,从执业诚信、诚信基础和诚信环境三个方面设置建筑业企业项目经理诚信评价指标。

3.3.1.1　执业诚信指标

项目经理诚信集中表现在与其职业相关的执业过程和工作质量中,因此,需要设置与项目经理执业行为和工作质量相关的评价指标。

现有不少关于项目经理管理考核的相关文件都明确规定了项目经理执业过程中的不良行为认定标准,从中可以提炼出项目经理执业诚信的相关评价指标。具体归纳见表3.2。

表 3.2　执业过程相关指标总结

不良行为[3-5][31-33][35-38][96]	依据	指标
不到岗或长时间脱岗; 未认真履行岗位职责的	《扬州市建设工程项目经理管理暂行办法》	项目经理到岗情况
遇到重大突发事件或台风等恶劣天气,擅离职守、通讯不畅,或未及时采取措施的	《青岛市建设工程施工企业项目经理管理考核办法》(试行) 《海口市建筑施工企业项目经理管理办法》	项目经理到岗情况
因下列原因项目经理被更换: 因自身原因导致工程项目发生重大质量、安全事故的; 有违法、违规、违纪行为,被暂停或者吊销担任项目经理资格的; 因身体原因(应有市级及以上医院证明)不能胜任项目管理工作的; 在工程项目管理中不到岗或未认真履行岗位职责的; 不能胜任所承担的工程任务,发包人要求更换的; 变更工作单位;其他不可抗拒的原因	《注册建造师执业管理办法》(试行)(建市〔2008〕48号) 《杭州市建筑施工企业项目经理管理办法》(杭建市〔2006〕424号) 《关于在招标投标和合同履行中推进企业和项目经理诚信建设的指导性意见》(苏建招〔2005〕580号)	项目经理被更换情况

不良行为[3-5][31-33][35-38][96]	依据	指标
未取得施工许可证擅自施工的; 未按有关规律法规、技术规范规程、审查合格的施工图或工程建设强制性条文和标准、施工及验收规范等施工的; 相互串通或弄虚作假、偷工减料或使用不合格建材,使用不合格设备、安全防护用品等; 未建立健全项目质保体系,不落实工程质量责任制,未制订工程质量控制目标、计划、措施等,现场未配置相应的施工操作规程及质量验收规范等的; 未定期开展质量检查和验收,或质量检查不到位、检查无记录或记录不规范,存在问题不按要求整改的; 发现施工不符合工程设计要求、施工技术标准、强制性条文要求,存在质量安全隐患,未及时报告改正的;未按有关规定对工程所用材料进场验收合格书、工序交接验收合格书、工程款支付通知及停工通知、复工通知进行签发的; 涉及结构安全的试块、试件及材料不按规定于现场制作、取样、记录并送检,或试块、试件、材料、构配件等复试检测或验收不合格,投入使用的; 施工组织设计或施工方案不按规定程序审批或执行的; 未按规定对检验批次、分项、分部、单位工程质量进行检验评定的; 未按规定对隐蔽工程、分部分项工程进行检查验收,或检查验收不合格,即进入下道工序施工的	《注册建造师执业管理办法》(试行) 《建筑市场诚信行为信息管理办法》 《注册建造师信用档案管理办法》(征求意见稿)(建市监函〔2007〕37 号) 《海口市建筑施工企业项目经理管理办法》 《郑州市建筑施工企业项目经理诚信行为管理办法》 《扬州市建设工程项目经理管理暂行办法》 《青岛市建设工程施工企业项目经理管理考核办法》(试行)(青建管字〔2006〕47 号) 《安徽省建筑业企业及项目经理业绩信用等级管理办法(试行)》 《建设工程项目经理诚信评价试行办法》	质量管理
施工现场未按规定配备专职质检员、安全员或项目经理及项目安全管理人员无证上岗或不持有效证件上岗等未认真履行职责的; 按照国家规定需要持证上岗的技术工种的作业人员未经培训、考核,情节严重的; 未履行安全生产管理职责或逾期未改正的,未建立健全项目安保管理体系和安全生产管理目标,未落实安全生产责任制、安全培训教育未按计划使用安全措施费等的; 未定期开展安全检查和验收,或安全检查不到位、检查无记录或记录不规范,发现事故隐患不按"三定"要求整改,及时消除安全事故隐患的; 未按规定对关键工序、重要部位的施工进行技术交底的; 施工现场使用无生产(制造)许可证、产品合格证的安全防护用具或机械设备的;	《注册建造师执业管理办法》(试行) 《建筑市场诚信行为信息管理办法》 《郑州市建筑施工企业项目经理诚信行为管理办法》 《扬州市建设工程项目经理管理暂行办法》 《青岛市建设工程施工企业项目经理管理考核办法》(试行)(青建管字〔2006〕47 号) 《安徽省建筑业企业及项目经理业绩信用等级管理办法(试行)》 《海口市建筑施工企业项目经理管理办法》	安全管理

不良行为[3-5][31-33][35-38][96]	依据	指标
大型设备设施未按规定登记备案、检测验收或检测保修的; 塔吊、深基坑、脚手架、大型模板工程等重大隐患源存在严重管理缺陷和重大安全隐患的; 违反工程建设和安全生产强制性标准,施工图设计文件或涉及结构安全的重大设计擅自变更未经审查批准擅自施工的;或拒不执行建设行政主管部门和质量、安全监督机构提出的质量安全整改要求的; 使用国家明令淘汰、禁止使用的危及施工安全的工艺或材料的; 隐瞒或者谎报、拖延报告工程质量安全事故或者破坏事故现场、阻碍对事故调查的; 拒不接受质量、安全监督检查,或被责令停止施工,仍继续施工的或工程存在严重安全隐患被停工整改的	《郑州市建筑施工企业项目经理诚信行为管理办法》 《建设工程项目经理诚信评价试行办法》	安全管理
现场采取的文明施工设施不符合相关规定要求的; 工地管理混乱,发生打架、斗殴以及盗窃行为的; 挪用文明施工措施费用的; 在尚未竣工的建筑物内设置员工集体宿舍的; 施工现场临时搭建的建筑物不符合安全使用要求的; 未根据不同施工阶段和周围环境及季节、气候的变化,在施工现场采取相应的安全施工措施,或者在城市市区内的建设工程施工现场未实行封闭围挡的; 施工现场脏、乱、差,安全文明施工不达标的; 发生四级以上环境事故的; 施工现场的围挡墙、临建设施、场地硬化等未按标准化工地要求组织实施、现场脏乱差的	《扬州市建设工程项目经理管理暂行办法》 《青岛市建设工程施工企业项目经理管理考核办法》(试行)(青建管字〔2006〕47号) 《海口市建筑施工企业项目经理管理办法》 《建设工程项目经理诚信评价试行办法》	环保、文明施工
现场未在醒目位置设立民工权益告知牌; 未发放农民工劳动计酬手册,或计酬手册未能逐月记载相关内容的; 未按规定创建民工业余学校的; 未办理施工现场作业人员意外伤害保险的; 不按规定与务工人员签订劳动合同的; 不守国家劳务用工规定,拖欠和克扣劳务人员工资,引发劳务人员集访或造成严重影响的	《郑州市建筑施工企业项目经理诚信行为管理办法》 《扬州市建设工程项目经理管理暂行办法》 《青岛市建设工程施工企业项目经理管理考核办法》(试行)(青建管字〔2006〕47号) 《海口市建筑施工企业项目经理管理办法》	用工管理

不良行为[3-5][31-33][35-38][96]	依据	指标
提供虚假材料(如虚假的执业活动成果)参与投标的; 围标、相互串通投标的; 泄露应当保密的招标投标事项的; 以低于工程成本报价恶性竞争,造成恶劣影响的; 已担任在建项目负责人而以项目经理参加工程投标的; 与建设单位或企业之间相互串通投标,或者以行贿等不正当手段谋取中标的;经查中标项目经理与施工现场项目经理不相符的; 应招标而未招标的工程项目,施工单位以其他方式承接的被通知停工,项目经理拒绝停工的	《郑州市建筑施工企业项目经理诚信行为管理办法》 《扬州市建设工程项目经理管理暂行办法》 《青岛市建设工程施工企业项目经理管理考核办法》(试行) 《安徽省建筑业企业及项目经理业绩信用等级管理办法(试行)》 《海口市建筑施工企业项目经理管理办法》	投标诚信
未取得施工许可证擅自施工的; 存在工程挂靠、转包、违法分包等行为的; 招用无资质或无安全生产许可证的专业承包、劳务承包队伍的; 不积极配合有关部门监督检查的,无理阻挠、拒绝执法人员依法行使职权,打击报复执法人员的; 项目经理在所承担的工程结束后,经举报或其他原因发现该工程存在质量、安全、诚信等方面的问题,并造成严重后果,经查情况属实的; 不履行《行政处罚决定》或未按照主管部门要求停止、纠正违法行为的; 受到建设行政主管部门通报批评、责令改正的或不及时整改的; 拒绝或阻碍建设工程监督检查人员依法执行公务的; 受到建设行政主管部门停业整顿、降低资质等级、吊销执业资格等行政处罚的; 未按要求提供注册建造师信用档案信息的; 未履行注册建造师职责导致项目未能及时交付使用的	《注册建造师信用档案管理办法》(征求意见稿)(建市监函〔2007〕37号) 《郑州市建筑施工企业项目经理诚信行为管理办法》 《扬州市建设工程项目经理管理暂行办法》 《青岛市建设工程施工企业项目经理管理考核办法》(试行)(青建管字〔2006〕47号) 《安徽省建筑业企业及项目经理业绩信用等级管理办法(试行)》	违法分包

3.3.1.2 诚信基础指标

道德诚信是个人诚信的基础和本源,许多学者都认为应该设置道德指标来考察评价对象的诚信/信用。国内外学者探讨的各种诚信/信用要素("C"要素)学说,都把品德/品质(Character)列为必须考核的要素之一。李宁琪、周津构建了企业家诚信水平评价体系,在对指标进行因子分析时,将责任意识、正直、理智和坚韧称为个人品质因子;将企业家的使命感、敬业精神和经营理念称为个人道德因子[89]。姜明辉指出,个人信用评估指标体系可由反映个人信用存量、个人信用历史、个人信用预期的指标三部分组成,并将工作背景、健康程度、个人未来发展等归为反映个人信用预期的指标,以预测未来的诚信发展趋势[90]。黄大玉、王玉东建议从道德品质和个人资本实力两大方面来评定个人的资信,其中学历、工作情况、健康状况、年龄等被归为道德品质体系[91]等。

　　一般认为,个人自然状况(包括个人年龄、健康状况、工作状况、性别、技术职称等)是个人道德品质形成和表现的内在因素,这些因素从一定程度上反映了个人的道德水平,可作为建筑业企业项目经理诚信的基础指标。相关文献指标归纳见表 3.3。

表 3.3　相关文献基础指标归纳

来源	指标体系主要内容	指标
建筑市场执业资格人员信用体系建设[83]	建筑市场执业资格人员信用建设的内容是指契约信用或执业信用,包括市场交易的信用和合同履约行为信用,守法执业信用,以及在履行合同中所应表现出的道德、伦理信用	性别 年龄 学历 职称 婚姻状况 执业年限 奖惩情况 收入 职务 财产 住房情况 户籍 单位性质
注册建造师信用评价模型[29]	注册建造师的信用指标体系包括:执业信用指标和个人信用指标。个人信用指标分为个人身份基本情况、个人资产投资及经营活动情况等六大类指标。其中个人身份基本情况包括性别、年龄、学历、职称、职业、婚姻状况	
发展监理工程师个人信用制度的思考[92]	监理工程师个人信用要素的构成包括自然要素、职业情况、社会情况。其中,自然因素包括年龄、婚姻、文化程度、财产;职业情况包括职称、职务、收入、在本单位工作年限、奖惩情况	
商业银行个人信用评估组合预测方法[90]	国外学者的指标体系中,个人指标包括年龄、性别、婚否、工作、工作行业、工作稳定性、是否大城市、在居住地时间、雇用时间。国内银行的指标体系各不相同。其中建设银行的体系中个人指标包括年龄、性别、婚姻、健康、教育程度、户籍、单位类型、行业情况、职位、在本职位时间、职称	
个人信用评价体系构建研究[93]	个人信用评分指标包括基本情况、职业情况、经济情况、贷款情况、以往信用记录。其中,个人基本情况包括年龄、文化程度、户口性质、婚姻状况、工作年限。个人职业情况包括单位性质、职务与职称、行业发展前景	
我国个人信用评估方法研究[94]	个人信用评级指标体系包括个人素质、个人资产规模和质量、个人偿债能力、个人盈利能力、个人信誉状况。其中个人素质包括学历职称、所获职业技能等级证书及所在职业、所在职位、住房情况等	

　　作为专业人士,项目经理必须由取得建造师执业资格的人员担任,因此,执业资格情况也应该是项目经理诚信的基础指标。表 3.4 所示是相关法律法规对项目经理建造师执业资格的要求。

　　另外,参考政法部门(如法院、公安)对其工作人员八小时工作以外活动有所规定的做法,将项目经理的社会公德、家庭美德、遵纪守法等情况也设置成相应的基础诚信

建筑业企业诚信评价及其实施

指标。表 3.5 所示是部分文献中对执业人员执业行为外活动的考核指标。

表 3.4 执业资格诚信基础指标归纳

不良行为[4-5][33-37]	依据	指标
未取得相应的资质,擅自承担《注册建造师执业工程规模标准》规定的执业范围的; 超出执业范围和聘用单位业务范围内从事执业活动;隐瞒有关情况或者提供虚假材料申请注册的; 以欺骗、贿赂等不正当手段取得注册证书的; 拒绝接受继续教育的; 涂改、倒卖、出租、出借或以其他形式非法转让资格证书、注册证书和执业印章的; 聘用单位破产、聘用单位被吊销营业执照、聘用单位被撤销或者撤回资质证书、已与聘用单位解除聘用合同关系、注册有效期满且未延续注册、年龄超过 65 周岁、死亡或不具有完全民事行为能力,以及其他导致注册失效的情形下,未办理变更注册而继续执业的; 泄露在执业中知悉的国家秘密和他人的商业、技术等秘密的; 执业与当事人有利害关系的项目的; 索贿、受贿或者谋取合同约定费用外的其他利益的;实施商业贿赂的; 签署有虚假记载等不合格的文件的; 允许他人以自己的名义从事执业活动的; 同时在两个或者两个以上单位受聘或者执业的; 未向注册机关提供、准确、完整的注册建造师信用档案信息的; 未按规定办理企业及执业情况变更手续的; 不按规定要求参加培训考核或继续教育的	《注册建造师执业管理办法》(试行) 《注册建造师信用档案管理办法》(征求意见稿) 《郑州市建筑施工企业项目经理诚信行为管理办法》 《扬州市建设工程项目经理管理暂行办法》 《青岛市建设工程施工企业项目经理管理考核办法》(试行) 《安徽省建筑业企业及项目经理业绩信用等级管理办法(试行)》 《海口市建筑施工企业项目经理管理办法》	执业资格

表 3.5 执业活动外诚信基础指标归纳

来源	指标体系主要内容	指标
建筑市场执业资格人员信用体系建设[83]	建筑市场执业资格人员信用建设的内容是指契约信用或执业信用,包括市场交易的信用和合同履约行为信用,守法执业信用,以及在履行合同中所应表现出的道德、伦理信用	银行信用记录 司法记录 社会不良记录 纳税记录
注册建造师信用评价模型[29]	注册建造师的信用指标体系包含:执业信用指标和个人信用指标。个人信用指标分为个人贷款情况、个人商业信用情况、影响个人信用状况的司法信誉情况等六大类指标。其中,个人贷款情况和个人商业信用情况包括拖欠贷款及其他款项的记录,影响个人信用状况的司法信誉包括税款缴纳、工商行政处罚、欺诈行为处罚、其他刑事处罚、法院诉讼处罚、破产记录	
发展监理工程师个人信用制度的思考[92]	监理工程师个人信用要素的构成包括自然要素、职业情况、社会情况。其中,社会情况包括债务记录、税务记录、违章记录、违法记录	

来源	指标体系主要内容	指标
商业银行个人信用评估组合预测方法[90]	个人信用评估指标体系可由三部分组成:反映个人信用存量、个人信用历史、个人信用预期的指标,其中反映个人信用历史的指标包括银行信用记录、社会不良记录、司法信誉和社会地位等。银行信用记录包括:a. 有无向银行借款长期不还;b. 有无信用卡透支久欠不还;c. 有无民间借款久欠不还;d. 有无拖欠电话费、电费、税费、水费、公款、货款;e. 人身家庭财产保险、社保记录;司法信誉包括是否有过破产申请或不动产遭留置等情况,营业执照申办、吊销记录,房产和车辆过户、查封记录,有无违反交通法规、恶意诈骗记录,拘留、刑罚记录等	银行信用记录 司法记录 社会不良记录 纳税记录
关于完善我国律师业诚信体系的设想[95]	各地司法行政机关及律师协会已经初步制定了律师业诚信等级考核办法,其内容涉及律师业纳税情况	

3.3.1.3 诚信环境指标

诚信环境是社会行为主体之间赖以建立、培养和发展诚信的背景与基础,它由教育、道德、伦理、宗教信仰与文化传统等无形因素和经济发展阶段、政策法规、制度以及信息技术等有形因素相互融合在一起共同构成[73]。良好的诚信环境是构建社会诚信体系的基础。

诚信成长环境依赖的要素包括信息要素、法制要素、文化要素、经济要素。诚信缺失的环境因素包括信任的普遍缺失、强制关系的软弱无力、迷失方向的文化、信息透明度低,不对称性高、依然脆弱的经济基础等[85]。诚信环境评价需要综合考虑经济因素(人均 GDP、市场化、城市化、信息环境、企业发展)、政府行为因素、制度因素(法律制度、产权制度、交易合约制度)、文化因素(宗教习俗、教育水平),以及行业发展因素[88]等。

在律师行业,律师的执业行为总是不可避免地受所处的社会经济、政治、文化环境的影响和制约[86]。颜杨也认为,要完善我国律师诚信体系,除了关注律师自身的原因,如自身人品缺陷、个别业务能力有限外,还需关注外部原因,如司法制度发展的滞后、律师的职业门槛比较低、上级主管部门对律师道德方面的要求不够等行业发展原因[87]。

因此,在对建筑业企业项目经理进行诚信评价时,也需要考虑诚信环境的影响。

经与相关专家进行访谈、研讨,最终选择诚信法律环境、诚信文化环境、经济发展水平、政府诚信水平和征信体系建设水平五个指标来表征诚信环境。

3.3.1.4 概念模型

通过前文分析,形成如图 3.1 所示的建筑业企业项目经理诚信评价指标体系概念模型。

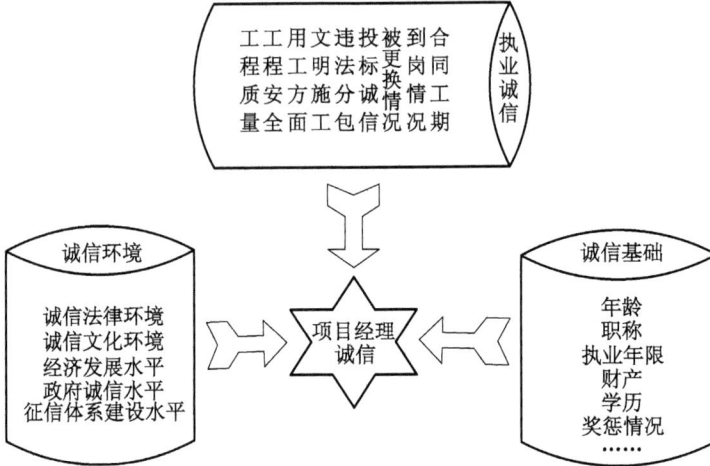

图 3.1 建筑业企业项目经理诚信评价指标体系概念模型

3.3.2 建筑业企业项目经理诚信评价指标体系确立

采用问卷调查方法对上述概念模型进行补充完善。

3.3.2.1 问卷设计及发放

(1)问卷对象选择

在建筑业内,与建筑业企业有关系的主体很多,包括政府、业主单位、监理单位、设计单位、项目管理公司、造价咨询单位、招标代理等。建筑业企业项目经理因为执业活动需要经常与这些主体的相关人员打交道,因此,可以择优选择这些主体的相关人员作为问卷调查对象。具体见表 3.6。

表 3.6 问卷调查对象选择

对象来源	与项目的关系	与项目经理的关系
业主单位	项目所有者	业主单位是工程项目的利益最相关者,项目经理作为建筑业企业在项目上的委托代理人,在其授权范围内对业主单位直接负责。因此,业主单位人员对项目经理诚信最有发言权
建筑业企业自身	项目建设者	项目经理受建筑业企业聘用,来自企业的评价最为直接和深刻

对象来源	与项目的关系	与项目经理的关系
项目管理公司（包括监理公司等）	业主（一般是委托）的项目管理者	作为业主的项目管理代表，在项目上直接与项目经理打交道，能够从第二方或第三方角度评价项目经理诚信
设计单位	项目设计者	设计交底、设计变更、项目竣工验收等需要与项目经理接触，设计意图能否实现也需要考察项目经理的工作质量
政府相关部门	监督者	项目经理队伍是政府相关部门主抓的"两支队伍"之一，其评价有权威性
银行等金融机构	资金提供者	可以提供项目经理个人信用方面的信息
税务、司法等部门	其他相关者	可以提高项目经理是否依法纳税、是否受到行政/刑事处罚的信息

（2）问卷设计

根据构建的建筑业企业项目经理诚信评价概念模型，设计了三轮调查问卷，具体经过如下：

① 文献阅读及整理，提出调查问卷初稿

在建筑业企业项目经理诚信评价概念模型的基础上，拟定了建筑业企业项目经理诚信评价指标体系的调查问卷初稿。

② 内部征求意见，形成问卷第二稿

为提高问卷内在的逻辑性、规范性，课题组经过多次研讨，对问卷的架构、指标的规范性以及指标的解释等方面进行了充分论证，最后设计了从诚信环境、诚信基础、执业诚信三个方面来反映建筑业企业项目经理诚信的调查问卷。

③ 征询专家意见，形成问卷第三稿

利用与南京市建设工程交易中心、江苏建科建设监理有限公司（建科监理）合作的机会，征询了在交易中心参加评标的部分专家以及建科监理部分专家对调查问卷的看法，完善了评价诚信基础和执业诚信的指标，删减了年龄、健康等个别指标。

④ 预测试，形成问卷终稿

预测试可及时发现问卷填写过程中可能遇到的问题，方便进一步完善问卷。在南京市建设工程交易中心的协助下，选择了 40 位专家进行了问卷预测试。根据反馈和建议，删除了专家评分值低于 3 的指标，包括家庭情况（婚姻情况、家庭成员）、个人道德情况、个人薪酬水平、财产情况等，最终形成的调查问卷终稿，详见附录 A《建筑业企业项目经理诚信评价指标调查问卷》。

（3）问卷发放

通过各种渠道共发放问卷 450 份，回收 221 份，回收率为 49.11%。设定问卷剔除标准为:问卷填写不完整(超过 3 个及 3 个以上的指标没有进行判断填写)、问卷填写明显无效(连续 10 个以上指标的重要性判断相同,即认为未经慎重考虑存在应付现象)。经过筛选,最终获得有效问卷 172 份,问卷有效率达到 77.83%。问卷的发放和回收情况汇总见表 3.7。

表 3.7　问卷发放及回收情况

发放地点/方式	主要发放对象	发放份数	回收份数	回收率	有效问卷数	有效率
建设工程交易中心	项目经理	50	26	52.00%	17	65.38%
项目管理年会	高校科研人员、企业人员	50	23	46.00%	18	78.26%
协会发放	监理工程师、政府机关工作人员	100	59	59.00%	44	74.58%
企业发放	监理工程师、项目经理	150	79	52.67%	64	81.01%
网络邮发	高校科研人员	100	34	34.00%	29	85.29%
总计		450	221	49.11%	172	77.83%

(4) 问卷调查的基本信息详见表 3.8 至表 3.13。

表 3.8　问卷填写者学历情况表

学历	研究生	本科	大专	其他
所占比例	33%	52%	15%	0

表 3.9　问卷填写者工作年限情况表

工作年限	16 年以上	11~15 年	6~10 年	5 年及以下
所占比例	51%	12%	17%	20%

表 3.10　问卷填写者职称情况表

职称	高级职称	中级职称	初级及其他职称
所占比例	51%	30%	19%

表 3.11　问卷填写者工作单位情况表

工作单位	施工单位	造价咨询	高校	建设单位	监理单位	设计单位	政府部门
所占比例	13.37%	4.07%	10.47%	22.09%	37.21%	1.75%	11.04%

表 3.12　问卷填写者执业资格情况表

注册执业资格	咨询工程师	建筑师 & 结构工程师	造价工程师	监理工程师	建造师
所占比例	7.56%	2.91%	13.37%	40.12%	36.04%

表 3.13　问卷填写者对研究必要性看法汇总表

本研究的必要性	非常必要	十分必要	一般	无必要
所占比例	48%	39%	12%	1%

3.3.2.2　描述性统计分析

运用 SPSS 17.0 对回收的有效问卷中的指标进行描述性统计分析,结果整理见表 3.14。数据表明:全部指标的平均值最小为 3.15,最大为 4.39,即每个指标都介于"一般重要"与"很重要"之间;"经济发展水平""职称""纳税记录""金融信用记录""司法记录""工程项目复杂程度""违法分包"七个指标的标准差大于 1,说明被调查者对这七个指标的评价存在一定的分歧;偏度、峰度值满足"偏度小于 2,峰度值小于 5"的要求,可以认为样本数据满足正态分布要求。

表 3.14　问卷指标的描述性统计分析

编号	指标名称	极小值	极大值	均值	中位数	标准差	偏度	峰度
E1	政府诚信水平	1	5	4.28	5	0.884	−0.937	−0.170
E2	诚信法律环境	1	5	4.39	5	0.905	−1.577	2.122
E3	诚信文化环境	1	5	3.82	4	0.997	−0.682	0.011
E4	经济发展水平	1	5	3.28	3	1.032	−0.413	−0.128
E5	征信体系建设水平	1	5	3.65	4	0.984	−0.498	−0.114
F1	职称	1	5	3.15	3	1.081	−0.326	−0.411
F2	教育程度	1	5	3.31	3	0.904	−0.597	0.335
F3	执业年限	1	5	3.55	4	0.969	−0.549	−0.115
F4	执业业绩	1	5	3.82	4	0.938	−0.684	0.458
F5	聘用单位诚信度	1	5	3.94	4	0.924	−0.872	0.913
F6	资格诚信记录	1	5	4.03	4	0.982	−0.971	0.671
F7	纳税记录	1	5	3.61	4	1.079	−0.535	−0.214
F8	金融信用记录	1	5	3.73	4	1.092	−0.851	0.189
F9	司法记录	1	5	3.79	4	1.137	−0.651	−0.294

编号	指标名称	极小值	极大值	均值	中位数	标准差	偏度	峰度
P1	工程项目复杂程度	1	5	3.52	4	1.084	−0.372	−0.388
P2	投标诚信	1	5	4.07	4	0.983	−0.938	0.400
P3	到岗情况	1	5	3.95	4	0.944	−0.577	−0.370
P4	变更情况	1	5	3.64	4	0.988	−0.790	0.606
P5	违法分包	1	5	4.05	4	1.034	−1.018	0.437
P6	合同工期	1	5	3.79	4	0.990	−0.648	0.055
P7	工程质量	1	5	4.11	4	0.923	−0.897	0.642
P8	工程安全	1	5	4.17	4	0.979	−1.191	1.120
P9	文明施工	1	5	3.59	4	0.952	−0.339	−0.272
P10	劳务人员权益实现	1	5	3.89	4	0.891	−0.349	−0.702
P11	工程纠纷诉讼	1	5	3.63	4	0.996	−0.400	−0.289
P12	业主及相关单位评价	1	5	3.94	4	0.891	−0.582	0.148

3.3.2.3　问卷信度检验

运用 SPSS 17.0 中的"Analyze-Scale-Reliability Analysis"命令,并选择"Statistics"中的"Scale if item deleted",对诚信环境、诚信基础、执业诚信三个子部分量表以及建筑业企业项目经理诚信整个调查量表分别计算 Cronbach α 系数。结果见表 3.15。

在诚信基础量表中,F2 对应的"校正的项总计相关性"偏低,删除 F2 有利于提升诚信基础的总体信度,且"教育程度"可以在"职称""资格诚信记录"等指标中体现,故将指标 F2 删除。

在执业诚信量表中,P1 对应的"校正的项总计相关性"偏低,删除 P1 有利于提升执业诚信的总体信度,故将指标 P1 删除。

表 3.15　问卷信度检验

	指标	校正的项总计相关性	项删除后的 Cronbach α 值	部分量表 Cronbach α 值	整体量表 Cronbach α 值
诚信环境	E1	0.411	0.622	0.639	0.887
	E2	0.428	0.615		
	E3	0.487	0.537		
	E4	0.499	0.583		
	E5	0.436	0.564		

指标		校正的项总计相关性	项删除后的Cronbach α 值	部分量表Cronbach α 值	整体量表Cronbach α 值
诚信基础	F1	0.497	0.750	0.764	0.887
	F2	0.227	0.771		
	F3	0.406	0.762		
	F4	0.524	0.731		
	F5	0.470	0.739		
	F6	0.566	0.724		
	F7	0.491	0.734		
	F8	0.482	0.736		
	F9	0.539	0.726		
执业诚信	P1	0.389	0.865	0.864	
	P2	0.607	0.849		
	P3	0.580	0.851		
	P4	0.421	0.861		
	P5	0.661	0.845		
	P6	0.512	0.855		
	P7	0.684	0.844		
	P8	0.636	0.847		
	P9	0.516	0.855		
	P10	0.595	0.850		
	P11	0.479	0.857		
	P12	0.449	0.859		

3.3.2.4　问卷效度检验及体系确立

本研究问卷是在大量文献研究和经由课题组与相关专家研讨后设计而成的,能够保证问卷的内容效度。

在信度检验删除 2 个指标的基础上,对有效样本数据进行 KMO 抽样适当性检验和 Bartlett 球形检验(表 3.16),检验结果表明样本数据适合进行因子分析。

采用主成分分析方法,共计提取出 3 个特征值大于 1 的因子(表 3.17),这 3 个因子的方差累计贡献率达到了 58.671%,高于 50%的临界标准,表明因子的提取效果良好,足以描述建筑业企业项目经理诚信的内容。

表 3.16　问卷 KMO 及 Bartlett 球形检验结果

Kaiser-Meyer-Olkin 测度		0.837
Bartlett 的球形度检验	近似卡方	1 616.925
	df	276
	Sig.	0.000

表 3.17　因子解释的总方差

因子	初始特征值			提取平方和载入			旋转平方和载入		
	合计	方差的百分比	累积百分比	合计	方差的百分比	累积百分比	合计	方差的百分比	累积百分比
1	6.866	28.606	28.606	6.866	28.606	28.606	4.088	17.034	17.034
2	4.248	17.699	46.305	4.248	17.699	46.305	5.558	23.157	40.191
3	2.968	12.365	58.671	2.968	12.365	58.671	4.435	18.48	58.671

经过方差最大正交旋转后得到的因子负荷矩阵见表 3.18(结果只输出大于 0.4 的因子负荷)。

表 3.18　旋转因子矩阵

指标编号	指标名称	因子		
		1	2	3
E3	诚信文化环境	0.807		
E4	经济发展水平	0.761		
E2	诚信法律环境	0.707		
E5	征信体系建设水平	0.670		
E1	政府诚信水平	0.570		
F3	执业年限		0.766	
F5	聘用单位诚信度		0.686	
F1	职称		0.644	
F4	执业业绩		0.572	
F7	纳税记录		0.841	
F8	金融信用记录		0.793	
F6	资格诚信记录		0.599	
F9	司法记录		0.569	
P4	变更情况			0.778

续　表

指标编号	指标名称	因　子		
		1	2	3
P3	到岗情况			0.695
P5	违法分包			0.687
P2	投标诚信			0.591
P7	工程质量			0.817
P8	工程安全			0.805
P10	劳务人员权益实现			0.694
P9	文明施工			0.616
P11	工程纠纷诉讼			0.615
P6	合同工期			0.574
P12	业主及相关单位评价			0.553

提取方法:主因子。旋转法:具有 Kaiser 标准化的正交旋转法。因子负荷低于 0.5 的未列出。

利用 LISREL 软件计算得到结构方程模型拟合指数见表 3.19:

表 3.19　问卷模型拟合指标值

分类	x^2/df	RMSEA	GFI	CFI	AGFI	显著性 P
数值	1.794	0.068	0.920	0.950	0.980	0.000
标准[5]	<2	<0.08	>0.90	>0.90	>0.90	<0.01

数据表明,模型拟合效果较好,结构效度得到保证。

综上,最终确立如图 3.2 所示的建筑业企业项目经理诚信评价指标体系。

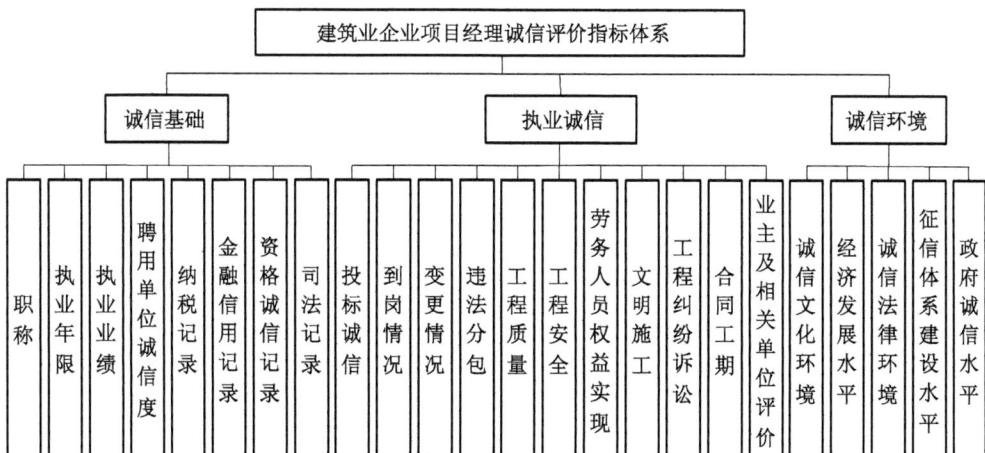

图 3.2　建筑业企业项目经理诚信评价指标体系

3.4 建筑业企业项目经理诚信评价

3.4.1 评价方法选择

本研究建立的诚信评价指标体系中,定性、定量指标皆有,且当前尚无完善统一的建筑业企业项目经理基础性诚信信息库。基于这一现实,在分析各种评价方法适用性和借鉴已有类似研究的基础上,采用模糊综合评价法对项目经理进行诚信评价。

3.4.2 建筑业企业项目经理诚信模糊综合评价步骤

在参考相关文献[101-103]的基础上,建筑业企业项目经理诚信模糊综合评价步骤如下:

(1)确定建筑业企业项目经理诚信评价因素集合

构建评价因素集合 $U = \{u_1, u_2, \cdots, u_m\}$,$u_i(i=1, 2, \cdots, m)$ 为第 i 个评价因素,m 是某个层次上因素的个数,评价因素集合构成了评价的框架。本研究构建的建筑业企业项目经理诚信评价因素集合由图 3.2 中 3 个一级指标和 24 个二级指标构成。

(2)确定评价等级标准集合

参照《建筑业企业信用评价试行办法》(建协〔2008〕36 号)中的分级标准,以及刘军(2010)的总监执业信用评价等分级标准[84],对于建筑业企业项目经理诚信评价指标给出如下评语集 V:$V = \{V_1, V_2, V_3, V_4, V_5\} = \{较差,差,一般,良好,很好\}$,并对五个评语分别赋值为 $S = \{60, 70, 80, 90, 100\}$。将建筑业企业项目经理的诚信等级设计为 AAA、AA、A、B、C 五级。各诚信等级符号与模糊综合评价得到的评价等级的对应关系、分值范围以及各信用等级的含义,见表 3.20。

表 3.20 建筑业企业项目经理诚信等级分类

等级符号	分值范围	评价	等 级 含 义
AAA	$90 \leqslant F \leqslant 100$	诚信水平很好	各评价指标优秀,个人诚信基础很好、执业能力很强、执业结果很好
AA	$80 \leqslant F < 90$	诚信水平良好	各评价指标先进,个人诚信基础好、执业能力强、执业结果好

等级符号	分值范围	评价	等 级 含 义
A	$70 \leqslant F < 80$	诚信水平较好	各评价指标较好,个人诚信基础较好、执业能力较强、执业结果较好
B	$60 \leqslant F < 70$	诚信水平一般	各评价指标一般,个人诚信基础一般、执业能力一般、执业结果一般
C	$F < 60$	诚信水平差	各评价指标落后,个人诚信基础差、执业能力弱、执业结果差

（3）设定指标评分标准,计算确定隶属矩阵

依据评分标准对各指标进行评分,然后才能计算各指标的隶属度。建筑业企业项目经理诚信评价指标可分为定性指标和定量指标两大类,对这两类指标隶属度的计算方法采用"建筑业企业诚信评价"指标隶属度计算方法。

为使设置的评分标准科学、合理,并兼顾诚信基础信息的可获取性,借鉴建筑业企业诚信评价指标评分标准、总监理工程师执业信用评价指标评分标准[84]、《建筑业企业项目经理信用评价指标的评分方法》[31],通过与相关专家进行研讨,本研究设置了如表 3.21 所示的建筑业企业项目经理诚信评分标准。

（4）计算指标权重

在多指标综合评价中,指标权重的确定是非常重要的一个环节,指标权重直接影响着评价结果。在对多种赋权方法分析比较的基础上,结合项目经理诚信评价指标特点,选择广泛使用的层次分析法（AHP）,来确定各级指标的权重。简要步骤如下：

① 依据前述建筑业企业项目经理诚信评价指标体系建立递阶层次结构。

② 由专家依据一级指标对决策目标（以及二级指标对一级指标）的重要程度按 $1 \sim 9$ 比例标度赋值,构造两两比较的判断矩阵。

为此,本研究设计了建筑业企业项目经理诚信评价指标相对重要性评分问卷,并向高校学者、建筑业项目经理、监理企业部门经理等共发放 27 份电子版问卷,收回了 12 份。问卷见附录 B。

③ 权重计算。

利用层次分析法软件 yaahp（Yet Another AHP）计算各指标权重并进行一致性检验。

将专家打分的指标判断矩阵输入软件,分别计算一级指标层权重 w_i 和二级指标层权重 w_{ij};根据公式：$w = w_i \times w_{ij}$ 计算二级指标的最终权重。

建筑业企业项目经理诚信评价指标最终权重汇总见表 3.22。

表 3.21　建筑业企业项目经理诚信评分标准

一级指标	二级考核指标	考　核　标　准
诚信环境	政府诚信水平	专家评价:非常低、较低、高、较高、非常高
	诚信法律环境	专家评价:非常不健全、较不健全、健全、较健全、非常健全
	诚信文化环境	专家评价:非常差、较差、好、较好、非常好
	经济发展水平	专家评价:非常低、较低、高、较高、非常高
	征信体系建设水平	专家评价:非常低、较低、高、较高、非常高
诚信基础	职称	正高级(100分)、高级(90分)、中级(80分)、初级(70分)
	执业年限	执业年限为 28 年以上(100分)、19～28 年(81～99分)、14～18年(71～80分)、9～13 年(61～70分)、8 年及以下(60分)。
	执业业绩	业绩表彰:国家级(100分)、省级(90分)、市级(80分)、无(0)。
	聘用单位诚信度	聘用单位诚信分
	资格诚信记录	无资质、超出执业范围执业的,执业中违反保密规定的,未办理变更注册而继续执业的,索贿、受贿,诚信分为 0;同时在两个或者两个以上单位受聘或者执业的,不按规定要求参加培训考核或继续教育的,每次扣 40 分。无上述情况者该指标得 100 分
	纳税记录	每出现一次不良记录,扣 20 分
	金融信用记录	根据银行个人信用等级打分:AAA 级(100分)、AA 级(90分)、A级(80分)、BBB 级(70分)、BB 级(60分)、B 级(50分)、C 级(40分);若存在拖欠电费、水费、通讯费等不良记录,每次扣 10 分
	司法记录	每出现一次不良记录扣 20 分。被刑事处罚的,诚信分为 0
执业诚信	投标诚信	提供虚假项目经理材料参与投标的,已担任在建项目负责人而以项目经理参加工程投标的,每次扣 40 分
	到岗情况	项目经理应到岗而不到的,每次扣 10 分
	变更情况	不能胜任所承担的工程任务,被发包人要求更换的,每次扣 20 分
	违法分包	项目上出现转包、违法分包情况的,每次扣 50 分
	合同工期	因自身原因出现工期延误的,每延误 1%,扣 5 分
	工程质量	因主体质量行为和实体质量问题被建设主管部门通报的,每次扣 30 分;因实体质量不符合合同要求,验收规范被要求整改、维修、返工的,每次扣 25 分;发生三级以上工程建设重大质量事故的,诚信分为 0
	工程安全	因工程安全问题被主管部门通报的,每次扣 30 分;发生三级以上工程建设重大质量安全事故的,诚信分为 0
	文明施工	因现场文明施工问题被主管部门通报的,每次扣 20 分;发生三级以上环境事故的,诚信分为 0

一级指标	二级考核指标	考　核　标　准
执业诚信	劳务人员权益实现	因用工和劳务人员工资发放等问题被县级及以上人民政府曝光的,每次扣50分。因拖欠工资造成不良社会影响的,得0分
	工程纠纷诉讼	被业主单位起诉的,每次扣20分
	业主及相关单位评价	业主和监理单位对项目经理的评价:非常差、较差、好、较好、非常好

说明:每一指标最高分为100分。指标数据来源:项目经理投标时提供的相关信息;相关主管部门的考核、处罚信息;其他权威部门发布的数据。

（5）模糊运算

本研究所构建的指标体系为三级指标体系,故需要进行两次模糊运算。具体计算方法同前（建筑业企业诚信模糊综合评价）。

（6）评价结果

经过二级模糊评价后,得到了评价的隶属度向量 R。根据最大隶属度原则,可以判定被评价对象的诚信等级。为直观形象,本研究将最终评价隶属度向量通过等级赋值转化为评分值 F:

$$F = R \times S^T = [r_1, r_2, \cdots, r_n] \times \begin{bmatrix} s_1 \\ s_2 \\ \cdots \\ s_n \end{bmatrix}$$

表 3.22　建筑业企业项目经理诚信评价指标最终权重汇总

控制层	指标层	最终权重	一致性检验(C.R.)
诚信基础	职称	0.028 2	0.000
	执业年限	0.023 1	
	执业业绩	0.051 3	
	聘用单位诚信度	0.034 4	
	资格诚信记录	0.042 1	
	纳税记录	0.023 1	
	金融信用记录	0.028 2	
	司法记录	0.018 9	

控制层	指标层	最终权重	一致性检验（C.R.）
执业诚信	投标诚信	0.029 3	0.000
	到岗情况	0.048 7	
	变更情况	0.076 6	
	违法分包	0.034 4	
	合同工期	0.022 6	
	工程质量	0.097 8	
	工程安全	0.112 1	
	文明施工	0.050 4	
	劳务人员权益实现	0.075 1	
	工程纠纷诉讼	0.061 5	
	业主及相关单位评价	0.041 2	
诚信环境	政府诚信水平	0.027 8	0.000
	诚信法律环境	0.022 7	
	经济发展水平	0.018 6	
	诚信文化环境	0.018 2	
	征信体系建设水平	0.013 7	

3.4.3　案例分析

3.4.3.1　个人诚信信息

在江苏某大型建筑业企业的协助下，根据前文构建的诚信评价指标体系和指标评分标准，搜集了两位项目经理的诚信信息（分别以"甲"和"乙"代替），具体数据见表3.23。

表3.23　项目经理诚信信息数据

1. 定量信息数据（以项目经理执业年限内负责完成的所有登记备案的项目的实施情况作为考核依据）

指　标	项目经理甲	项目经理乙
职称	高级	中级
执业年限	13 年	4 年
执业业绩	完成7个项目,1次省优秀项目经理,1项省级优质工程	完成2个项目,1项市级优质工程
聘用单位诚信度	省"重合同守信用企业"	省"重合同守信用企业"
资格诚信记录	无不良执业资格行为记录	无不良执业资格行为记录

续　表

指　标	项目经理甲	项目经理乙
纳税记录	无不良纳税记录	无不良纳税记录
金融信用记录	无不良个人信用记录	无不良个人信用记录
司法记录	无不良司法记录	无不良司法记录
投标诚信	执业年限内无不良投标行为记录	执业年限内无不良投标行为记录
到岗情况	因不到岗被通报批评 3 次	因不到岗被通报批评 1 次
变更情况	因变更工作单位被更换 1 次	无被更换记录
违法分包情况	1 次违法分包	无不良记录
合同工期	两个项目均提前工期 10%,其余均在合同期限内完成	均在合同约定期限内完成项目
工程质量	1 次未按施工图施工被处罚	无不良记录
工程安全	无不良记录	无不良记录
文明施工	无不良记录	无不良记录
工程纠纷诉讼	无	无
劳务人员权益实现	1 项目因拖欠劳务人员工资被市建委曝光	无不良记录

2. 定性信息数据

评价专家	A		B		C		D		E	
项目经理	甲	乙	甲	乙	甲	乙	甲	乙	甲	乙
政府诚信水平	2	2	3	3	3	3	3	3	4	4
诚信法律环境	2	2	3	3	3	3	4	4	4	4
经济发展水平	3	3	4	4	4	4	4	4	3	3
诚信文化环境	2	2	2	2	3	3	3	3	4	4
征信体系建设水平	3	3	4	4	3	3	4	4	3	3
业主及相关单位评价	4	4	4	4	3	3	3	4	4	4

定性诚信信息数据根据邀请的工程项目相关方(监理单位、建筑业企业、业主、政府主管部门)中符合条件的 5 位专家进行相应评价得到。表中 A～E 分别代表 5 位专家;"5、4、3、2、1"分别表示专家对该项目经理在这个指标上的评价为"很好、良好、较好、一般、差"。

3.4.3.2　诚信评价结果

(1)计算指标评分值,确定指标隶属度

根据指标评分标准,对表3.23中的指标进行评分。得到分值后,分定性、定量指标分别计算各指标的隶属度:

定量指标以"执业年限"为例。项目经理乙的"执业年限"指标得分为68,计算隶属度函数参数:$r_1=0$,$r_2=(70-68)/(70-60)=0.2$,$r_3=1-r_2=0.8$,$r_4=0$,$r_5=0$,即乙的"执业年限"指标对应于评语集〈差、一般、较好、良好、很好〉的隶属度为:[0 0.2 0.8 0 0]。其余略。

定性指标以"诚信法律环境"为例。两位专家的评价值为"4"(即"良好"),两位专家的评价值为"3"(即"较好"),一位专家的评价值为"2"(即"一般")。根据公式:$r_{ij}=v_{ij}/n$,可计算"诚信文化环境"指标对应于评语集〈差、一般、较好、良好、很好〉的隶属度为:[0 0.2 0.4 0.4 0]。其余略。

最终得到如表3.24所示的甲、乙两位项目经理的诚信评价指标评分值及隶属度。

表3.24 项目经理甲和乙诚信评价指标评分值及隶属度

项目经理甲			项目经理乙		
指标	评分	隶属度	指标	评分	隶属度
政府诚信水平	—	[0 0.2 0.6 0.2 0]	政府诚信水平	—	[0 0.2 0.6 0.2 0]
诚信法律环境	—	[0 0.2 0.4 0.4 0]	诚信法律环境	—	[0 0.2 0.4 0.4 0]
经济发展水平	—	[0 0 0.4 0.6 0]	经济发展水平	—	[0 0 0.4 0.6 0]
诚信文化环境	—	[0 0.4 0.4 0.2 0]	诚信文化环境	—	[0 0.4 0.4 0.2 0]
征信体系建设水平	—	[0 0 0.6 0.4 0]	征信体系建设水平	—	[0 0 0.6 0.4 0]
职称	100	[0 0 0 0 1]	职称	80	[0 0 1 0 0]
执业年限	86	[0 0 0.4 0.6 0]	执业年限	68	[0.2 0.8 0 0 0]
执业业绩	90	[0 0 0 1 0]	执业业绩	60	[1 0 0 0 0]
聘用单位诚信度	90	[0 0 0 1 0]	聘用单位诚信度	90	[0 0 0 1 0]
资格诚信记录	100	[0 0 0 0 1]	资格诚信记录	100	[0 0 0 0 1]
纳税记录	100	[0 0 0 0 1]	纳税记录	100	[0 0 0 0 1]
金融信用记录	100	[0 0 0 0 1]	金融信用记录	100	[0 0 0 0 1]
司法记录	100	[0 0 0 0 1]	司法记录	100	[0 0 0 0 1]
投标诚信	100	[0 0 0 0 1]	投标诚信	100	[0 0 0 0 1]
到岗情况	70	[0 1 0 0 0]	到岗情况	80	[0 0 1 0 0]
变更情况	80	[0 0 1 0 0]	变更情况	100	[0 0 0 0 1]
违法分包	80	[0 0 1 0 0]	违法分包	100	[0 0 0 0 1]
合同工期	100	[0 0 0 0 1]	合同工期	90	[0 0 0 1 0]

项目经理甲			项目经理乙		
指标	评分	隶属度	指标	评分	隶属度
工程质量	80	[0　0　1　0　0]	工程质量	100	[0　0　0　0　1]
工程安全	100	[0　0　0　0　1]	工程安全	100	[0　0　0　0　1]
文明施工	100	[0　0　0　0　1]	文明施工	100	[0　0　0　0　1]
劳务人员权益实现	90	[0　0　0　1　0]	劳务人员权益实现	100	[0　0　0　0　1]
工程纠纷诉讼	100	[0　0　0　0　1]	工程纠纷诉讼	100	[0　0　0　0　1]
业主及相关单位评价	—	[0　0　0.4　0.6　0]	业主及相关单位评价	—	[0　0　0.2　0.8　0]

（2）模糊运算

经过一、二级模糊运算，得到甲、乙两位项目经理的诚信分值为：89.54 和 94.78，对应的诚信等级分别为"AA"和"AAA"级。

通过访谈，单位领导和同事、项目甲方及项目部成员的看法是：甲经理执业经验丰富，执业能力强、职业道德良好，完成了多个重大项目，取得了很好的项目效果，多次获得省或公司的表彰（如获得过省优秀项目经理称号），但其执业能力有待进一步提高，在执业过程中应加强对工程质量和安全的监督控制。乙经理虽然年轻，但有责任心，执业态度和职业道德好，成功完成了两个重大项目；遵纪守法意识强，没有违法违规的情况。

模型评价和实际访谈评价结果相符，说明模型评价结果合理。

3.4.3.3 应用分析

（1）企业和个人层面

在企业层面，对项目经理进行诚信评价有助于建筑业企业和建设单位优选项目经理，保证项目施工顺利完成。在个人层面，对项目经理进行诚信评价有助于项目经理进行自我评价，找出诚信方面的不足之处并针对性地改善，从而规范自身行为，增强自身竞争力。

此类诚信评价应用，关键在于准确分析项目经理在哪些诚信指标方面与标准要求存在差距，这样才能做到有的放矢。采用雷达图对各个评价指标的结果进行分析，可以识别优势、劣势指标，从而为项目经理提高诚信水平提供针对性的改进意见。图3.3是上述案例中两位项目经理的诚信评价指标（略去了诚信环境评价指标）比较的雷达图，从图中可以清晰地看到甲乙两位项目经理在各个细分评价指标上的具体差异，如甲在职称、执业年限、执业业绩方面优于乙，而乙在工程质量、违法分包等方面做得比甲好,但两者的到岗情况均表现不佳,今后应加强项目经理的到岗情况考核。

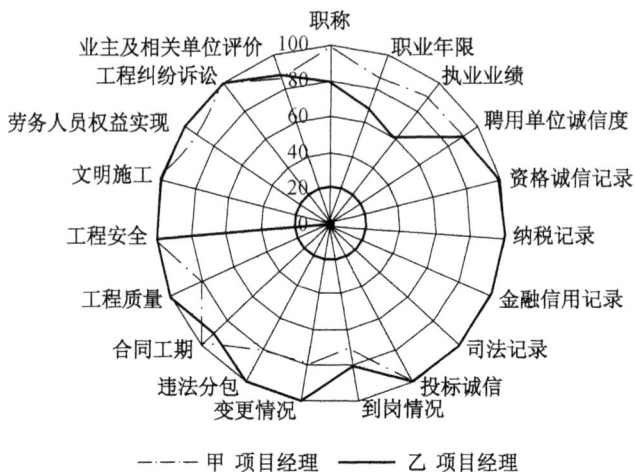

图3.3 诚信评价指标雷达图

(2)行业层面

在行业层面,对项目经理进行诚信评价,可以为建设行政主管部门对建筑业企业以及建筑业企业项目经理的管理提供更多的参考依据,从而弥补政府对项目经理现有监管上的不足,明确对项目经理的各种行为可采取的奖惩措施,促使项目经理队伍重信用、守合同,更好地完成工程项目实施任务。与建筑业企业诚信评价相结合,可同时促进企业和从业人员共同增强诚实守信的意识,提高对诚信的重视程度,有利于规范建筑市场秩序。

本章注释

［1］田义双. 诚信场域论[D]:博士学位论文. 北京:中共中央党校研究生院,2006.

［2］王瑞卿. 项目经理在施工项目管理中的重要作用[J]. 工程建设与设计,2009(8):139-142.

［3］中华人民共和国住房和城乡建设部. 关于印发《建筑市场诚信行为信息管理办法》的通知[EB/OL]. [2006-11-01]. http://www.cin.gov.cn/zcfg/jswj/jzsc/200611/t20061101_158723.htm.

［4］中国建造师网. 关于征求《注册建造师信用档案管理办法》(征求意见稿)的通知[EB/OL]. [2007-06-26]. http://www.gxzj.com.cn/news.aspx?id=1289.

［5］中华人民共和国住房和城乡建设部. 关于发布《注册建造师执业管理办法(试行)》的通知[EB/OL]. [2008-02-26]. http://www.mohurd.gov.cn/zcfg/jsbwj_01jsbwjjzsc/200802/t20080227_158914.htm.

［6］王进. 中西方诚信观比较[D]:硕士学位论文. 武汉:华中师范大学,2008.

［7］毛黎青. 我国政府信用的经济学思考[D]:硕士学位论文. 北京:首都经济贸易大学,2006.

［8］ 滕召汉,陈国海.西方诚信度测验研究综述［J］.心理科学进展,2007,15(6):890-898.

［9］ Sackett P R, Wanek J E. New developments in the use of measures of honesty, integrity, conscientiousness, dependability, trustworthiness, and reliability for personnel selection［J］. Personnel Psychology, 1996, 49:787-829.

［10］ Camara W J, Schneider D L. Integrity tests: facts and unresolved issues［J］. American Psychologist, 1994, 49:112-119.

［11］ Ones D S, Viswesvaran C, Schmidt F. Comprehensive meta-analysis of integrity test validities: findings and implications for personnel selection and theories of job performance［J］. Journal of Applied Psychology Monograph, 1993, 78:679-703.

［12］ Van Iddekinge C H, Taylor M A, Eidson C E. Broad versus narrow facets of integrity: predictive validity and subgroup differences［J］. Human Performance, 2005, 18:151-177.

［13］ Durand D. Risk elements in consumer installment financing［M］. New York: National Bureau of Economic Research, 1941.

［14］ David W. Neural network credit scoring models［J］. Computers and Operations Research, 2000 (27):1131-1152.

［15］ Edward I A, Herbert A. How rating agencies achieve rating stability［J］. Journal of Banking and Finance, 2004(28):2679-2714.

［16］钟楚男.个人信用征信制度［M］.北京:中国金融出版社,2002.

［17］ Fisher R A. The use of multiple measurement in taxonomic problem［J］. Annuals of Eugenic, 1936(2):179-188.

［18］李婧.信用评级方法［EB/OL］.［2007-11-23］.http://www.ccn86.com/news/rating/20061205/20846_3.shtml.

［19］姜明辉,陈玉芳.RBF神经网络在个人信用组合预测中的应用［J］.哈尔滨工程大学学报,2006 (27):138-141.

［20］ Desai V S, et al. A comparison of neural network sand linear scoring models in the credit environment［J］. European Journal of Operational Research, 1996, 95(1):24-37.

［21］ Tam K Y, Kiang M Y. Managerial applications of the neural networks:the case of bank failure prediction［J］. Management Science, 1992,38(7):926-947.

［22］ Messier W F, Hansen J V. Inducing rules for expert system development an example using default and bankruptcy data［J］. Management Science, 1985(9):253-266.

［23］李桂娟.论政府诚信体系的建构［D］:硕士学位论文.长春:东北师范大学,2005.

［24］崔清田.中国逻辑与中国传统伦理思想——儒家诚信思想解读［J］.山东师范大学学报:人文社会科学版,2003,48(3)3-6.

［25］陈丽君.诚信度测验在人力资源管理中的应用及前景［J］.外国经济与管理,2000,25(11):24-27.

[26] 赵继凯. 诚信度测验在我国公务员招聘考核中的应用[J]. 社会科学辑刊,2006(6):98-101.

[27] 陈丽萍,李丽华,宋和平. 经济人诚信度评价模型[J]. 经济论坛,2005(10):127-128.

[28] 龙景奎,陈韶君. 大学生诚信度评价系统设计[J]. 现代教育科学,2006(4):130-133.

[29] 马云飞. 注册建造师信用评价模型研究[D]:硕士学位论文. 天津:天津大学,2008.

[30] 舒伯乐,叶德全. 约束项目经理不良经济行为规避企业经济风险[J]. 安装,2009(5):23-25.

[31] 中国建筑业协会. 建设工程项目经理诚信评价试行方法[EB/OL]. [2015-07-06]. http://wenku. baidu. com/view/52bae10f52ea551810a687a3. html.

[32] 南京市建筑安装管理处. 关于建立我省建筑业企业项目经理(建造师)个人信用档案的通知(苏建管企〔2005〕19号)[EB/OL]. [2010-01-02]. http://njjgc. nj. gov. cn/news_details. aspx? newsid=567.

[33] 海口市建设局. 海口市建筑施工企业项目经理管理办法[EB/OL]. [2009-03-10]. http://haikou. gov. cn/tzz/ShowArticle. asp? ArticleID=57922.

[34] 扬州市建设局. 关于印发《扬州市建筑市场信用管理体系建设实施意见》的通知[EB/OL]. [2009-11-12]. http://www. yzcc. gov. cn/behcandy. php? fid=117&id.

[35] 郑州市建设委员会. 郑州市建筑施工企业项目经理诚信行为管理办法[EB/OL]. [2008-11-28]. http://www. zzjs. com. cn/News/NewsShow. aspx? NewsID=14807&NewsGroup=195.

[36] 中华人民共和国住房和城乡建设部. 关于印发《安徽省建筑业企业及项目经理业绩信用登记管理办法》(试行)的通知(建管〔2003〕198)[EB/OL]. [2009-10-22]. http://www. mohurd. gov. cn/zcfg/dfwj/200612/t20061212_155148. htm.

[37] 青岛市建筑工程管理局. 青岛市建设工程施工企业项目经理管理考核办法(试行))》(青建管字〔2006〕47号)[EB/OL]. [2010-03-07]. http://wenku. baidu. com/view/e276341f650e52ea5518983d. html.

[38] 杭州市建设委员会. 关于印发《杭州市建筑施工企业项目经理管理办法》的通知(杭建市发〔2006〕424号)[EB/OL]. [2012-05-07]. http://www. hangzhou. gov. cn/main/fggz/bmgf/T149290. shtml.

[39] 南京市建筑工程局. 南京市建筑施工企业项目经理信用管理办法[EB/OL]. [2015-09-07]. http://www. pkjgz. cn/show. asp? id=193.

[40] 石庆焱,靳云汇. 多种个人信用评分模型在中国应用的比较研究[J]. 统计研究,2004(6):43-47.

[41] 李建业. 基于RBF神经网络模型的信用评估[J]. 现代计算机,2008(10):154-162.

[42] 毛军权. 基于模糊综合评价模型的个人信用评估[J]. 企业经济,2008(6):63-65.

[43] 边晓红. 基于模糊综合评价法的上市公司信用风险研究[D]:硕士学位论文. 大连:大连理工大学,2006.

[44] 林钧跃. 社会信用体系原理[M]. 北京:中国方正出版社,2003.

[45] 邵蓓蕾. 中国政府信用及其制度构建研究[D]:硕士学位论文. 上海:华东师范大学,2006.

[46] 李镭. 完善我国中小企业信用体系研究[D]:硕士学位论文. 苏州:苏州大学,2005.

[47] 马尽举. 诚信系列概念研究[J]. 高校理论战线,2002(4):17-23.

[48] 廖益新. 构建福建信用文化的法律思考[J]. 东南学术,2003(2):46-49.

[49] 简耀. 中西方诚信观在言语中的镜像折射[D]:硕士学位论文. 南京:南京师范大学. 2006.

[50] 段玉裁. 说文解字注[M]. 上海:上海古籍出版社,1981.

[51] 彭万林. 民法学[M]. 北京:中国政法大学出版社,2002.

[52] 郭玉宇. 中西方传统诚信观之解读[J]. 南京医科大学学报:社会科学版,2005(4):291-294.

[53] 焦国成. 关于诚信的伦理学思考[J]. 中国人民大学学报,2002(5):2-7.

[54] 郭清香. 论诚信的道德基础——关于诚信道德合理性的伦理学思考[J]. 江海学刊,2003(3):46-49.

[55] 尚铮. 试论中国儒家"诚信"思想的理论、困境及完善[J]. 政治与法律,2007(5):174-179.

[56] 马晓乐.《庄子》"诚信"观探微[J]. 烟台大学学报:哲学社会科学版,2009,22(2):14-16.

[57] 宋连利. 传统诚信及其当代价值[J]. 道德与文明,2002(3):42-46.

[58] 汤维建. 论民事诉讼中的诚信原则[J]. 法学家,2003(3):92-104.

[59] 刘李明,冯云翔. 法律诚信与道德诚信辨析[J]. 学术交流,2003(7):30-34.

[60] 徐国栋. 客观诚信与主观诚信的对立统一问题[J]. 中国社会科学,2001(6):97-113.

[61] 葛晨虹,赵爱玲. 中西信用思想的发展演变[J]. 江西社会科学,2006(8):28-32.

[62] 田晓鹏. 诚信原则之反思[D]:硕士学位论文. 上海:华东政法大学,2006.

[63] 满晓芳. 诚实信用原则在两大法系中的比较分析[J]. 法学研究,2009(7):10-11.

[64] 何小春. 诚信伦理的两种探究传统及其启示[J]. 湖北经济学院学报:人文社会科学版,2009,6(10):20-21.

[65] 罗成翼. 论诚信伦理内涵、理论特质及其现代意义[J]. 船山学刊,2007(2):112-115.

[66] 李玉琴. 经济诚信论[D]:博士学位论文. 南京:南京师范大学,2004.

[67] 姜正冬. 论社会诚信[J]. 山东师范大学学报:人文社会科学版,2002(3):14-18.

[68] 苏士梅. 唐代诚信思想研究[D]:博士学位论文. 郑州:河南大学,2008.

[69] 叶宗玲. 中西方诚信观念比较整合[J]. 合肥学院学报,2009,26(3):98-101.

[70] 葛晨虹. 诚信是一种社会资源[J]. 江海学刊,2003(3):23-26.

[71] 何小春. 中西诚信伦理的文化分野及其现代整合[J]. 中央社会主义学院学报,2009(3):111-113.

[72] 周晓桂. 关于诚信的经济学诠释[J]. 经济问题,2004(11):14-16.

[73] 张淳清,曹加. 信用环境的影响因素分析[J]. 生态经济,2008(11):61-63.

[74] 杨旭. 社会主义市场经济中的诚信伦理研究[D]:硕士学位论文. 沈阳:沈阳师范大学,2007.

[75] 中华人民共和国住房和城乡建设部. 建设工程项目管理规范[EB/OL]. [2006-11-30]. http://www. mohurd. gov. cn/zcfg/jswj/bzde/200611/W020061101544131 819947. doc.

[76] 郭正勇. 施工企业项目经理责权利研究与应用[D]:硕士学位论文. 济南:山东大学,2005.

[77] 岳安秋. 浅谈施工项目经理的综合素质[J]. 山西建筑,2003,29(4):164-165.

[78] 闫慧娟. 施工企业项目经理的条件[J]. 机械管理开发,2000(2):35-36.

[79] 李志鼎,谢留广. 施工企业项目经理的素质要求与选拔任用[J]. 河南交通科技,2000(2):52-54.

[80] 周后林. 浅谈我国职业诚信体系之构建[D]:硕士学位论文. 成都:西南财经大学,2008.

[81] 张育民. 市场经济条件下职业诚信的失范与重塑[J]. 特区经济,2010(7):144-146.

[82] 莽薇莎. 关于建立建设行业个人执业信用体系的研究[J]. 建筑经济,2005,272(6):32-35.

[83] 郭树荣. 建筑市场执业资格人员信用体系建设[J]. 建筑经济,2005,277(11):18-20.

[84] 刘军. 总监理工程师执业信用评价研究[D]:硕士学位论文. 南京:东南大学,2010.

[85] 姚明龙. 信用成长环境研究[M]. 杭州:浙江大学出版社,2005.

[86] 徐峰. 加强征信建设,实现服务为民[J]. 科技信息:学术版,2007(12):61-62.

[87] 颜杨. 浅论我国律师诚信体系的完善[J]. 金卡工程,2009(4):40-41.

[88] 中国人民银行福州中心支行征信管理处. 区域信用环境评价及相关问题研究[J]. 福建金融,2006(4):04-08.

[89] 李宁琪,周津. 企业家诚信评价指标体系构成要素的实证研究[J]. 科学与管理,2008(6):36-39.

[90] 姜明辉. 商业银行个人信用评估组合预测方法研究[D]:博士学位论文. 哈尔滨:哈尔滨工业大学,2006.

[91] 黄大玉,王玉东. 论建立中国的个人信用制度[J]. 城市金融论坛,2000(3):27-31.

[92] 齐锡昌,史轮. 完善监理企业信用体系的研究[J]. 建设监理,2005(3):22-24.

[93] 吕杨. 个人信用评价体系构建研究[D]:硕士学位论文. 南京:南京理工大学,2008.

[94] 谈鹤琳,杨坚争. 我国个人信用评估办法研究[J]. 上海理工大学学报:社会科学版,2004,26(1):69-73.

[95] 尤正海. 关于完善我国律师业诚信体系的设想[C]//第四届中国律师论坛百篇优秀论文集. 北京:中国政法大学出版社,2004.

[96] 扬州市建设局. 关于印发《扬州市建设工程项目经理管理暂行办法》的通知[EB/OL]. [2015-09-25]. http://www.yzjsj.gov.cn/allmore.asp?id=4622.

[97] 王友. 电子商务成功实施的评价及要素研究[D]:博士学位论文. 天津:河北工业大学,2007.

[98] 亓莱滨,张亦辉,郑有增,等. 调查问卷的信度效度分析[J]. 当代教育科学,2003(22):53-55.

[99] 曾五一,黄炳艺. 调查问卷的可信度和有效度分析[J]. 统计与信息论坛,2005,20(6):11-15.

[100] 邱皓政,林碧芳. 结构方程模型的原理与应用[M]. 北京:中国轻工业出版社,2009.

[101] 曲春慧. 建筑业企业信用评价研究[D]:硕士学位论文. 杭州:浙江大学,2006.

[102] 刘传哲. 基于AHP的商业银行个人信用模糊综合评价模型[J]. 经济与管理,2005(1):49-51.

[103] 汪应洛. 系统工程[M]. 北京:机械工业出版社,2005.

本　章　附　录

附录 A　建筑业企业项目经理诚信评价指标调查问卷

尊敬的专家：

您好！

我们正在进行建筑业企业项目经理诚信评价指标的问卷调查，以找出能准确表征建筑业企业项目经理诚信的关键指标。

本调查只用于学术研究。

恳请您能在百忙之中填写问卷！感谢您的大力支持！

东南大学"建筑业企业诚信评价及其实施"课题组

二〇一〇年十二月

说明：

诚信是做人和立身处世、社会和经济交往的基本准则，要求货真、价实、量足、重承诺、讲信用、守合约，是欺诈、恶意串通损害他人利益等一切危害商品经济和社会秩序与安全行为的对立物，是民事活动开展应当遵循的基本道德和法律要求。

加强建筑市场责任主体（各类企业和执业人员）行为的诚信建设，是整顿和规范建筑市场秩序的治本举措，也是建筑业改革和发展的重要保证。建筑业企业项目经理是其中重要的责任主体之一，是直接负责工程项目施工的组织实施者，是企业法人在建设工程项目上的委托代理人。我国规定大、中型工程项目施工的项目经理必须由注册建造师担任。

建筑业企业项目经理诚信是指在一定的诚信环境下，项目经理在执业过程中的表现（"做到"）与法律法规和相关合同要求（事前承诺，即"说到"）相匹配的程度，以及这种符合程度在社会上获得的认知和评价。

本次问卷调查的目的在于找出能准确表征建筑业企业项目经理诚信的关键指标。

本问卷分为两部分，第一部分为背景资料，主要目的在于搜查专家的背景资料，以便后期对专家进行分组,开展对比研究;第二部分共列出 26 个可能影响建筑业企业项目经理诚信评价的指标,请您选择各个指标对建筑业企业项目经理诚信影响的重要程度(使用 5 分制打分法):

1—很小;2—较小;3——一般;4—较大;5—很大

请在方框内点击选择即可。

A. 背景资料

1. 单位(可多选):□施工单位　□业主单位　□监理单位　□设计单位　□项目管理公司　□造价咨询公司　□政府相关管理部门　□建设工程交易中心　□高校　□其他

2. 工作年限:□5 年以下　□6～10 年　□11～15 年　□16 年以上

3. 职称:□初级职称　□中级职称　□高级职称　□其他

4. 学历:□大专　□本科　□硕士研究生　□博士研究生　□其他

5. 执业资格:□无　□注册建造师　□注册监理工程师　□注册结构工程师　□注册造价工程师　□注册建筑师　□注册咨询工程师　□其他

B. 建筑业企业项目经理诚信评价指标及其重要程度选择

考察指标	主要考察内容	←影响很小影响很大→				
		1	2	3	4	5
诚信环境						
1. 政府诚信水平	政府信息透明度	□	□	□	□	□
2. 诚信法律环境	诚信立法体系健全程度以及执法力度	□	□	□	□	□
3. 诚信文化环境	所在地的诚信道德文化水平	□	□	□	□	□
4. 经济发展水平	人均 GDP、固定资产投资额等	□	□	□	□	□
5. 征信体系建设水平	所在地的建筑业发展水平	□	□	□	□	□
诚信基础						
1. 职称	专业技术职称	□	□	□	□	□
2. 教育程度	学历、毕业院校	□	□	□	□	□
3. 执业年限	担任项目经理的年限	□	□	□	□	□
4. 执业业绩	执业年限内的项目/个人奖惩记录	□	□	□	□	□
5. 聘用单位诚信度	聘用企业的诚信等级/得分	□	□	□	□	□
6. 资格诚信记录	个人在注册、执业过程中的行为记录	□	□	□	□	□
7. 纳税记录	个人在税务机构的纳税记录	□	□	□	□	□
8. 金融信用记录	个人在银行等金融机构的信用记录	□	□	□	□	□
9. 司法记录	个人在司法机构的不良行为记录	□	□	□	□	□

考察指标	主要考察内容	←影响很小　影响很大→				
		1	2	3	4	5
执业诚信						
1. 工程项目复杂程度	不同建设工程项目的施工复杂程度和工作量差异等对项目经理执业行为的影响	□	□	□	□	□
2. 投标诚信	投标过程中是否存在以不法手段谋取中标(如提供项目经理虚假信息、中标后变更项目经理等)的行为	□	□	□	□	□
3. 到岗情况	是否存在项目经理不到岗,不认真履行岗位职责(如缺席例会、不签认或未能及时签认各种施工记录及专项施工方案、缺席工程验收等)	□	□	□	□	□
4. 变更情况	是否存在因项目经理自身责任引起的(除发生工程质量安全事故之外,如多次变更工作单位、不能胜任工程任务等)变更情况	□	□	□	□	□
5. 违法分包	是否存在因项目经理自身责任引起的转包、违法分包	□	□	□	□	□
6. 合同工期	是否存在因项目经理自身责任引起的关键事件工期及总工期拖延	□	□	□	□	□
7. 工程质量	是否存在《施工单位不良行为记录》D1-3中所列不良行为,是否受到各级建设行政主管部门的表彰或通报批评、责令改正,是否造成工程质量事故	□	□	□	□	□
8. 工程安全	是否存在《施工单位不良行为记录》D1-4中所列不良行为,是否受到各级建设行政主管部门的表彰或通报批评、责令改正,是否造成施工安全事故	□	□	□	□	□
9. 文明施工	是否受到各级建设行政主管部门的表彰或通报批评	□	□	□	□	□
10. 劳务人员权益实现	是否存在因项目经理自身责任引起的未保证员工的劳动保护条件、拖欠分包队伍工程款及劳务人员工资	□	□	□	□	□
11. 工程纠纷诉讼	是否存在因项目经理自身责任引起的与业主或其他利益相关方的工程纠纷诉讼	□	□	□	□	□
12. 业主及相关单位评价	业主及相关单位(如监理单位)对施工管理及效果的评价	□	□	□	□	□

C. 宝贵建议

■ 您认为是否有必要对建筑业企业项目经理诚信进行评价

□非常有必要 □很有必要 □一般 □无必要

■ 您认为以上指标能否反映建筑业企业项目经理诚信

□基本可以 □比较好 □很好

■ 若您能在该留言板中留下您对构建建筑业企业项目经理诚信评价指标体系的宝贵建议，我们将不胜感激！如二级指标设置（诚信环境、诚信基础等）的合理性，是否需添加其他的二级指标；或某些三级指标有无设置的必要等

_____

_____

_____

_____

_____

_____

_____

_____

_____

_____

_____

_____

如果您想获得一份此次问卷调查的结果，请填写您的姓名和 Email 地址，以便给您发送。

姓名：_____ Email：_____

附录 B　建筑业企业项目经理诚信评价指标相对重要性评分表

说明：本调查问卷中指标之间的相对重要性采用1～9标度法，其意义如下：

标度	意义
1	两者同等重要
3	前者比后者稍重要
5	前者比后者重要
7	前者比后者重要得多
9	前者比后者绝对重要

2，4，6，8为上述判断的中值，倒数的含义与表中意义相反

注：①本问卷调查表格中横向的指标代表"前者"，纵向的代表"后者"。

②表格左上角是指标相互比较的前提，即在该前提下进行"前者"与"后者"之间的相对重要性比较！

表 B.1　建筑业企业项目经理诚信评价指标体系一级指标相对重要性比较

建筑业企业项目经理诚信	诚信环境	诚信基础	执业诚信
诚信环境			
诚信基础			
执业诚信			

表 B.2 诚信环境下二级指标相对重要性比较

诚信环境	政府诚信水平	诚信法律环境	经济发展水平	诚信文化环境	征信体系建设水平
政府诚信水平					
诚信法律环境					
经济发展水平					
诚信文化环境					
征信体系建设水平					

表 B.3 诚信基础下二级指标相对重要性比较

诚信基础	职称	执业年限	执业业绩	聘用单位诚信度	资格诚信记录	纳税记录	金融信用记录	司法记录
职称								
执业年限								
执业业绩								
聘用单位诚信度								
资格诚信记录								
纳税记录								
金融信用记录								
司法记录								

表 B.4 执业诚信下二级指标相对重要性比较

执业过程诚信	投标诚信	到岗情况	变更情况	违法分包	合同工期	工程质量	工程安全	文明施工	劳务人员权益实现	工程纠纷诉讼	业主及相关单位评价
投标诚信											
到岗情况											
变更情况											
违法分包											
合同工期											
工程质量											
工程安全											
文明施工											
劳务人员权益实现											
工程纠纷诉讼											
业主及相关单位评价											

附录C　建筑业企业项目经理诚信评价案例数据

表C.1　建筑业项目经理甲和乙诚信评价定量指标及相关数据

指标	建筑业项目经理A诚信相关数据	建筑业项目经理B诚信相关数据
职称	高级	中级
执业年限	13年	4年
执业项目	7个项目	2个项目
执业业绩	省优秀项目经理	无
	省级优质工程	市级优质工程
聘用单位诚信度	省"重合同守信用企业"	省"重合同守信用企业"
资质与执业记录	无不良执业资格守法信用记录	无不良执业资格守法信用记录
纳税记录	无不良纳税记录	无不良纳税记录
金融信用记录	无不良个人信用记录	无不良个人信用记录
司法记录	无不良司法记录	无不良司法记录
投标诚信	执业年限内无不良投标行为记录	执业年限内无不良投标行为记录
到岗情况	因不到岗被通报批评3次	因不到岗被通报批评1次
变更情况	因变更工作单位被更换1次	无被更换记录
转包、违法分包	1次转包、违法分包	无不良记录
合同工期	其中两个项目均提前工期10%,其余项目均在合同期限内完成	均在合同约定期限内完成项目
工程质量	1次未按施工图施工被处罚	无不良记录
工程安全	无不良记录	无不良记录
文明施工	无不良记录	无不良记录
劳务人员权益实现	某个项目层拖欠劳务人员工资130余万元,被市住房和城乡建设委员会曝光	无不良记录

表 C. 2　建筑业企业项目经理甲和乙诚信定性指标相关数据

评价专家代号	1		2		3		4		5	
	甲	乙	甲	乙	甲	乙	甲	乙	甲	乙
政府诚信水平	2	2	3	3	3	3	3	3	4	4
诚信法律环境	2	2	3	3	3	3	4	4	4	4
经济发展水平	3	3	4	4	4	4	4	4	3	3
诚信文化环境	2	2	2	2	3	3	3	3	4	4
征信体系建设水平	3	3	4	4	3	3	4	4	3	3
业主及相关单位评价	4	4	4	4	3	4	4	3	4	4

注：① 建筑业企业项目经理诚信的相关评价指标是以项目经理执业年限内负责完成的所有登记备案的项目的实施情况作为考核依据的。

② 建筑业企业项目经理诚信定性指标，诚信环境指标相关数据是根据邀请的工程项目相关方（包括监理单位、施工单位、业主单位、政府部门）中符合条件的 5 位专家对其进行相应评价得到的。表中"01"到"05"分别代表 10 位专家；"5、4、3、2、1"分别表示专家对该项目经理在这个指标上的评价为"很好、良好、较好、一般、差"。

第四章　建筑业企业诚信信息平台建设及运作

4.1　绪论

4.1.1　研究背景及意义

4.1.1.1　研究背景

按照 19 世纪德国经济学家布鲁诺·希尔布兰德(Bruno Hildbrand)以交易方式作为划分经济时期的标准,现代社会已进入信用经济时代,"人无信则不立,业无信则难兴"。诚信是市场交易的基石,是企业生存和发展的基础,它可以最大限度地减少社会生活中的摩擦,降低社会生活的风险和代价,推动市场经济的发展。

从国际上看,欧美国家早在 19 世纪就开始建立本国的信用体系,经过两百多年的发展,其信用体系已非常成熟并发展成为规模庞大的服务产业,对市场经济的发展起到了巨大的推动作用。以信用体系最发达的美国为例,"我们生活在两个超级大国之间,一个是美国,一个就是穆迪。美国可以用炸弹摧毁一个国家,穆迪可以用评级毁灭一个国家"[1],可见其作用之大。

在国内,诚信缺失现象屡见不鲜,严重影响了我国的经济发展。据商务部统计,我国每年因诚信缺失而导致的直接和间接损失高达 6 000 亿元。这一问题的出现与我国信用行业起步晚、发展缓慢密不可分。截至目前,我国尚没有涉及信用行业的专门法律,绝大多数领域都没有全国统一的诚信基础信息库,也没有专门的诚信信息发布平台,诚信信息也没有得到各方的重视和应用。

在建筑业,建筑市场主体违规失信时有发生,围标、串标、偷工减料、拖欠工资等现象层出不穷,严重干扰了建筑市场秩序,浪费了大量社会财富,甚至危及到社会公共安全。为此,各地相继出台了一系列关于加强建筑市场诚信建设的政策文件,旨在减少和避免建筑市场主体不诚信行为的发生。

建筑业企业是建筑市场非常重要的参与主体,建筑业企业诚信体系建设是建筑市场诚信体系建设的重要内容。建立完善的建筑业企业诚信体系,需要解决两个基本问题:① 建立诚信评价指标体系和评价模型;② 构建诚信信息平台。当前信息技术不断创新、信息网络广泛普及,为诚信度量和使用带来了新的契机,实现建筑业企业诚信管理的信息化发展已是必然趋势。本研究着重研究建筑业企业诚信信息平台的构建问题。

4.1.1.2 研究意义

作为诚信评价指标体系和评价模型运用于实践的载体,建筑业企业诚信信息平台是诚信评价发挥作用的重要保证,可使建筑业企业诚信信息得到充分使用、高效共享。具体作用主要表现在:

(1) 有利于建筑业企业诚信信息的交换和共享,提高信息传递的时效性、通畅性

建筑业企业诚信评价不仅涉及企业工作质量的考核,而且还要结合其所处环境、企业基本信息、司法记录、金融信用等进行综合评价,这些信息需要从各个部门获取。建立建筑业企业诚信信息平台,可以方便快速地集成企业诚信信息,并最大限度地保证信息在输送过程中不失真,为诚信评价工作提供第一手资料。此外,通过建筑业企业诚信信息平台,可以将诚信评价结果及相关信息快速对外公布,及时满足用户的信息需求,保证诚信信息在最广泛的范围内实现共享,减少交易的盲目性,有效规避由于信息不对称所造成的风险。

(2) 有利于建筑业企业诚信信息的有效存储,提高信息利用率

我国建筑业企业数量众多,随着企业承接工程项目的增多,相关信息量急剧增长,依靠传统的纸质介质记录这些信息已难以满足存储需要。建立建筑业企业诚信信息平台,利用数据库技术,将海量的建筑业企业诚信信息以系统化、结构化的方式存储起来,可以减少大量的重复抄录工作,避免数据丢失,并且存取速度快、信息检索查询方便,可为诚信评价提供充足的基础信息数据,进而支持各类用户的科学决策。

(3) 有利于建筑业企业诚信信息的高效处理和分析,提高诚信评价结果的可靠性

建筑业企业诚信评价指标众多,定性与定量、静态与动态指标相混合,单纯依靠手工计算很难完成。建立建筑业企业诚信信息平台,利用数据挖掘技术对诚信信息进行处理和分析,可以减少大量的手工计算工作,极大地提高了诚信评价工作的效率和精度,同时也减少了人为因素对评价结果带来的干扰,有利于保证评价结果准确、可靠、公正,可为政府监管建设工程交易、建设单位选择优秀建筑业企业、建筑业企业了解自身竞争力等提供基础性、客观性的依据。

4.1.2　国内外研究及发展现状

诚信和信用既相互区别[2]，又存在着一定的联系，这就决定了在研究建筑业企业诚信信息平台时，必须借鉴信用信息平台方面的相关研究。

4.1.2.1　国外研究及发展现状

（1）关于诚信/信用信息

诚信/信用以信息的形式在社会经济生活中发挥日益重要的作用；信用制度在许多情况下也往往表现为有关信息提供、信息获取、信息评估和信息责任的法律制度[3]。因此，国外对诚信/信用的研究大多集中在信息问题上，尤其是信息不对称（information asymmetry）、信息共享等方面。

诺贝尔经济学奖得主阿克尔洛夫（Akerlof）被认为是最早认识到信息不对称影响各类市场的经济学家之一。他以发展中国家的信贷市场为例，认为印度典当行能够运作的原因是放贷人"了解借款人的秉性"，使得他们的客户是信誉良好的借款人，而缺乏该信息的放贷人只能选择那些剩下的风险较高的借款人。信息不对称使放贷人面临逆向选择[4]。Spence 从拥有信息优势的代理方角度，说明如何解决信息不对称造成的逆向选择问题[5]。Jaffee & Russell 是首批将信息不对称与信贷配给（credit rationing）联系起来的经济学家，他们就信息对于信贷市场的重要性做了专门研究[6]。Stiglitz & Weiss 从信息结构角度对信贷配给现象进行了分析。在信贷市场上，某些贷款者即使愿意支付更高的利率也得不到贷款，出现这种信贷配给现象的主要原因是信用信息的不对称，因为放贷人的最优选择是信用配给[7]。

信息共享可以减少借款人和贷款人之间的信息不对称，便于贷款人准确评估风险，提高贷款组合质量，消除逆向选择，降低信用良好的借款人的信贷成本，增加信贷总量，产生"信誉担保"[8]。相关学者对信息共享产生的原因、作用、共享的内容等进行了较为深入的研究。Pagano & Jappelli 通过建立逆向选择模型，发现放贷者愿意共享有关借贷者的信息，是与借贷者的流动性和差异性、信贷市场的规模和结构以及信息技术的进步密切相关的。在充满竞争的信贷市场上，若放贷人拥有的信息较其他放贷者存在优势时，该放贷人就不愿意共享信息，因为这会减少其获取的利润[9]。Padilla & Pagano 指出，信息共享会从两个方面影响银行的利润：一是由于信用评价加强了对借贷人的约束，减少了违约的风险，这就增加了银行的利润；二是由于信贷市场的竞争越来越激烈，这就减少了银行的利润[10]。Brown & Zehnder 认为，信息共享可以帮助信贷市场上的放贷者识别借贷者的好坏。但是，放贷者也可能会因与其竞争对手进行信息共享而失去市场份额。即信贷市场上的信息不对称使放贷者间进行信息共享,而他们之间的竞争又使信息共享减弱。可见,驱使放贷者间进行信息共享的是信贷市场上的信息不对称程度,而非他们之间的竞争[11]。Houston 等人选取来自69 个国家将近 2 400 家银行的样本进行研究,发现债权人之间的信息共享多数是有益的。信息共享力度的增强能使银行增加收益率,降低风险,加速经济的增长[12]。

然而,并非所有的信息共享都是有效的。Padilla & Pagano 利用模型研究了共享信息的种类,包括正面、负面或严格的负面信息。如果只共享负面信息,借款人为避免高利率,会付出很多努力以避免因违约而上黑名单;如果正、负面信息均共享,则借款人避免违约的努力会减弱,因为借款人全面的偿还历史降低了负面信息的影响。正面、负面信息安排适当比例的信息共享,可以达到一个有效的均衡水平:一方面努力避免违约,另一方面又不致过度降低借款人的纪律约束[13]。Barron & Staten 发现,同时采集零售商和银行信息的模型,其预测能力强于单纯采集零售商信息的模型,即限制信息的采集范围会降低信用报告的预测能力;此外,他们通过实验还发现,只有负面信息的信用报告,其预测能力低于同时包含正、负面信息的信用报告[14]。

(2) 关于诚信/信用信息平台及其运作模式

建立诚信/信用信息平台,实现信息共享,可以有效解决信用市场上的一个根本问题:交易双方之间信息不对称所造成的逆向选择与道德风险[15]。

Hsueh & Kidwell 认为,对于资本市场而言,信用信息平台的主要作用是通过独立、专业化的信息收集和分析活动,减少证券发行人与投资者之间的信息不对称,从而提高市场效率[16]。Jappelli & Pagano 从金融原理方面总结了信用信息平台最基本的作用:① 减少逆向选择和道德风险;② 减少借款人的恶意还款停顿;③ 通过违约行为的信息披露产生惩戒效应;④ 迫使借款人打消从多个银行过量贷款的不良动机。同时,他们认为避免设计信用信息平台时出现严重错误的措施之一是理清"黑信息"和"白信息"之间的比例[17]。Forst 认为,大的信用评价机构在资本市场扮演着两个重要角色:一是通过向市场参与者提供信息发挥估价的作用;二是通过简单符号来揭示信用风险,以帮助交易双方签订契约[18]。

关于诚信/信用信息平台的运作模式,国外学者按照组织者、所有人将信用信息平台运作模式分为两类:一类是公营模式,另一类是私营模式。其中,私营模式又可分为两类:非营利组织,由行业协会或协会所有的公司运作;营利公司,由私营机构运作[19]。

Jappelli & Pagano 指出,当债权人的权利得不到有效保护,而私营机构又不能自发进行调节时,政府就会进行干预[20]。Padilla & Pagano 认为,公营模式被广泛应用的重要原因之一是:实践中放贷人很难协调建立一个适当的信息共享机制[13]。Jappelli & Pagano 讨论了欧洲的私营和公营两类信用信息平台,并总结了欧洲信用信息平台的经验:第一,欧洲的隐私保护法对贷款人之间所共享的信息数量和类型影响很大;第二,私营机构往往起源于本地的贷款机构;第三,欧洲和其他地区一样,有从公营模式向私营模式发展的趋势[21]。Jappelli & Pagano 认为,私营模式和公营模式对于信贷市场的作用没有明显不同,两者具有替代效用。他们通过对 46 个国家的私营和公营信用信息平台数据进行分析,发现公营信用信息平台更适宜于在没有私营信用信息平台且法律对债权人保护不力的国家建立[22]。Margaret 从信息来源、信息类型等方面对私营和公营两类信用信息平台进行了系统对比,指出公营信息平台不能取代私营信息平台,但私营信息平台却可能随着信息的透明化而取代公营信息平台[23]。Djankov 等人使用来自 129 个国家的私营和公营信用信息平台关于放贷者权利的合法数据进行研究,发现法律是私人信贷和信息共享机制产生的重要决定因素,公营模式是大陆法系国家的重要特征之一,它有利于发展中国家发展私人信贷市场[24]。

（3）实践应用方面

1830 年,世界第一家信用评价公司成立至今已有 180 多年的历史,此后,世界各国都开始探索建立适合本国国情的信用体系。美国于 1860 年在布鲁克林成立了第一家信用局（Credit Bureau）;法国、德国、意大利等国央行分别在 20 世纪三四十年代建立了本国的银行信贷登记咨询制度;日本的帝国数据银行等信用评价组织也有百年的历史。发展中国家由于发展市场经济的需要,20 世纪 50 年代以后也陆续建立起本国的信用信息平台,如马来西亚、菲律宾等。

美国作为私营模式的典型代表,是世界公认的信用体系最完善的国家之一。美国的私营机构按照现代企业制度建立,并依据市场原则运作。信用评价机构可以根据市场需要建立数据库,提供多层次多种类的服务,市场的竞争机制促进了信用评价服务范围的扩大和质量的提高。在信用立法方面,为了规范信用行业秩序,保障信用信息平台安全、有效的运行,美国已形成了以《公平信用报告法》为核心的法律体系,为信用行业的发展创造了良好的法律环境,促进了信用行业的发展。

根据服务对象和业务的不同,美国的信用评价服务机构大致可分为三类:

① 融资信用评级机构,主要对国家、银行、上市公司及基金、债券等的信用进行评级。穆迪、标准普尔和惠誉是目前世界上最大的信用评级机构。美国金融法规的制定需要听取评级机构的意见,世界上所有国家和企业要在国际资本市场上融资,必须经两家以上的评级机构评定信用级别,信用等级的高低直接影响着融资成本和融资数量。

② 企业信用评价服务机构,主要提供对各类企业进行信用调查、信用评估等信用服务。邓白氏公司是世界上最大的全球性企业信用评价服务机构,主要进行两种信用服务业务:一是为企业向银行贷款时对企业进行信用评价;二是为企业之间的交易所需对企业进行信用评价。

邓白氏数据库是全球同类中综合性最高的数据库,数据库中的每家企业都被分配了一个独一无二的9位数字邓氏编码,用于识别、组织和整合企业的各类信息,保证同一代码下的信息均是针对同一企业的。邓白氏数据库之所以能成为全球最大的商业数据库,主要有赖于邓白氏特有的 DUNSRight 流程对采集的原始数据进行收集、整理、编辑及验证,这一流程由全球数据收集、企业匹配、邓氏编码、企业家族链接以及预测指数等5项质量关键要素有序构成[26]。

③ 个人信用评价服务机构(也称消费信用局),主要是对个人进行信用评价。Epuifax、Experian 和 Trans Union 是目前最大的三家消费信用局,拥有庞大的信用数据库和众多的信用管理人员。另外,美国还有 200 多家小型消费者信用评价服务机构,提供不同形式的消费者信用服务。在美国,几乎每位成年人都需要信用报告,从申请信用卡、抵押贷款、分期付款等信用消费到寻找就业机会等,都需要评价消费者的信用状态、信用能力等,这种评价集中表现为信用报告[27]。消费信用局提供的信用产品,就是向授信机构(包括金融机构、工商企业、公共机构等)提供消费者个人的信用调查报告,或向雇主提供求职者的信用报告。

欧洲以公营模式为典型,信用评价机构属于非营利性组织,直接隶属于央行,以政府直接出资建立的信用信息平台为主体,平台信息主要供银行内部使用,为商业银行防范贷款风险和央行进行金融监管及执行货币政策等提供服务。在信用立法方面,法国、德国等欧洲国家均已建立了本国的信用法律体系,其中德国的信用立法较早。总体来看,欧洲各国的信用立法更为重视个人隐私的保护,而对信用评价机构的限制较多。

对于建筑业企业,欧美国家的建筑业主管部门没有强制要求对其进行信用评价,但企业从自身利益角度出发,出于在资本市场融资的要求以及获得工程项目的便利,往往主动要求评价机构对其信用进行评定。欧美国家建筑业的信用评价主要由穆迪、标准普尔和惠誉完成。三大评级机构根据自己建立的信用评价指标体系对建筑业企业的还债能力进行考察,并给出相应的信用等级[28]。当然,这些评级主要侧重于金融借贷方面。

4.1.2.2 国内研究及发展现状

(1)关于诚信/信用信息

国内学者从我国目前普遍存在的失信现象入手分析,指出诚信/信用问题的根本是信息问题[29]。杨金风、史江涛认为,我国从传统的计划经济体制到市场经济体制,信息的传递方式由原先的垂直传递变为横向传递,导致信息量空前增大且信息披露不公开、不透明[30]。许永兵指出,我国企业诚信缺失是由于市场交易主体间所掌握的诚信信息不能及时公布和传递,透明度低,导致失信者不能被及时发现,助长和蔓延失信行为,最终出现"劣币驱逐良币"的状况[31]。刘静、毛龙泉通过数学模型,分析了建筑市场信用信息供给不足的经济学机理,他们认为,机会主义行为倾向使拥有优势信息的主体为谋取更大的利益而按照自身目标对信息加以隐藏和扭曲[32]。为了解决信息不对称问题,张周从经济学基础出发,证明了信息共享可以解决信息问题,实现信用市场的帕累托改善[33]。刘骁认为,由逆向选择或道德风险导致的失信行为的产生,最根本的原因是存在签约前和签约后的信息不对称问题,解决的关键在于建立信用信息共享机制[29]。

现有研究认为共享的信息应符合一定的要求。吴红杰认为共享的信息应全面,包括银行、工商、税务、公检机关等部门所掌握的建筑市场各主体违法失信的情况或不良行为监管记录[34]。陈维西等人指出共享的信息不能只反映违法失信行为,必须将能体现市场主体信用状况的信息尽可能全面地收集反映出来,并且这些信息必须确保统一性、客观性和公正性[35]。王锋认为,解决诚信信息数据的充实工作要从整合行政资源入手,把分布在各处的有关企业和执业个人信用的数据资料作为重要的信用信息资源[36]。

（2）关于诚信/信用信息平台构建

国内学者对诚信/信用信息平台方面的研究较多。针对我国诚信缺失的现象,大部分学者认为建立诚信信息平台,实现各主体间信息共享,是消除诚信缺失现象的主要手段[37-38]。李幼平、刘仲英指出,在诚信信息平台收集相关信用信息时,需要解决信用信息的类型、"报告门槛"、存储时限等问题[39]。戴根有认为,建立诚信信息平台必须坚持标准化建设原则,包括信息标识的标准、信息分类及数据格式的编码标准以及安全保密标准,以保证系统之间兼容连接[40]。王威认为,信用信息平台数据库应利用数据挖掘、联机分析处理（OLAP）等技术,对数据深度分析,提供各种信用产品和增值服务[41]。张贤挚从项目管理的角度对企业信用信息发布系统开发周期的各个阶段进行了详细的介绍,探索了基于J2EE（Java 2 Platform Enterprise Edition）的企业信用信息发布系统的分析、设计、实现、测试的方法和具体技术[42]。蔡玲玲设计了信用信息系统数据交换平台的混合交换模式,并针对传统数据交换平台在可扩展性、通用性和安全性方面的不足,采用目前数据交换领域内最新的可扩展标记语言（XML）技术,提出一种基于XML的数据交换平台模型[43]。陈俪通过信用评估的流程及整体逻辑架构分析,认为一个完整的信用评价管理平台应当包括数据采集模块、信息发布模块、数据预处理模块、信用评估模块、信用服务模块、异议处理模块、运行管理模块等[44]。张逸研发了一套采用浏览器和服务器（B/S）架构、基于J2EE平台的银行企业信用信息采集系统,完成动态数据采集转换、报文生成方案以及整体作业调度三个核心功能,满足系统从信贷信息数据库中采集相关的基础数据并转换、校验重组,生成报文以完成数据库间的数据交换[45]。谢芳认为信息的发布、更新要体现安全、及时、有效,数据的报送要做到定期、定人、定责等[46]。

（3）关于诚信/信用信息平台运作模式

通过对国外信用信息平台运作模式的考察,国内学者大都认为私营模式和公营模式是两种比较成熟的模式[47]。当然,也有学者认为除上述两种模式外,还存在着其他模式。黄正新、贺研提出了"银商联合模式",这是一种混合模式,对个人信用评价采用非营利的行业协会形式(如日本个人信用信息中心),而对企业信用评价则采用商业化运作的形式(如拥有亚洲最大的企业资信数据库的帝国数据银行等)[48-49]。石晓军、蒋虹将巴西出现的信用评价机构定义为"行业性合作式"(industry-scope cooperative)的信用评价机构[50]。目前,我国的诚信信息平台建设也有了初步发展,各地出现了一些各具特色的平台模式,如赵志凌基于对上海、浙江和深圳三地社会信用体系建设的调研,提出了"上海模式""浙江模式"和"深圳模式"[51]。

对于我国诚信/信用信息平台运作模式的选择,目前学术界争论较大。大部分学者主张现阶段采用"公营模式",待发展到一定阶段再采用"私营模式",如李子白[52]、徐宪平[53]。然而,部分学者也有不同的观点。任兴洲认为私营模式与公营模式不是简单取代,而是相互补充。企业信用评价应选择"私营模式",而个人信用评价在短期内应两种模式并存,目标模式是以市场化运作为主[54]。香港环联公司总裁袁嘉晖则提出,根据中国目前的实际情况,可以考虑采用除公营和私营以外的第三种模式:即以公营的方式拥有数据库的所有权,同时以私营的方式进行市场化运作[55]。刘红柳认为,我国企业信用信息平台运作模式应吸收国外政府经营模式和企业自由经营模式两者的优点,参照政府特许经营模式,借鉴"上海模式"的经验,采用具有中国特色的联合模式——公营模式与私营模式并存,政府启动与市场化运作相结合[56]。曹杰、李颐指出我国信用信息平台运作模式应在政府和市场各自的作用之间取得因地制宜、因时制宜的均衡,政府与市场缺一不可,前者是核心构建力量,后者是导向性构建路径[57]。杨柳、罗能生认为现阶段我国比较适合采用"上海模式"[58]。

对于建筑业企业诚信/信用信息平台运作模式的选择,相关研究成果较少。王孟钧、陈辉华认为,建筑市场诚信信息平台的构建可由政府主管部门、政府委托部门和民间机构分别进行,以长短互补[59]。戴若林认为,建筑市场信息共享机制应借鉴公营模式和私营模式的优势,由政府主导建立信用信息平台,定位为不以营利为目标的公益性设施,而个性化的商用信用数据库采取私营模式,完全市场化运作[60]。

（4）实践应用方面

我国的信用行业起步较晚,最初的信用评价机构由中国人民银行组建,隶属于各省市的分行系统。1997年,人民银行认定了9家评价机构具有在全国范围内从事企业债券评级的资质。2005年,中国人民银行推动短期融资债券市场建设,形成了中诚信国际资信评估有限公司、大公国际资信评估有限公司、联合资信评估有限公司、上海远东资信评估有限公司和上海新世纪资信评估投资服务有限公司五家具有全国性债券市场评级资质的评价机构。2006年后,上海远东因"福禧短融"事件逐渐淡出市场。据不完全统计,我国的信用评价机构已将近200家,信用市场已初具规模[61],但规模较大的全国性信用评价机构只有大公、中诚信、联合、上海新世纪四家,而在这四家当中,只有大公一家没有外资进入。今年来,更有腾讯、阿里巴巴等互联网巨头开始涉足征信业务。

大公国际资信评估有限公司的信用评价程序,包括评价准备、初评阶段、评定等级、结果反馈与复评、结果发布、文件存档和跟踪监测等。其评价体系中包括技术体系、科研体系、评审体系、数据体系以及风控体系等五部分。其中,评审体系实现了评审工作的三级管理;数据体系具有信息审核、纠错、校验、实证、服务、挖掘等功能,保证了信用信息数据的标准化、系统化、产品化;风控体系采用内外部专家参与的辅评机制、全程的评价数据审核规范机制、实时的评价信息备案管理机制等[62]。大公于2010年7月11日在北京发布了《2010年国家信用风险报告》和首批50个典型国家的信用等级。这是世界上第一个非西方国家评价机构第一次向全球发布国家信用等级信息。

目前,全国各地也开始建立本地区的诚信信用信息平台。如2005年江浙沪三地开通"信用长三角"信息共享平台,初步实现了企业代码、企业名称、经营范围等八项企业基础信用数据共享;广州市于2009年开始实行施工企业诚信综合评价体系等;住房和城乡建设部正在积极打造"四库一平台"系统。

4.1.2.3 评述

综上可以看出:① 国内外学者已对信用信息研究较多,且均一致认为解决信息不对称的有效途径是实现交易主体间的信息共享;② 国外的信用体系建设较为成熟,尤其是美国信用评价机构的运作经验,对构建建筑业企业诚信信息平台具有很好的借鉴意义;③ 我国已逐步开始建立诚信信用信息平台,并取得了一定的成果,部分学者对建设领域的诚信评价也进行了相关研究。这为建筑业企业诚信信息平台的构建提供了重要的参考。

分析国内外研究的发展现状也可以发现,目前诚信信息平台的建设还存在一些问题和不足:

(1)国内外学者所研究的一般都是信用方面的内容,集中在金融风险、财务风险等方面,对信用信息的研究也主要聚焦于信贷信息方面,较少涉及诚信信息以及其他领域的信用信息,对建筑业企业诚信信息的研究更是寥寥。在对企业进行信用评价时,也基本局限于对企业偿债能力的考察,没有对企业其他方面的诚信行为能力进行分析。

(2)虽然各地政府在积极构建本地区的建筑业企业诚信信息平台,但尚未形成一个有机的统一体,致使各主体间的信息共享、评价结果认定等都局限在一个区域范围内,示范效应并不显著。对诚信信息平台应采用何种运作模式,目前学术界争论也较大。

（3）对物流行业、银行等信用信息平台建设的研究较多，而具体针对建筑业企业或建筑业相关主体行为特点来构建诚信信息平台的研究较少，且缺乏深入详细的分析。

4.1.3　研究内容

本研究以构建建筑业企业诚信信息平台作为总体目标，在借鉴国内外诚信信用信息平台建设研究成果的基础上，结合建筑业企业诚信行为的特点，将对以下内容进行研究：

（1）建筑业企业诚信信息平台功能模块设计

根据信息平台建设步骤，分别对建筑业企业诚信信息平台的用户需求、功能需求和业务流程架构进行分析。在此基础上，详细研究各功能模块的内容及其实现方法。

（2）建筑业企业诚信信息平台运作模式选择

在分析我国诚信体系建设现状及存在问题的基础上，综合考察现有信用信息平台运作模式（私营模式和公营模式）的优劣及适用性，研究探讨适合我国建筑业企业诚信信息平台的运作模式及相应的实施对策。

（3）建筑业企业诚信信息平台运作保障研究

通过分析建筑业企业诚信评价中的问题和困难，借鉴征信国家的成功经验，从平台技术标准、诚信评价标准、诚信奖惩机制以及诚信法律制度体系等方面，探讨保障建筑业企业诚信信息平台顺利运行和发挥效用的措施。

需要特别说明的是，以上研究涉及具体评价对象的，均以建筑业企业为例。

4.2　建筑业企业诚信信息平台概述

4.2.1　相关理论

（1）信息不对称理论

所谓信息不对称，是指交易活动中某些参与人拥有的而另一些参与人不拥有的信息，一般将这种信息称为"私人信息"（private information）[63]。信息不对称理论认为，在现实市场的交易过程中，受信主体与授信主体之间所掌握的信息是不同的，受信主体对自身的经营状况、行为能力及资金运作等真实情况较为清楚，而授信主体则较难获得这些真实信息或者了解不够充分，他们之间的信息是不对称的。由于信息不对称，社会资源不能得到最好的配置和利用，充分掌握信息的一方往往处于比较有利的地位，而信息贫乏的一方则处于比较不利的地位。信息不对称与交易主体间的交易行为透明度和信息传递机制有直接的关系。若交易行为不够透明、信息传递机制不够通畅,诚信缺失者的失信行为就不能被其他潜在市场交易参与者及时发现,诚信缺失现象将随之产生。

信息的不对称性可以从两个角度进行划分:一是不对称信息发生的时间;二是不对称信息的内容。从不对称信息发生的时间来看,不对称信息可能出现在当事人签约之前(称为事前不对称),当某些参与方具有相应的私人信息时,逆向选择问题出现,也称作"签约前机会主义"(pre-contractual opportunism)。研究事前不对称信息的模型被称为"逆向选择模型"(adverse selection);也可能出现在签约之后(称为事后不对称),某些参与方得到了私人信息,就可能出现道德风险问题,也称"签约后机会主义"(post-contractual opportunism)。研究事后不对称信息的模型被称为"道德风险模型"(moral hazard)[64]。

建设工程交易中同样存在逆向选择和道德风险问题[65],如资质挂靠、围标/串标、偷工减料、以次充好等,这是造成建筑产品质量低下和建筑市场秩序紊乱的重要原因。

解决逆向选择和道德风险的关键是消除信息不对称,使信息从信息优势方顺畅地传递到信息劣势方[66]。解决信息不对称问题直接且有效的办法就是建立建筑业企业诚信信息平台,实现诚信信息的共享,完善诚信信息的披露、传递机制,增加市场的透明度,使交易一方对另一方所提供的信息准确性以及签约后的履约能力等做出准确判断,降低逆向选择和道德风险问题发生的可能性。

(2)交易成本理论

人类在与物质世界打交道的过程中,获取的是一定的物质产品,支付的是直接参加生产所消耗的人、财、物,即生产成本;在与人打交道的过程中,获取的是一定商品和生产要素的交易量,支付的是企业组织机构及其运行所发生的成本,即交易成本(transaction cost)[67]。

交易成本最早由诺贝尔经济学奖得主罗纳德·科斯(Ronald Coase)提出。交易成本就是"利用价格机制的成本",其中"通过价格机制组织生产的、最明显的成本就是所有发现相对价格的成本",另外,"市场上发生的每一笔交易的谈判与签约费用",以及"利用价格机制存在的其他方面的成本"也必须考虑在内[68]。简单来说,交易成本就是利用价格机制的成本,包括为获取准确的市场信息所花费的成本,以及交易主体之间进行谈判、协商、签约、合约执行监督所花费的成本。

Williamson将交易成本分为合约签订前的"事前"交易成本与合约签订后的"事后"交易成本两大类。其中,事前的交易成本是指由于未来的不确定性,交易主体需要事先规定各方的权利、义务和责任,在明确这些权利、义务和责任的过程中所付出的代价,包括信息搜寻成本、协议谈判成本、契约签订成本等。事后的交易成本是指交易发生之后的成本,包括交易行为偏离合作方向所付出的不适应成本,当事人想退出契约关系而进行讨价还价的成本,交易双方为了确保交易关系的持续性、长期化所付出的建立及运转成本,为解决交易主体之间的纠纷和争执而必须设置的相关成本,为确保各种承诺得以兑现所付出的成本等[69]。

建设工程项目的交易成本可以施工合同的签订为分界点,分为事前交易成本和事后交易成本。

事前交易成本主要包括:寻找、考察潜在合格建筑业企业所需支付的费用,特别是采用邀请招标的工程,建设单位更需要事先花费一定费用认真考察、确定受邀请的建筑业企业,招标代理费、开评标等费用,起草、协商合同所花费的成本等。

事后交易成本主要包括:建设单位为防止建筑业企业出现机会主义而花费的监督成本,如监理费用;为提高项目管理效率和促进交易双方之间的信任所发生的费用,如建立公用的信息系统而花费的成本;合同执行过程中发生变更等进行谈判、讨价还价所花费的成本;合同不能正常执行而终止所导致的各种损失等。

降低交易成本的有效途径是增强交易双方间的相互信任。信任能够减少事前双方收集信息、协商谈判所支付的成本,同时也减少了事后的监督、执行成本,以及事后讨价还价和争议处理的成本投入[70-72]。而信任是建立在交易双方诚信的基础上,若交易中的任何一方产生不诚信行为,那么信任就荡然无存,交易成本也将随之增高。

为了降低交易风险,交易活动中的信息劣势方会主动去调查信息优势方的诚信状况。然而,无论是自己去调查还是请专业的第三方诚信评价机构调查,信息需求者从信息拥有者处获得准确、及时的信息,都必须为此支付由于信息产权的转移、转让或使用而产生的交易成本。如果没有统一的诚信信息平台,每个信息需求者都必须独立去收集信息,造成重复劳动,提高了社会的整体交易成本。另外,由于诚信调查和评价是相对专业性的工作,不经训练较难胜任此工作,相比专业化的诚信评价机构需要花费更高的成本。因此,对建筑业企业进行诚信评价,建立诚信信息平台,由专业人员采集、处理相关信息,并及时、统一对外发布诚信评价结果,是大大降低个体和社会整体交易成本的有效途径。

4.2.2 诚信评价流程

诚信评价是指独立的第三方机构运用专业化的知识依法采集、审核企业和个人的诚信信息,为企业和个人建立诚信档案,并利用一定的知识和工具,按照合理的流程,客观公正评价其诚信状况并依法对外提供诚信信息服务的活动。

建筑业企业诚信评价就是运用专业化的知识依法采集、审核企业在建设工程交易全过程(包括招标投标和合同履行)中的相关诚信信息,运用科学的评价方法,对建筑业企业的诚信状况进行客观的评价。

诚信评价涉及了信息采集、存储、处理和发布等诸多过程,是一项具有多因素、群体决策特征的复杂工作。评价流程的科学性直接影响到评价结果的质量。通过研究穆迪、标准普尔、惠誉以及邓白氏等成功信用评价机构的信用评价流程,结合诚信评价内涵,本研究认为诚信评价应包括以下几个主要步骤:

(1) 信息采集:在已建立诚信评价指标体系的基础上,分析确定各类信息的来源,通过各种渠道采集信息并审核其精确性、完整性、及时性、一致性。

(2) 信息整合:对零散杂乱的原始信息进行匹配整合,并按照一定规则进行分类、存储。

(3) 诚信评分:根据被评价对象的特点以及评价指标体系的特征,选择合适的评价方法得到具体诚信分值,得出最终的诚信结论。

(4) 信息发布:通过网络、报刊等媒介以一定的形式对外公布评价结果及相关信息。

(5) 跟踪反馈:定期观测被评价对象的相关诚信信息,并及时进行更新。

4.2.3　诚信信息平台构建

建筑业企业诚信信息平台是充分运用网络、计算机通信等现代信息技术,采集整合建筑业企业各类诚信信息资源,按照既定的规则系统分析、存储相关诚信信息,利用这些信息进行诚信综合评价,并实现将评价结果以合适方式对外发布的功能。建筑业企业诚信信息平台能满足用户对建筑业企业诚信信息的查询和使用需求,实现建筑业企业诚信信息在行业内的高效传递与共享。

信息平台构建需要从平台需求分析入手,针对不同用户的要求进行详细的分析研究,将用户散乱的需求转化为完整的需求定义,再将这一需求定义转化为相应的形式功能规划,并逐步细化客观系统[87]。简单来说,平台需求分析就是明确各类用户的各项需求,根据用户需求确立平台的功能、提出平台的整体构架,使平台功能与用户需求达成一致。需求分析具有方向性、决策性、策略性的作用,是对要解决的问题的彻底理解[88]。

4.2.3.1　用户需求分析

用户是指被服务的对象。不同的用户具有不同的信息需求。只有针对不同用户群体的需求进行全面、系统的分析,以用户需求为导向,建立的信息平台才有价值。建筑业企业诚信信息平台的用户主要包括政府部门、建设单位、建筑业企业自身等,需要根据这些用户的特点,分析其信息需求。

(1) 政府部门

通过建筑业企业诚信信息平台,政府部门可以获取建筑市场现状和制定政策所需的综合信息,强化政府对市场的宏观管理和调控能力,提高对建筑业企业的监管水平,有效规范建筑市场秩序,引导建筑市场健康有序地发展。具体来说,政府部门希望通过诚信信息平台整合相关诚信信息,解决建筑业企业相关信息分散于政府各部门的问题,实现政府各部门的信息沟通和共享,为行业管理提供事实性决策依据;通过发布统一、权威的诚信信息,增强建筑业企业及其从业人员的诚信意识,有利于促使建筑行业形成良好的诚信氛围,遏制建设工程交易过程中时有发生的不诚信行为,达到规范建筑市场秩序的目的。

(2)建设单位

通过建筑业企业诚信信息平台,建设单位可以选择优秀的建筑业企业,降低工程的实施风险。目前的评标办法,建设单位对建筑业企业资格的考评,主要着眼于企业的资质等级、以往的工程业绩等方面。显然,投标单位只会将最高的资质、最好的业绩呈现出来,而将不好的业绩、曾经的违法违规行为掩藏起来——也就是说,招标人无法确切地知道投标人过去的"说到做到"的全部、真实的情况,这里存在信息不对称。因此,这种选择存在风险。为尽可能降低这种风险,建设单位希望诚信信息平台能够提供潜在投标人过去的所有项目的合同履约信息:成功的和非成功的、获奖的和受处罚的,以及金融信用记录、纳税记录等其他非项目诚信信息,以获得全面的诚信评价。

代表建设单位利益的监理单位、招标代理等有着与建设单位类似的需求。

(3)建筑业企业

通过建筑业企业诚信信息平台,建筑业企业可以了解自己的市场竞争力,知晓诚信劣势。现代社会已进入信用经济时代,现代意义上的企业竞争已不再是简单的企业规模、有形资产等外在物质形态的竞争,更大意义上表现为诚信、信誉等无形资产的竞争。因此,要提高企业自身的竞争力,就必须提高企业自身的诚信水平。诚信信息平台可以较为全面地反映企业的诚信状况,企业可以据此进行自我评价,及时发现自身存在的问题与不足并进行改正完善,采取针对性的措施提高诚信水平,提高企业的核心竞争力,促进建筑业企业做大做强。

4.2.3.2 功能需求分析

所谓功能需求,就是对用户的需求进行具体分析和归类,然后分解成计算机能够实现的功能模块和子系统,用设计语言来描述和解释用户的具体需求,达到指导程序设计的目的。

根据以上建筑业企业诚信信息平台各类用户的需求,结合住建部《关于启用全国建筑市场诚信信息平台的通知》中指出的平台主要功能要求,"运用现代化的网络手段,采集各地诚信信息数据,发布建筑市场各方主体诚信行为记录,重点对失信行为进行曝光,并方便社会各界查询;整合表彰奖励、资质资格等方面的信息资源,为信用良好的企业和人员提供展示平台;普及和传播信用常识,及时发布行业最新的信用资讯、政策法规和工作动态,为工程建设行业提供信用信息交流平台;推动完善行政监管和社会监督相结合的诚信激励和失信惩戒机制,营造全国建筑市场诚实守信的良好环境",从诚信评价流程的角度分析,建筑业企业诚信信息平台至少应具备图 4.1 所示的四项功能需求。

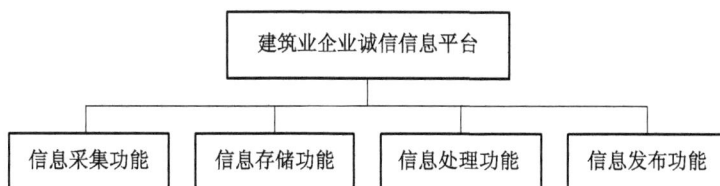

图 4.1 建筑业企业诚信信息平台功能模块

（1）信息采集功能

信息采集是诚信评价的基础,是诚信信息平台运作的前提和关键。信息采集功能就是通过一定的途径和方式,将时间上和空间上分散的、格式各异的信息数据集中起来,并对这些原始信息数据的格式进行统一处理,转化为诚信信息平台标准格式录入到系统中,为后续工作提供有效的基础信息数据,保证信息平台的良好运行。

（2）信息存储功能

采集后的信息如果没有存储,信息就不能被重复、充分利用。信息存储功能就是运用数据库技术,将采集的信息按照一定的规则进行抽取、转换等预处理后,根据信息的不同类别以系统化、结构化的方式分别存储到相应的数据库中,保证诚信分析处理时,信息可以随用随取、快速查询。

（3）信息处理功能

为了用户能快速、直观地判断各企业的诚信状况,建筑业企业诚信信息平台必须具备信息处理功能,将散乱的原始信息综合处理后得出具体、直观的诚信分值/等级。具体来说,信息处理功能就是在现代数理分析技术的支持下,从海量信息中提取所需的诚信信息,根据诚信评价指标体系的特征,选用科学、适当的诚信评价模型对数据进行分析处理,输出企业的诚信分值/等级,为平台用户提供决策支持。

（4）信息发布功能

为了满足各类用户的需求,向其提供信息查询等服务,实现信息在各部门、各交易主体间充分、高效地共享,建筑业企业诚信信息平台必须具备信息发布功能。信息发布功能就是将用户所需的建筑业企业诚信信息以一定的形式对外公开或被查询。用户只要通过 Internet 进入信息平台 Web 站点,就可以在用户界面上根据自身查询权限,运用查询搜索工具获取平台提供的诚信信息。

4.2.3.3 业务流程架构

根据建筑业企业诚信信息平台的概念,结合平台功能需求分析,建筑业企业诚信信息平台至少应包括四个功能层次:信息采集层、信息存储层、信息处理层以及信息发布层,它们分别承担着实现诚信信息采集、信息存储、信息处理和信息发布的功能。

诚信评价从诚信信息数据的采集、存储、处理到结果的发布,是一个繁琐、耗时、耗力、工作量巨大的工程。建立建筑业企业诚信信息平台就是为了运用现代信息技术,实现数据自动获取、评价自动进行到结果及时发布的全过程信息化。将信息平台各功能层次的业务流程与诚信评价步骤联系起来,构建如图 4.2 所示的建筑业企业诚信信息平台业务流程架构。

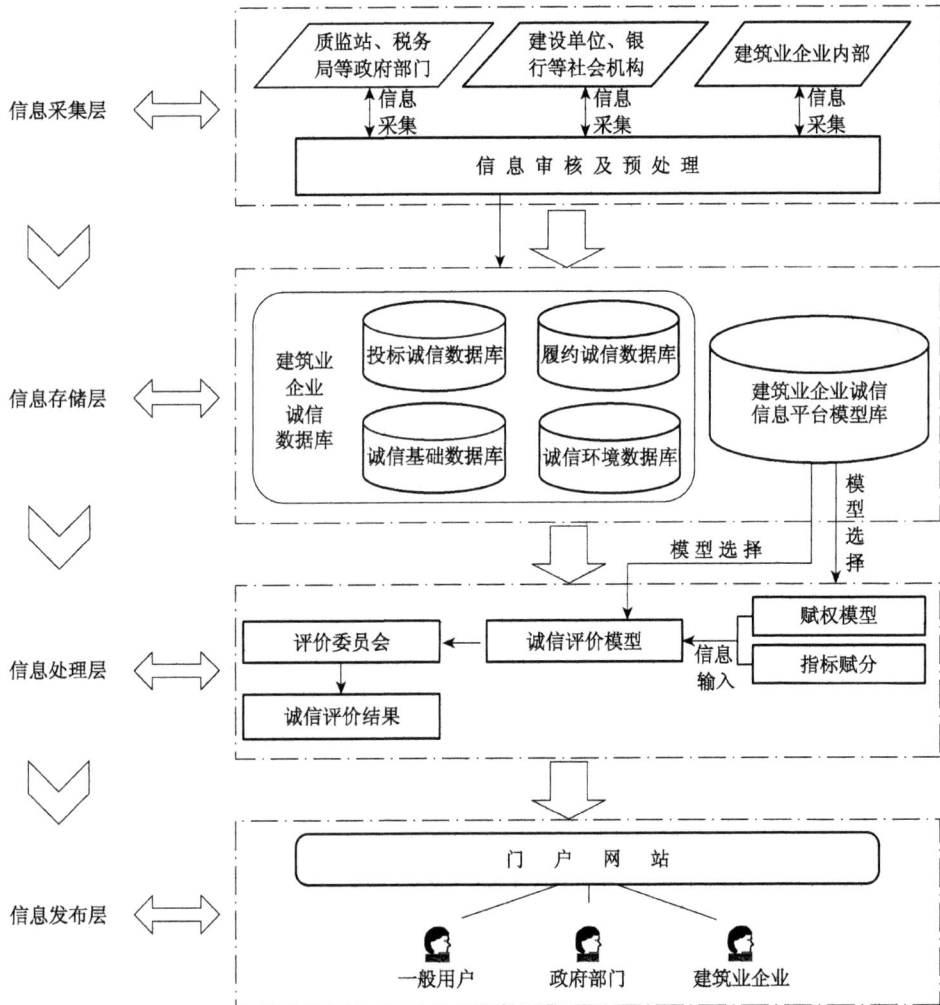

图 4.2　建筑业企业诚信信息平台业务流程架构

4.3　建筑业企业诚信信息采集及存储

4.3.1　信息采集原则及采集范围

4.3.1.1　信息采集原则

根据《企业信用信息采集、处理和提供规范》(GB/T 22118—2008)的要求,诚信信息的采集应当遵循合法、全面、一致、独立、及时、保密等原则。

(1) 合法性原则

建筑业企业诚信信息的采集应以符合国家法律、法规的途径进行,不应以欺诈、窃取、贿赂、利诱、胁迫、侵入计算机等非法手段获取企业信息。对不同保密级别的企业诚信信息应采取相应的管理措施,保证信息在保存及传输过程中的安全,保护国家、社会的公共利益及企业的合法权益。

(2) 独立性原则

诚信评价机构作为独立的第三方,在采集、整理建筑业企业诚信信息等过程中不应受到被评价对象及其他因素的影响,应按照统一的信息标准客观、公正、独立地采集诚信评价所需的信息。

(3) 时效性原则

信息是有时效的。一方面,建筑业企业在生产经营活动中会产生大量信息,但并不全是反映企业诚信状况的信息。因此,在信息采集过程中,应当辨别信息有效性,采集必需的信息,以提高信息采集和使用的效率。另一方面,建筑业企业在市场交易过程中不断产生新的诚信信息,企业的诚信状况也在不断变化。因此,必须及时采集最新的、有效的信息,并定期对原有信息进行更新,以保证诚信评价结果准确可靠。

(4) 真实性原则

建筑业企业诚信评价是依托诚信数据库进行的,信息的真实性直接影响着评价工作的质量和评价结果的可信性,只有真实可靠的诚信信息才能如实反映被评价对象的诚信状况。采集的诚信信息必须与信息源提供的信息一致,不应有选择性地进行取舍、分割、随意修改或删除,应保持被采集信息的原始真实性和完整性。

(5) 全面性原则

建筑业企业诚信评价是对企业在道德、经济、法律等多方面表现的综合评价。因此,信息采集应以诚信评价指标体系为依据来进行,保证所采集的信息能够全面表征建筑业企业的诚信状况,而不能只采集某一方面片面、零碎的信息。

4.3.1.2 信息采集范围

信息是物质的一种基本属性,是事物现象及其属性标识的集合,它是物质存在方式及其运动规律特点的外在表现,用以消除事物的不确定性。

诚信信息是指能够反映企业和个人诚信状况的信息数据,是企业和个人在其社会活动中所产生的、与诚信行为有关的诚信记录,以及用以评价其诚信状况的各种信息数据。建筑业企业诚信评价是一个开放的系统,不仅涉及企业工作质量的考核,还要结合其所处环境、企业基本信息等进行综合评价,这些共同构成了诚信信息采集的范围。

根据对诚信内涵的分析,表征建筑业企业诚信状况的信息可以分为道德诚信信息、经济诚信信息以及法律诚信信息,也可以分为投标诚信信息、履约诚信信息、诚信基础信息以及诚信环境信息。依据后者,将信息的采集范围确定为如图 4.3 所示的四类信息。

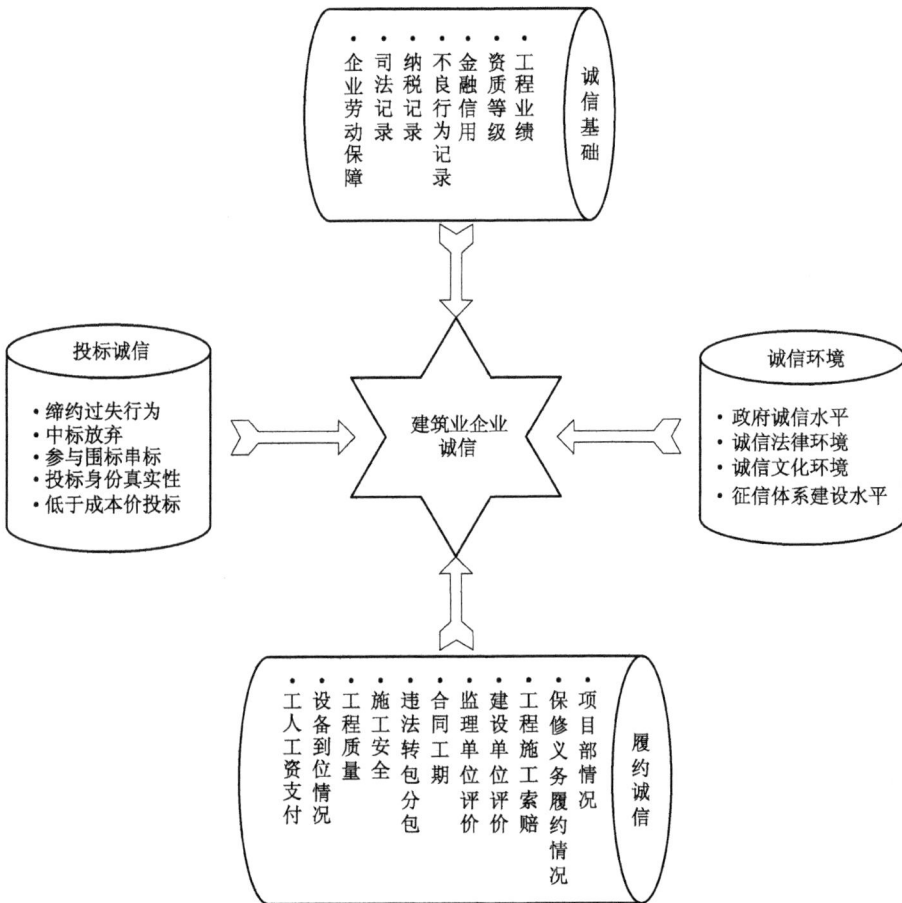

图 4.3　建筑业企业诚信信息组成

4.3.2 信息来源

通过以上分析可知,建筑业企业诚信信息种类较多,包含的范围较广,由于各类信息具有不同的性质,若从单一渠道、采用单一方式采集,会影响所得信息的质量。因此,必须根据信息的性质确定相应的采集渠道和方式,以保证信息的准确性、时效性。

4.3.2.1 诚信信息采集的国际经验

邓白氏、穆迪、标准普尔等著名信用评价机构,其信息来源广泛,采集渠道多样,保证了信用评价结果的准确、可靠。然而,诚信信息的采集渠道通常会依据被评价对象以及评价服务的不同而不同[90]。在对企业进行诚信调查服务时,信息通常源自工商、税务、统计、技术监督、法院、海关、商业银行、企业供应商等;而对个人进行诚信评价,则可以从税务、公安、法院、电信、房产汽车登记机构、商业银行、信用卡公司、公用事业单位等处取得相关诚信信息。

以企业信用评价服务机构邓白氏为例,其采集信息的主要来源和渠道有:当地的商事登记部门,当地的黄页和出版物,国际互联网站,官方的公报,法院以及新闻媒体等。为了能够采集信用信息,邓白氏会采取拜访和访谈的形式收集相关信息,主要采用人员调查(包括直接调查和电话调查)以及信件查询的方法。采集商业信息的模式主要是:报告人员首先询访被评价机构的负责人,确定公司所有权、获取财务报表、了解运营方式细节以及公司未来的计划和销售趋势。他们也会通过公司外部人员进行调查,如查询公共部门的记录,询访银行人员和其他知情人士,以采集更多信息或证实已有信息。邓白氏收集来自全球多达 214 个国家、181 种货币单位、95 种语种或方言的商业信息。目前,邓白氏已形成了世界最庞大的企业信用数据库,覆盖超过 1.65 亿条全球企业信息,并且是全球同类数据库中综合性最高的数据库。

对于为企业融资提供服务的穆迪评级机构,其信息来源和采集渠道主要有:公开的资料数据,如年报;市场数据,如股票价格走势、成交量、债券价差数据;政府机构的数据,如央行、政府部门、监管部门;行业团体、协会或组织的经济数据,如世界银行;与行业、政府或学术界专家的讨论;学术界的书刊、财经杂志、媒体报道;来源于被评价对象的资料等[91]。

4.3.2.2 建筑业企业诚信信息来源及采集办法

有效采集信息的前提是明确信息的来源。根据建筑业企业诚信信息采集原则,借鉴国外信息采集的实践经验,并结合我国建筑市场各类信息的分布情况,对前文确定的信息采集范围内的各项诚信信息的来源进行详细分析,以明确建筑业企业诚信信息平台信息采集层采集信息的来源和办法,具体可见表 4.1。

表 4.1　建筑业企业诚信评价各指标的信息来源

评价指标	指标评分办法	信息来源	信息更新
资质等级	取得营业执照、资质证书、安全生产许可证等并在有效期内,特级:100 分;一级:80 分;二级:60 分;三级:40 分	建设主管部门、企业	年度更新
工程业绩	满足《建筑业企业资质等级标准》规定,每项业绩达到标准的计 20 分。每超 50% 加 5 分,超 100% 加 10 分,最高加 10 分。单项不达标的计 0 分	建设主管部门、企业	
不良行为记录	以政府主管部门曝光的不良行为信息为依据,被曝光一次扣 25 分,扣完为止。无,计 100 分	政府主管部门	
金融信用	银行信用等级 AAA 级 100 分,AA 级 80 分,A 级 60 分,其他等级 50 分,未提供银行等级证明的 0 分	银行	
纳税记录	依据纳税情况评价:非常差、较差、好、较好、非常好	税务部门	
司法记录	依据诉讼情况评价:非常差、较差、好、较好、非常好	司法部门	
企业劳动保障	由建设、劳动保障主管部门评价:非常差、较差、好、较好、非常好	建设劳动保障主管部门	
缔约过失行为	有要求调整合同实质性内容、故意推迟签订合同、要求订立"阴阳合同"行为的,每次扣 10 分;无,计 100 分	建设主管部门、建设单位、招标代理机构	
中标放弃	有,每次扣 40 分;无,计 100 分		
参与串标围标	有,每次扣 100 分;无,计 100 分		
投标身份真实性	有,每次扣 50 分;无,计 100 分		
低于成本价投标	有,每次扣 40 分;无,计 100 分		
项目部情况	项目经理不到位扣 20 分,每更换一次扣 10 分;技术负责人或安全生产负责人不到位扣 10 分,每更换一次扣 5 分;项目部出现其他被曝光行为的,每次扣 10 分;无,计 100 分	建设主管部门、建设单位、监理单位	以项目不同而更新
违法转包分包	有,每次扣 50 分;无,计 100 分		
施工安全	有,每次扣 50 分;无,计 100 分		
工程质量	存在偷工减料、质量保证措施没有落实的,每次扣 20 分;出现质量事故的,每次扣 50 分;无,计 100 分		
合同工期	由企业原因造成延误的,每延误 1%,扣 10 分;无,计 100 分		

评价指标	指标评分办法	信息来源	信息更新
设备到位情况	由建设单位评价:非常差、较差、好、较好、非常好	建设主管部门、建设单位、监理单位	以项目不同而更新
工人工资支付	被主管部门曝光拖欠工资的,每次扣50分;发生讨要拖欠工资群体事件的,得0分		
保修义务履行情况	由建设单位评价:非常差、较差、好、较好、非常好		
工程施工索赔	发生一次,扣5分;无,计100分		
建设单位评价	非常差、较差、好、较好、非常好		
监理单位评价	非常差、较差、好、较好、非常好		
政府诚信水平	专家评价:非常低、较低、高、较高、非常高	政府部门及专家评价	年度更新
诚信法律环境	专家评价:非常不健全、较不健全、健全、较健全、非常健全		
诚信文化环境	专家评价:非常差、较差、好、较好、非常好		
征信体系建设水平	专家评价:非常低、较低、高、较高、非常高		

通过表4.1对诚信评价各指标信息来源的分析,可知建筑业企业诚信信息来源渠道广泛,包括建筑主管部门、质监站、安监站、税务部门、建设单位、监理单位、银行等,详见图4.4。

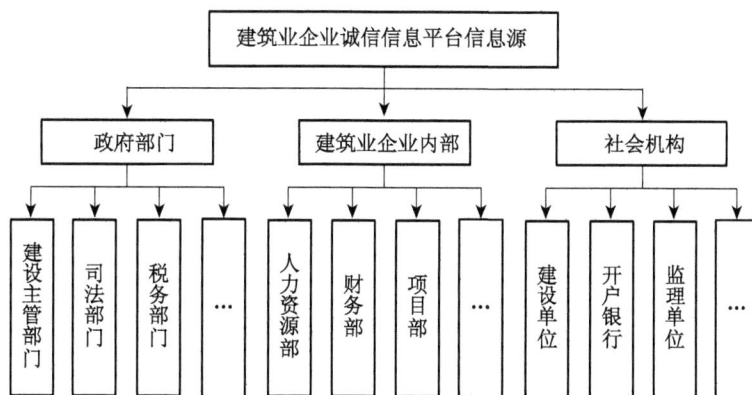

图 4.4　建筑业企业诚信信息的来源渠道

（1）建筑业企业自身

为了保证建筑业企业信息的完整性,形成企业完整的诚信档案,建筑业企业诚信信息平台信息采集层除了采集表4.1中各项指标信息外,还需要采集企业的基本信息,如企业名称、法定代表人、注册地址、成立时间、企业类型以及联系方式等,这类信息由建筑业企业自身提供。结合表4.1,建筑业企业自身需要提交的主要信息内容见表4.2。在提交相关信息时,企业还应提供相关的证明材料,如已年检的企业营业执照、企业统一社会信用代码、有效的企业资质证书、税务登记证等加盖企业公章的复印件。若企业的相关信息发生变动,必须在规定时间内上报申请变更,并将变更后的信息按要求提交以便及时更新企业信息。除表4.2的信息内容,对于建筑业企业的主要人员,包括法定代表人、企业负责人、技术负责人、项目经理等,还应提供详细的个人信息,包括身份证号码、学历、毕业专业、毕业院校、工作简历等。

建筑业企业在提供上述信息时,必须对信息的真实性负责,企业应明确工作人员专职负责本企业相关诚信信息资料的申报和录入工作。

为了促使建筑业企业按规定提供本企业的信息,建筑业企业诚信信息平台的组织实施机构可以采取一定的措施保证信息的有效采集。例如,辅助一定的行政手段,规定建筑业企业在进入建筑有形市场进行投标前必须提交的相关基础信息,否则将在投标等方面受到一定限制。

(2)建筑有形市场

根据表4.1,建筑有形市场收集并可对外共享的建筑业企业诚信信息内容如表4.2所示。

表4.2 建筑有形市场收集并可对外共享的诚信信息内容

企业全称			统一社会信用代码	
序号	参与投标项目名称	围标串标情况	投标身份真实性	投标报价情况
序号	承包项目名称	承包时间	工程规模	

填 表 人:＿＿＿＿＿＿＿＿＿＿＿＿
填表日期:＿＿＿＿年＿＿月＿＿＿日

(3)质监站、安监站

根据表4.1,建筑业企业提交的信息内容如表4.3所示;质监站、安监站收集并可对外共享的建筑业企业诚信信息内容如表4.4所示。

表 4.3　建筑业企业提交的信息内容

企业基本情况					
企业全称		统一社会信用代码			
企业类型		成立时间		注册资本	
营业执照注册号		安全生产许可证号			
企业注册地址			邮政编码		
企业详细地址			邮政编码		
企业网址	电子邮箱	联系电话		传　真	
法定代表人	职务	职称		联系方式	
企业负责人	职务	职称		联系方式	
技术负责人	职务	职称		联系方式	

企业资质情况		
资质证书编号	发证机关	
序号	主项/增项	资质等级
1		
2		

企业人员情况							
企业总人数				高级职称			
管理人员数		工程技术人员		中级职称			
工程技术人员数				初级职称			
项目经理情况	序号	姓名	性别	注册建造师证号	专业等级	在建工程数	联系方式
	1						
	2						

企业财务生产经营情况			
	＿＿＿＿年(今年)	＿＿＿＿年(去年)	＿＿＿＿年(前年)
总资产收益率			
资产负债率			
企业净资产			
工程结算收入			

填 表 人：＿＿＿＿＿＿＿＿＿＿＿＿＿

填表日期：＿＿＿＿年＿＿月＿＿日

表 4.4　质监站、安监站收集并可对外共享的诚信信息内容

企业全称		统一社会信用代码	
项目名称		工程形象进度	
检查人员		检查时间	
负责人到位及更换情况	项目经理		
	技术负责人		
	安全生产负责人		
违法转包情况			
违法分包情况			
质量、安全事故情况	发生次数	经济损失	
	死亡人数	重伤人数	
质量保证措施落实情况			
其他违规行为			

填 表 人：＿＿＿＿＿＿＿＿＿＿＿＿

填表日期：＿＿＿＿年＿＿月＿＿＿日

对于其他建筑业企业诚信信息的拥有者，包括司法部门、税务部门、劳动与社会保障部门、建设单位、监理单位以及企业开户银行等，对外共享的信息内容可根据表 4.1 中各指标的考察内容，参照表 4.2、表 4.3 以及表 4.4 的形式分析得到，此处不详述。

4.3.3　信息审核及预处理

4.3.3.1　信息审核

"精确性、完整性、及时性、一致性是优质信息的决定性要素"[92]，建筑业企业诚信信息也必须确保准确性、完整性、一致性以及时效性，这是保证信息平台发布的诚信评价结果准确、客观、公正的基础。

经过上述阶段采集的建筑业企业诚信信息，其准确性、完整性、一致性以及时效性还有待进一步确认，因此不能马上录入数据库。建筑业企业诚信信息平台需要对采集的信息进行验证，只有通过校验与审核的信息才能录入到数据库中，成为正式信息，具体过程如图 4.5 所示。建筑业企业诚信信息审核的内容主要有以下几点：

（1）信息准确性审核。包括信息本身准确与否的审核以及信息格式正确与否的审核。

（2）信息完整性审核。一方面要对照建筑业企业诚信评价指标体系中的各指标来审核各企业的信息是否完整，另一方面要审核所提交的信息能否根据指标评分标准来确定指标得分。

（3）信息一致性和时效性审核。一致性和时效性审核主要是针对建筑业企业自身提交的信息，可以采取社会公示和内部校核同步的方式进行。选取某些可以公开的信息在网上进行公示，而涉及企业商业秘密以及法律法规明确规定不得公开的信息可以通过与相关信息拥有者进行沟通核对来证实。

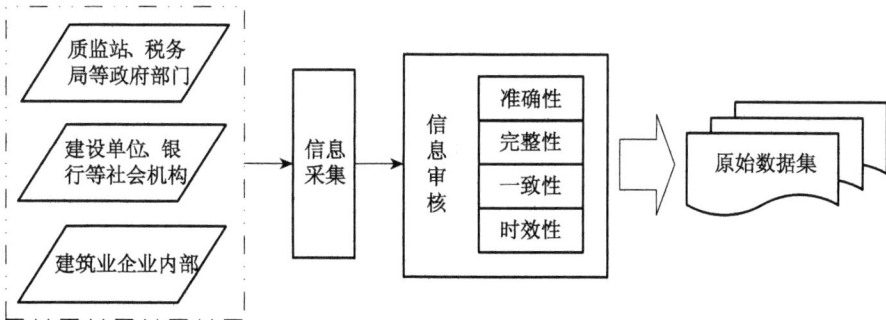

图 4.5　建筑业企业诚信信息采集流程图

如果采集的信息经校验审核后不合格，信息平台会将这些不合格信息形成错误反馈报文，反馈给原信息提交单位并要求重新填报。另外，还要建立瞒报、虚假信息的认定与追究机制，即：若建筑业企业所提交的信息存在虚假瞒报情况，除责令其重新提交准确信息外，还会将这一行为作为不良诚信记录向社会公布，记录到企业的诚信档案中。

4.3.3.2　信息预处理

第一阶段采集到的诚信信息是零散杂乱的，因此需要将这些信息进行提取和预处理，匹配来自不同系统中的原数据。这一过程主要是按照一定的分类方法将来自不同渠道的不同诚信信息与来自同一渠道的不同诚信信息进行整合、重组，使原来混乱状态的信息有序化。经过这一步骤后，进入数据库中的诚信信息不再是对原始数据的简单复制，而是形成有条理的、系统的信息，便于信息的查询和管理。

在信息的提取和预处理过程中，一个重要工作是对建筑业企业这一信息主体进行规范化描述，确定信息标识标准，即企业识别代码，帮助识别、组织和整合各企业的信息，最大限度地减少重复信息，减轻数据库设计和软件编写的工作量，实现快速便捷的数据更新。邓白氏公司的企业标识编码系统是一种成功的编码系统，已得到了全球50多家贸易协会和组织机构的认可和推荐，包括联合国、国际标准组织、美国联邦政府、美国国家标准学会和欧盟等。通过研究邓氏编码可以发现，企业标识代码应满足

147

唯一性、统一性和终身不变性等要求。

我国企业的基本检索代码比较混乱。目前,根据《国务院办公厅关于加快推进"五证合一、一照一码"登记制度改革的通知》(国办发〔2016〕53 号),要求从 2016 年 10 月 1 日起正式实施"五证合一、一照一码",在更大范围、更深层次实现信息共享和业务协同。"统一社会信用代码"(以下简称"统一代码")实行"一企一码",具有唯一性、兼容性、稳定性、全覆盖性的特征,设计为 18 位,使用阿拉伯数字或英文字母表示,共分五个部分组成,第一部分(第 1 位):为登记管理部门代码;第二部分(第 2 位):为企业等纳税人类别代码;第三部分(第 3~8 位):为登记管理机关行政区划码;第四部分(第 9~17 位):为主体标识码;第五部分(第 18 位):为校验码,由系统自动生成。由于一个企业主体只能有一个"统一代码",一个"统一代码"只能赋予一个企业主体,工商、质监、税务、人力社保、统计等部门可以通过统一信息共享交换平台进行数据交换,实现跨层级、跨区域、跨部门信息的共享和有效应用。

因此,本研究将"统一代码"作为建筑业企业识别代码,理由如下:① 统一代码具有唯一性、统一性和终身不变性,避免了信息的重复采集和存储,实现了计算机自动化管理。② 统一代码作为沟通不同系统之间互通互联的纽带,能够实时、动态、准确地维护和传递信息,解决了建筑业企业诚信信息分散难采集的问题。将统一代码作为企业标识代码后,将此代码作为各部门诚信信息采集表格的共用字段,建筑业企业诚信信息平台就可以将表征企业诚信状况的信息都归并在这一代码下,保证同一代码下的信息均是针对同一企业的。

为了方便信息处理层计算建筑业企业的诚信度,在整合同一企业的所有诚信信息后,可以对各项信息做进一步的分析和加工,转换为系统能够快速汇总和获取各项诚信指标得分的格式,提高诚信评价工作的效率。根据表 4.1 中建筑业企业诚信评价各指标评分标准,以按项目不同进行更新的投标诚信为例,对收集的投标诚信信息进行转换处理分析,如表 4.5 所示。通过表 4.5 可以得到建筑业企业在投标过程中出现各类行为的次数,若发生一次,则在相应处计 1,没有发生则为 0。

表 4.5 建筑业企业投标诚信信息汇总

企业全称			统一社会信用代码	
投标行为	项目名称	行为发生时间	是 否 存 在	
			是 → 1	否 → 0
缔约过失行为				
	汇 总			

投标行为	项目名称	行为发生时间	是 否 存 在	
			是 → 1	否 → 0
中标放弃行为				
	汇 总			
参与围标串标				
	汇 总			
投标身份真实性				
	汇 总			
低于成本价投标				
	汇 总			

4.3.4 数据库设计

信息存储主要是应用数据库技术、文档管理系统等,将信息数据存放到数据库中的过程。所谓数据库,就是信息数据存放的仓库,它是按照一定的数据结构来统一组织、存储和管理数据的场所。数据库中的信息应是准确、连续、动态的,信息发生变化时可以及时更新。

4.3.4.1 数据模型设计

数据库的设计需要经过由现实事物到抽象模型、再由抽象模型到具体实现的过程,即由现实世界抽象为信息世界,再由信息世界转换为机器世界的过程,如图 4.6 所示。

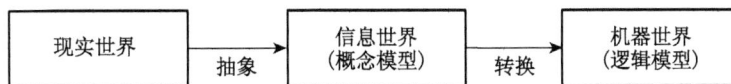

图 4.6 模型抽象转换层次

目前,数据库的数据模型比较流行采用多维数据模型,它用直观的方式来组织数据,且允许和支持高性能的数据访问,其中星型模式是最常见的多维数据模型。同时,在星型模式的基础上,发展出了雪花模式。星型模式由一个事实表(fact table)和一组维表(dimension table)组成,事实表居中,呈辐射状的维表分布其四周,并与事实表相连。本研究采用星型模式来设计数据库的数据模型,主要考虑以下几点原因:① 查询访问效率高——星型模式结构简单,只需扫描事实表就可以查询;② 便于用户理解——星型模式比较直观,可以简单地组合出各种查询[93]。

建筑业企业诚信信息平台信息采集层所采集的诚信信息可以归为五大类,分别是:企业基本信息、投标诚信信息、履约诚信信息、诚信基础信息以及诚信环境信息,这些信息能够综合反映企业的诚信状况。根据星型模式,本研究将建筑业企业诚信数据库组成确定为:企业诚信状况事实表、企业投标诚信维表、履约诚信维表、诚信基础维表以及诚信环境维表。企业诚信状况事实表和企业投标诚信维表如图 4.7、图 4.8 所示,其他维表不再详述。事实表与各维表之间的关系如图 4.9 所示。

图 4.7 企业诚信状况事实表 图 4.8 企业投标诚信维表

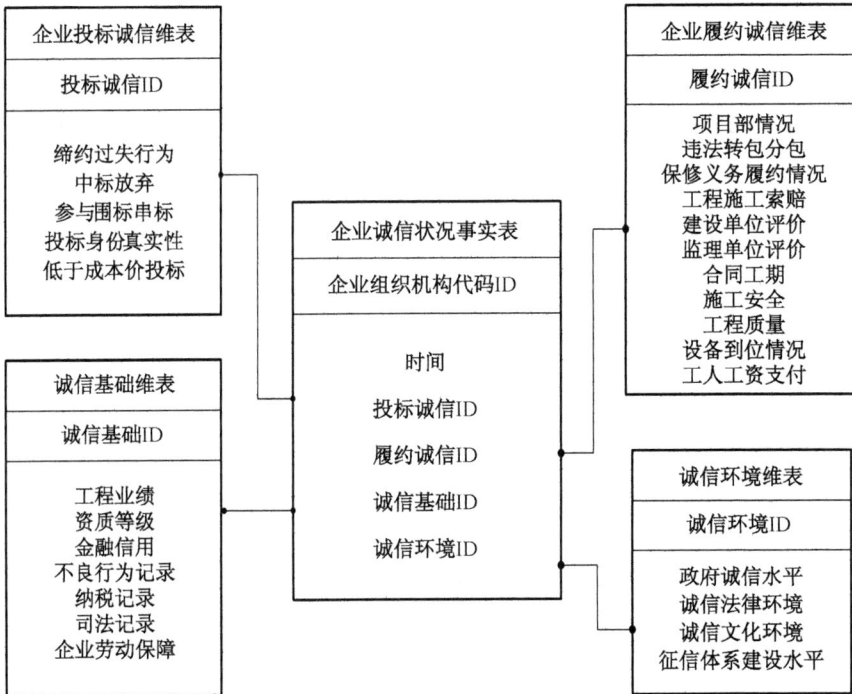

图 4.9 建筑业企业诚信数据库星型模式

建筑业企业诚信数据库采用上述星型模式,不仅减少了诚信信息平台的管理难度,而且也有效地提高了数据库以及整个平台的效率和性能,使信息的查询和运用方便快捷,使信息的维护和更新简便易行。

4.3.4.2　数据表设计

建筑业企业诚信信息以数据表的形式存储在数据库中。数据表是数据库最基本的组成部分,其他数据库对象都是在数据表的基础上建立和使用的,因此,数据表的合理性会直接影响到整个数据库的有效性。根据数据表设计的两个原则:① 信息分类原则,即每张表只包含一个主题信息;② 规范化设计原则,即满足三个范式[94],建筑业企业诚信数据库应包含 5 张数据表,分别是企业诚信状况数据表、企业投标诚信数据表、企业履约诚信数据表、企业诚信基础数据表以及企业诚信环境数据表。企业诚信状况数据表和企业投标诚信数据表分别见表 4.6、表 4.7。其他数据表不再详述。

表 4.6　企业诚信状况数据表

字段名	数据类型	是否索引	说　明
统一社会信用代码 ID	数字	是	18 位数的企业统一社会信用代码
时间	时间/日期	否	诚信评价的时间
投标诚信	文本	否	描述企业在投标过程中所表现的诚信状况
履约诚信	文本	否	描述企业在合同履行过程中所表现的诚信状况
诚信基础	文本	否	描述企业在建设工程交易过程中达到诚信的能力
诚信环境	文本	否	描述企业注册所在地的诚信情况

表 4.7　企业投标诚信数据表

字段名	数据类型	是否索引	说　明
投标诚信 ID	数字	是	投标诚信的 ID 号
缔约过失行为	文本	否	描述企业在投标过程中的缔约过失行为
中标放弃	文本	否	描述企业在投标过程中无故放弃中标的行为
围标串标	文本	否	描述企业在投标过程中参与过围标串标的行为
投标身份真实性	文本	否	描述企业在投标过程中提供虚假资质证明的行为
低于成本价投标	文本	否	描述企业在投标过程中低于成本价投标的行为

由于建筑业企业在市场交易过程中不断产生新的诚信信息,因此,在数据库的日常维护中,还需要实时监测企业的市场行为,注意信息的持续、跟踪采集,注重数据库

的维护更新,将更新的信息及时录入到相应的子数据库中以保证所存储数据的时效性,使建筑业企业诚信数据库朝着动态、长效的方向发展。

4.3.4.3 模型库逻辑结构设计

除了构建上述用于存放建筑业企业诚信信息的数据库,建筑业企业诚信信息平台还应构建模型库。模型库是诚信信息平台的重要部件,用于存储和管理信息平台中的相关研究模型。建筑业企业诚信信息平台模型库中存储的模型可以分为两大类,其逻辑结构见图 4.10。

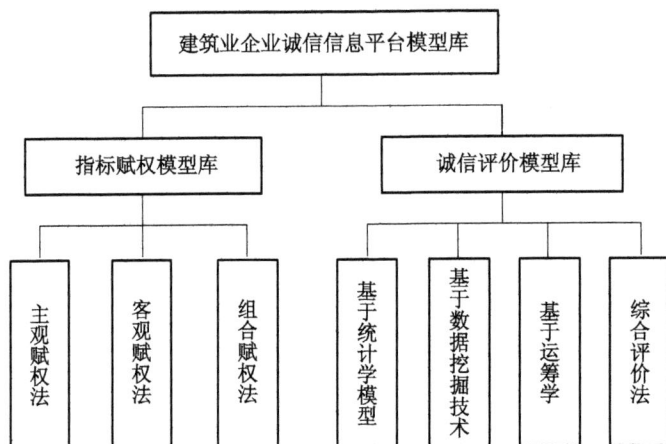

图 4.10 建筑业企业诚信信息平台模型库逻辑结构

一类是确定建筑业企业诚信评价指标体系中各项指标权重的赋权模型。目前常见的赋权方法可以分为主观赋权法、客观赋权法以及组合赋权法三大类,其中主观赋权方法包括专家评判法、层次分析法(AHP)、网络分析法(ANP)、二项系数法、环比评分法等;客观赋权方法包括常用的变异系数法、主成分法、因子分析法、熵值法、灰色关联度法、复相关系数法等;而组合赋权方法主要是将主客观赋权方法按照一定的数学方法组合后进行指标赋权的一种方法。

另一类是分析计算建筑业企业诚信分值的诚信评价模型。国内外诚信/信用评价的方法可以分为四种:① 基于统计学模型的方法,包括回归分析法、判别分析法、K近邻法等;② 基于数据挖掘技术的方法,包括支持向量机、神经网络、遗传算法、决策树、粗糙集RS、专家系统等;③ 基于运筹学的方法,如整体规划法、线性规划法等;④ 还有综合评价法,如模糊综合评价法等。

随着对综合评价研究的深入,指标赋权方法和诚信/信用评价方法越来越多,信息平台应实时关注各类方法的研究进展和动态,及时将合适的方法录入到模型库中并合理运用,使建筑业企业诚信评价结果更准确、更客观、更科学。

4.4　建筑业企业诚信信息处理及发布

4.4.1　信息处理

4.4.1.1　诚信评价指标分析

由前述评价指标的考察内容及评分标准可知,建筑业企业诚信评价指标体系中既有定量指标又有定性指标,其中定性指标有:"保修义务履约情况""设备到位情况""建设单位评价""监理单位评价""政府诚信水平""诚信法律环境""诚信文化环境""征信体系建设水平""司法记录""纳税记录"以及"企业劳动保障"。这些定性指标的考察均用"非常差、较差、好、较好、非常好"进行评价,带有较强的主观性和一定的模糊性。因此,在进行诚信分析时,应对这些定性指标进行处理,尽可能使定性问题定量化,减少主观因素对诚信评价结果的影响。

建筑业企业诚信评价各指标在衡量企业诚信度时所起的作用不尽相同,对各指标赋予不同的权重可以较好地解决这一问题。然而,为了对在建设工程活动中出现特别严重的失信行为的建筑业企业给予惩罚,同时也是对潜在失信企业进行某种程度上的威慑,建筑业企业诚信管理应建立"一票否决"等制度,对出现某些严重失信行为的企业直接判定其诚信等级为最低等级。

参照有关规定,本研究将建筑业企业诚信评价指标体系中的以下几项设定为"一票否决制"指标,即若出现以下情况,将取消企业参与正常流程诚信评价的资格,诚信等级直接评定为最低等级。

(1)参与围标串标:相互串通投标或者与招标人串通投标;利用向发包单位及其工作人员或者评标委员会成员行贿、提供回扣或者给予其他好处等不正当手段承揽业务等。

(2)违法转包分包:将承包的工程违法转包或者违法分包等。

(3)投标身份真实性:以欺骗手段取得资质证书承揽工程;未取得资质证书承揽工程;超越本单位资质等级承揽工程;涂改、伪造、出借、转让建筑业企业资质证书等。

(4)施工安全:发生较大事故及其以上的生产安全事故;安全生产许可证有效期满未办理延期手续,继续进行生产;逾期不办理延期手续,继续进行生产;未取得安全生产许可证擅自进行生产等。

(5)工程质量:使用国家明令淘汰、禁止使用的危及施工安全的工艺、设备、材料;

偷工减料、违反操作规程等造成重大工程质量事故等。

（6）工人工资支付：恶意拖欠或克扣分包工程款或工人工资，引发群体性讨薪事件造成不良社会影响等。

（7）司法记录：司法部门根据建筑业企业是否有诉讼记录以及诉讼记录的次数，对其评价为非常差。

4.4.1.2 信息处理流程

经过信息采集和存储的操作，建筑业企业信息平台拥有了稳定、可靠、完整的企业在建设工程交易全过程的诚信行为信息。至此，信息处理层便可遵循统一的处理标准，运用恰当的诚信评价模型对这些信息进行加工、处理，评价各企业的诚信状况，生成建筑业企业诚信评价报告，全面、准确、定量地预测各企业的风险程度，为决策者提供科学、合理的决策依据。通过分析穆迪、标准普尔、大公等信用评价机构进行信用分析的流程，建筑业企业诚信信息处理的具体过程如图4.11所示。

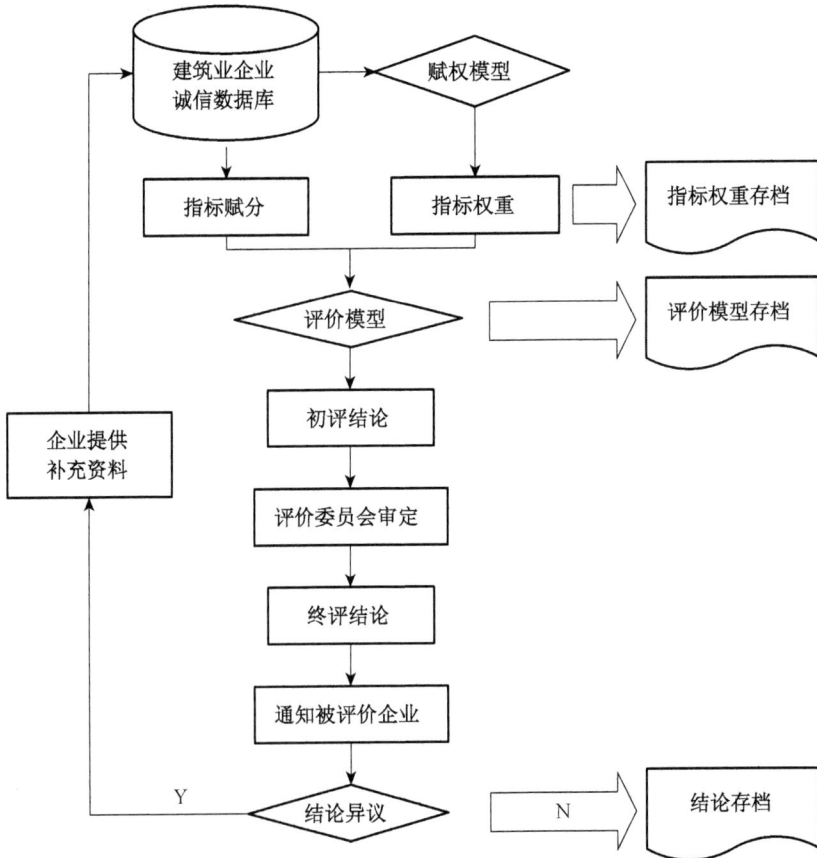

图4.11 建筑业企业诚信信息处理流程图

（1）指标赋权

在分析建筑业企业诚信状况前，需要确定建筑业企业诚信评价指标体系中各项指标的权重。在多指标综合评价中，各项指标权重的确定是一项关键环节。由于表征建筑业企业诚信的指标项数较多，权重的大小直接反映该指标在诚信评价中的重要程度，并且在其他条件确定的情况下，直接影响评价的结果和被评价对象的优劣顺序。因此，指标权重的确定是科学识别和评价建筑业企业诚信水平的关键，必须对各指标的重要性进行分析并分别予以量化。

目前，确定指标权重的方法很多，方法选择的正确与否直接影响各指标权重的合理性。各种方法解决问题的思路不同，适用范围也有所差别，例如：① 主观赋权法是一种由评价者根据自己的知识和经验对指标的重要程度直接进行评判的方法，它能够很好地体现评价者的主观偏好，操作简单，但是主观随意性较大，构建的权属缺乏稳定性；② 客观赋权法是一种直接根据指标的原始信息、通过统计方法处理后获得权数的方法。由于它根据样本指标值本身的特点进行赋权，主观性、随意性较小，具有较好的规范性，但是容易受到样本数据的影响，不同的样本运用同一方法得到的权数不同；③ 组合赋权法是为了克服单一赋权方法的缺陷，将主观赋权方法和客观赋权方法相结合以使主客观达到统一的方法，但目前还处于探索研究阶段，应用不够成熟。

建筑业企业诚信评价指标体系既有定性指标又有定量指标，且指标间存在着较强的相关性。在这些赋权方法中，ANP不仅允许定量指标与难以量化的定性指标并存，而且考虑了不同层次的因素之间以及同层次因素之间具有关联或反馈关系的情况，能够科学地反映和描述决策问题。因此，可以从模型库中选取 ANP 来确定建筑业企业诚信评价各指标的权重。

当然，也可以使用不同的赋权方法进行相互校验。

（2）指标赋分

应用数据挖掘技术，从诚信数据库中提取和组合对建筑业企业诚信进行分析所需要的信息。例如，某一建筑业企业某年度有两次不良行为记录，则这一指标的得分为 $100-25\times2=50$。为了使各企业得分公平、公正，在计算指标得分时，必须严格按照统一的评分标准进行，并运用程序设计语言编写程序代码，直接由计算机给出各指标得分，避免人为主观因素造成的评分误差，减少诚信评价工作中的"自由裁量权"。

（3）初评

在获得企业各指标权重和分值的基础上，对建筑业企业的诚信进行综合分析并计算其诚信分值。由于评价方法的选择对评价结论有着非常重要的影响，在相同的信息数据基础上，运用不同的评价方法可能会得到不尽相同的结论。因此，在选择评价方法前，必须对各种方法进行比较分析，详细了解各类方法的优缺点、适用对象等情况。

评价方法没有绝对的最优,必须结合被评价对象的特点和已有的信息数据进行选择和设计,尤其是要分析评价指标体系的特征。

对于建筑业企业的诚信评价,从本质上说是定量指标评价和定性指标评价的结合,是一个涉及众多指标的综合评价。因此,要提高建筑业企业诚信评价结果的准确性、真实性、可靠性,需要一种能够处理多指标、模糊性及主观判断等问题,并将定量指标的评分值以及定性指标的判断值进行科学合理的整合对接的评价方法。例如,基于模糊数学的模糊综合评价法就比较合适,它可以根据模糊数学中的隶属度理论将模糊的定性问题定量化,既可以用于主观因素的综合评价,又可以用于客观因素的综合评价,而且它能综合考虑多种因素并以一个模糊集合对事物做出全面评价,具有较强的系统性,比较符合建筑业企业诚信评价的特点及要求。

在对建筑业企业诚信进行评价时,为了使评价结果准确可信,一方面,应该尝试多种不同的评价方法,在运用所选择的方法前,对该方法的可靠性等进行测试,验证其是否能准确评价和预测企业的诚信风险;另一方面,随着评价方法的不断涌现,当出现更合适的评价方法时,平台应及时更新现有方法。选择了合适的建筑业企业诚信评价方法后,运用评价模型对各指标权重和指标值进行一系列的分析运算后,即可得到企业诚信的初评分值。

(4)终评

为了使诚信评价结果客观、公正、可靠,保证诚信评价的质量,应对初评结果进行审定,具体做法是:成立由各类专家组成的评价委员会,召开评价委员会会议,由分析员详细汇报被评价企业的各项情况,评价委员会审阅评价分析材料,再结合被评价企业的实际情况,通过集体决策的方式确定评价结果,并形成建筑业企业诚信评价报告。

建筑业企业诚信终评结束后,向被评价的企业发出建筑业企业诚信评价分析报告和建筑业企业诚信评价报告,征求其意见。若无异议,则以此评价结果为准;若有异议,企业在规定时限内提出复评申请,需要陈述复评理由,并提供补充资料,复评次数仅限一次,并以复评结果作为最终结果。

(5)跟踪监测

为了保证评价结果的准确性、时效性,在建筑业企业诚信评价结果公布后,还需要对企业的诚信状况进行跟踪监测。若出现新的影响企业诚信评价结果的信息,信息处理层会在原信息已更新的基础上,按上述步骤重新评价建筑业企业的诚信状况。

4.4.2　诚信等级设置

诚信信用评价的结果需要由一套符号系统来表示,不同的等级符号系统表示和度量了不同的诚信风险大小。因此,在确定建筑业企业诚信评价结果后,应设置诚信等级符号来表示被评价对象的诚信度,用以表达和传递企业的诚信信息。

成功的诚信信用等级符号应该是科学合理、通俗直观的。一方面,如果反映被评价对象诚信度的符号复杂难辨,含义晦涩难懂,那么诚信信息就难以被社会公众了解和接受。另一方面,如果诚信等级符号没有统一的标准,各地相同的符号所表达的信息含义可能不同,就会出现同分不同级或同级不同分的现象,这会带来理解上的混乱和困惑,给社会公众造成是否科学和权威的疑问,进而降低诚信评价结果的公信力。因此,为了保证建筑业企业诚信信息平台在市场中发挥其应有的作用,使不同用户对等级符号有一致的理解,必须对诚信等级符号及其划分标准做出统一规定,并详细说明各等级符号所表示的含义。

为了满足投资者日益增长的对不同风险产品和领域的评价需求,各评价机构逐渐推出了越来越多的评级符号系统。如穆迪目前有近30种评级体系;标准普尔由于还进行股票评级,评级符号更为复杂,不过各评价机构基本的评级符号均大致相同。以长期信用评价为例,目前国际通行的企业信用评级结果用"三等九级制"或"四等十级制"表示,其中"三等九级制"的评级符号从高到低分别为:AAA、AA、A、BBB、BB、B、CCC、CC、C,而"四等十级制"多了一级D,其实两者差别不大。穆迪和标准普尔的长期信用等级分别采用了这两种等级划分制,各等级符号以及相应的解释具体可见表4.8。穆迪信用等级标准从高到低划分为:Aaa、Aa、A、Baa、Ba、B、Caa、Ca和C;标准普尔根据基本的信用分析,将信用等级标准从高到低划分为:AAA、AA、A、BBB、BB、B、CCC、CC、C和D。我国的安博尔·中诚信和大公资信评价机构使用的是"三等九级制"的信用等级划分制。另外,有些信用评价机构会在同一个等级上用"1""2""3"(如穆迪,后缀是"1"表示被评价对象在该等级相对信用风险最低,"3"则表示信用风险最高),或"+""-"(如标准普尔,"+"表示被评价对象在该等级相对信用风险最低,"-"则表示信用风险最高)进行微调,以表示属于这个等级的上限或下限。

表 4.8 穆迪与标准普尔的长期信用评价等级[95]

穆迪信用评价等级		标准普尔信用评价等级	
符合	等级内涵	符合	等级内涵
Aaa	评级为 Aaa 的债务(obligations)具备最高的信用质量,最低的信用风险	AAA	AAA 的评级是标准普尔对相关债务能给予的最高评级,反映了相关债务人(obligor)对债务极强的偿还能力
Aa	评级为 Aa 的债务也具备高的信用质量和非常低的信用风险	AA	评级为 AA 的债务与评级为 AAA 的债务仅有少部分差异,相关债务人对债务偿还能力非常强

穆迪信用评价等级		标准普尔信用评价等级	
符合	等级内涵	符合	等级内涵
A	评级为 A 的债务被认为属于中上等级（upper medium），而且具备低的信用等级	A	与更高级别的债务相比，评级为 A 的债务更易受环境和经济周期变化的影响，但相关债务人偿债能力仍佳
Baa	评级为 Baa 的债务被认为具备中等信用风险（moderate credit risk），因此具备某些投机级债券的特征	BBB	评级为 BBB 的债务具备足够的保护特征，但是不利的经济条件和环境可能会弱化债务人对债务的偿还能力
Ba	评级为 Ba 的债务被认为本质上具备投机级（speculative elements），拥有相当程度的信用风险（substantial credit risk）	BB	评级为 BB 的债务在投机级中不偿还的风险相对最低，但是，当面临业务、财务和经济上重大且持续的不确定情况时，可能会危及债务人的偿债能力
B	评级为 B 的债务被认为是投机性的，面临高的信用风险	B	评级为 B 的债务相对 BB 级债务不偿还的可能性更高，但是债务人目前尚有能力偿还债务。一旦业务、财务或者经济环境逆转都可能损害债务人偿还债务的能力
Caa	评级为 Caa 的债务情况较差（poor standing），而且信用风险高	CCC	评级为 CCC 的债务已经濒临难以偿还的边缘，严重依赖于有利的业务、财务或者经济环境。一旦相关环境发生逆转，则债务人不大可能具备对债务的偿还能力
Ca	评级为 Ca 的债务具备高度的投机性，通常是非常接近或者已经违约，但投资人有一定可能性清收回本金和利息	CC	评级为 CC 的债务具备很高的不能按期偿还的可能性
C	评级为 C 的债务是评级最低的债券，该类债券一般已经违约，而且投资者清收回本金或者利息的前景并不乐观	C	评级为 C 的债务，一般是债务人已经处于被请求破产保护或者类似情况，但该债务的偿付仍然在继续
		D	与其他评级不同，D 级不是预期的（prospective）评级，而适用于违约已经实际发生了

　　参考穆迪、标准普尔、大公等成熟的信用等级划分标准，结合建筑行业及建筑业企业的特点，本研究将建筑业企业诚信等级划分为三等九级，各等级所对应的分值范围及其具体内涵详见表 4.9。为了表示同一等级内诚信分值的相对高低程度，可以在同一等级的级别符号后添加"＋"号或"－"号进行微调。

表 4.9　建筑业企业诚信等级划分标准

诚信等级符号	诚信分值	等　级　内　涵
AAA	$95{\leqslant}X{\leqslant}100$	诚信极好,企业状况、投标行为、履约行为、社会评价均极好,企业具备最高的诚信度,最低的诚信风险
AA	$90{\leqslant}X{<}95$	诚信优良,与上一等级的企业诚信状况相比,仅有少部分差异,企业状况、投标行为、履约行为、社会评价均优良
A	$85{\leqslant}X{<}90$	诚信较好,企业状况、投标行为、履约行为、社会评价均较好,与更高诚信等级的企业相比,易受环境和经济周期变化的影响
BBB	$80{\leqslant}X{<}85$	诚信一般,企业状况、投标行为、履约行为、社会评价均一般,不利的经济条件和环境会弱化企业的诚信行为能力
BB	$75{\leqslant}X{<}80$	诚信欠佳,企业状况、投标行为、履约行为、社会评价均欠佳,具有较高的诚信风险
B	$70{\leqslant}X{<}75$	诚信较差,企业状况、投标行为、履约行为、社会评价均较差,与上一等级的企业诚信状况相比,具有更高的诚信风险
CCC	$65{\leqslant}X{<}70$	诚信很差,企业状况、投标行为、履约行为、社会评价均很差,严重依赖于有利的业务、财务或者经济环境
CC	$60{\leqslant}X{<}65$	诚信极差,通常是非常接近或者已经违约
C	$X{<}60$	没有诚信,已经违约

对于初次进入建筑市场的建筑业企业,可作如下规定:诚信等级按 BB 级对待;诚信等级高于 BB 级的(不含 BB 级),若两年内不参与工程建设活动,再次进入建筑市场时,统一在原诚信等级的基础上下调一级;诚信等级等于以及低于 BB 级的,若两年内不参与工程建设活动,再次进入建筑市场时,原诚信等级视具体情况保留半年至一年。

4.4.3　信息发布

建筑业企业诚信信息平台要获得社会的普遍认可,一方面需要先进的技术支撑,制定科学统一的诚信评价指标体系,不断完善诚信评价模型;另一方面则需要将经过平台内部一系列分析处理所得的评价结果对外发布,满足用户查询和获取企业诚信信息的需求,使政府和社会各方都能对建筑业企业诚信实施监督检查,实现平台的建设目的。建筑业企业诚信信息平台的信息发布具有如下几个特点:

(1)信息多样性。建筑业企业诚信信息平台发布的信息类别较多,包括企业的基本情况、投标信息、履约信息、财务信息以及政策法规等。

(2)用户广泛性。建筑业企业诚信信息平台面向的用户非常广泛,包括政府相关部门、建设单位等建筑市场相关主体、其他社会机构以及建筑业企业自身等。

(3)用户要求差异性。建筑业企业诚信信息平台的用户广泛,而不同的用户希望获取不同的信息内容,如一般用户只需要查询企业的诚信等级信息,而建筑业企业自身不仅要了解企业的诚信等级,还需要查询各类诚信指标的得分明细。

4.4.3.1 信息发布内容

通过建筑业企业诚信信息平台,可以查询到各企业的基本信息、企业主要人员信息、企业取得的工程业绩、投标行为信息、履约行为信息、银行信用等级、纳税情况以及企业注册所在地的诚信环境等。出于企业信息安全性、保密性的考虑,信息发布层应根据不同的用户发布不同的信息内容,即不同属性的用户应被授予不同的信息查询权限,使其所获得的信息类别及深度依据权限而有所差异,以避免诚信信息失密。

(1)一般用户

对于一般用户,可以通过网络实时查询各个建筑业企业的部分信息,包括企业的诚信等级和具体分值,以及诚信排名等情况。这些信息可以按照资质类别、资质等级、诚信评价时间等多角度分类查询。若用户需要查询企业的其他诚信行为信息,需要提出申请并经平台管理员和信息审核员的审批授权后方能查询。

(2)政府部门

政府部门作为建筑市场的监管者,建筑业企业诚信信息平台应向政府部门开放企业所有的信息,即政府部门可以查询各个企业所有的诚信行为信息。当然,在查询的过程中,平台会实时记录"何人、何时、何因"查询过企业的相关信息。政府相关部门通过建筑业企业诚信信息平台信息发布层查询到的信息可以归纳为两类:

一类是建筑业企业诚信评价信息,包括企业的诚信等级和具体分值,以及诚信排名情况。同时,平台还提供企业各项评价指标的得分明细。

另一类是按照一定标准处理分析后得到的统计信息,这类信息主要是为政府相关部门提供决策服务的。例如,按地区、资质类别、资质等级等统计口径对建筑业企业的诚信分值进行分析,形成不同年份各地区、各资质类别、各资质等级诚信得分的平均值、标准差、对比值等统计数据,为政府相关部门考察各地区、各资质的建筑业企业诚信状况及变化趋势等提供重要的参考资料,并据此有针对性地制定相关办法以改善诚信状况,提高整个行业的诚信水平。再例如,根据标准差的大小可以判断建筑业企业诚信状况的整体水平:若标准差较小,说明各企业的诚信得分相差不大,整个行业的诚信状况较为稳定,政府应通过改善行业的诚信环境来提高企业的诚信度;若标准差较大,说明各企业的诚信状况良莠不齐,政府应通过加大监督检查力度等办法改善诚信分值较低企业的诚信状况。同理,还可以分别对建筑业企业诚信评价的二级指标(投标诚信、履约诚信、诚信基础和诚信环境)的分值按上述标准进行研究统计,分析导致建筑业企业诚信水平不高的关键因素等。

（3）建筑业企业自身

建筑业企业自身可以查询本企业的所有诚信行为信息，包括各级指标的得分明细。建筑业企业诚信信息平台应向企业开放其自身诚信评价的各项指标（包括二、三级指标）的分值和相应的排名情况，以及整个行业各级指标的平均分值。此外，若建筑业企业提出申请，诚信信息平台还可以运用雷达图等方法对各个评价指标的隶属度进行分析，寻找企业目前在哪些方面与诚信要求存在差距和不足，提出有针对性地提高该企业诚信水平的建议，建筑业企业便可据此有针对性地改善企业的诚信状况，从而提高企业的核心竞争力。同时，建筑业企业诚信信息平台还提供预警服务，当企业的诚信分值下降或不合格时，信息平台会及时向该企业提出预警。

建筑业企业若要查询其他企业的诚信行为信息，其属性属于一般用户，只能查询一般用户所能查询和获取的部分信息。

由于建筑业企业的相关信息是动态变化的，诚信评价的结果也会随之改变，不同时间的评价结果可能会有差异。因此，建筑业企业诚信信息平台发布诚信评价信息时，必须注明评价日期；当企业的某些信息发生变更时，平台也应及时更新对外发布的相应信息。

以上所有内容均可以专门报告的形式有偿或无偿向特定用户提供。

4.4.3.2　信息发布流程

由于不同用户的查询权限不同，因此，建筑业企业诚信信息平台信息发布层应设有专门的管理员及信息审核员，按照规定的发布流程来发布信息，以确保各类用户只能查询到权限范围内的信息，保证信息的安全性。发布流程具体如图 4.12 所示。平台管理员提取将要对外发布的信息，由信息审核员审核信息内容是否满足要求，当不符合要求时，则屏蔽这一部分信息不予发布；同时，用户根据自己的权限登陆平台查询信息，需要经审核员审核其属性权限，只有用户权限和信息内容相互匹配并符合设定的要求时，才将这些信息对用户开放。

4.4.4　用户界面分析

建筑业企业诚信信息平台建立的最终目标就是要方便用户获取、使用诚信信息，这需要通过用户界面来实现。平台用户通过用户界面来使用平台，获取所需信息，用户界面是用户和平台实现交互的重要桥梁。

平台用户界面是否友好常常是平台建设能否成功的关键。良好的用户界面使建筑业企业诚信信息平台易于使用，容易被用户所接受，人机之间的关系融洽和谐；而设计不当的用户界面，即使平台内部设计合理、功能强大，也有可能不被用户所接受[96]。

一般来说,信息平台用户界面设计有三大原则:以用户为中心、减轻用户的记忆负担、保持界面的一致性。根据这三大原则,结合建筑业企业诚信信息平台发布的信息内容,建筑业企业诚信信息平台的用户主界面应包括三部分内容,主界面示意图如图 4.13 所示。

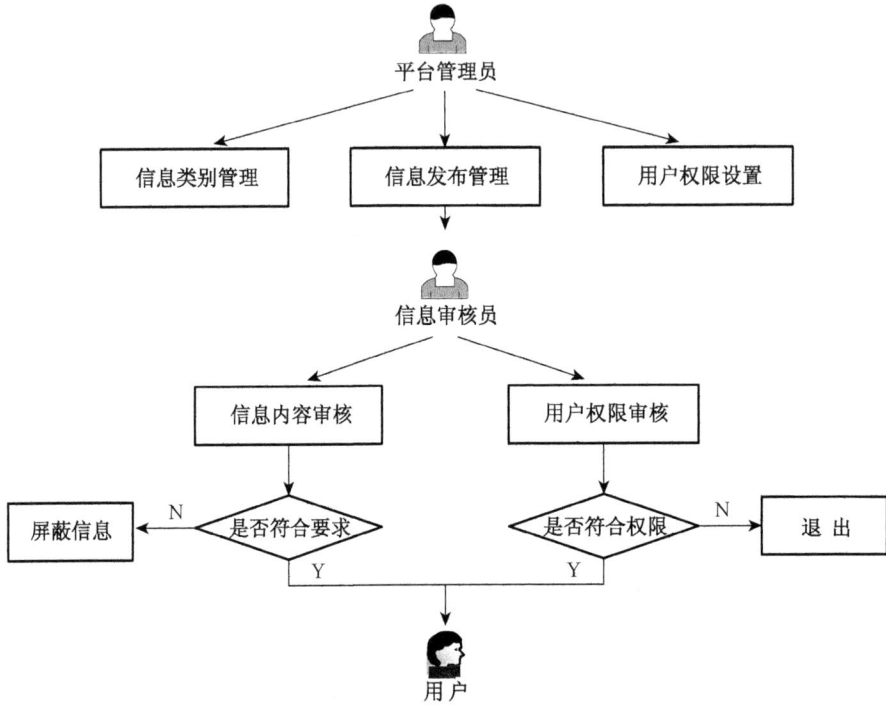

图 4.12　建筑业企业诚信信息发布流程图

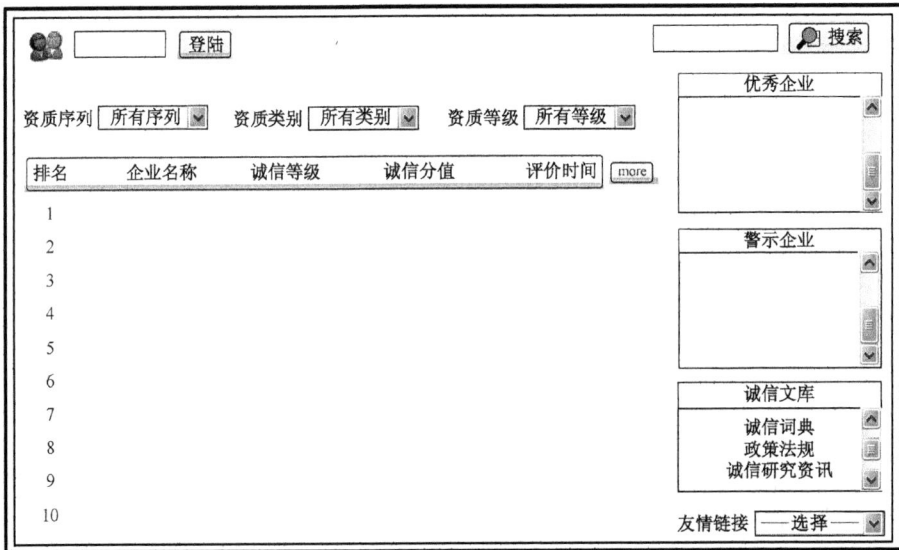

图 4.13　建筑业企业诚信信息平台用户主界面示意图

第一部分是根据不同的资质序列、资质类别和资质等级分别发布排名前10位的建筑业企业名称及其诚信等级、具体分值,以及相应的诚信评价时间,点击"more"可以查看所有建筑业企业的诚信等级、具体分值、评价时间。另外,该部分还提供各企业诚信评价结果的历史记录。

建筑业企业资质分为施工总承包、专业承包、劳务承包三个序列,各资质序列按照工程性质和技术特点又可分别划分为房屋建筑工程、市政公用工程等若干资质类别,各资质类别按照规定的条件划分为特级、一级、二级和三级四个资质等级。平台用户在查询信息时,可以根据各资质序列、资质类别和资质等级分类浏览各类信息,在同一类信息中还可以实现排序、时间筛选、标题名称筛选等。

为了满足用户查询企业各类诚信得分明细的需求,建筑业企业诚信信息平台应设置相应的链接,例如,用户只要双击某一企业的诚信分值,就可以查看组成该分值的各类二级指标的得分,点击某二级指标分值,就会出现该二级指标下各项三级指标的评分明细,同时平台还支持EXCEL导出功能,得分明细的具体发布形式可见表4.10。这种设置一方面有利于用户快速查询所需信息,另一方面使平台信息透明化,防止"暗箱"操作,有利于社会各界的监督,使诚信评价做到公开、公平、公正。

表4.10 建筑业企业诚信评价指标得分明细

诚信得分			评价时间			
二级指标	三级指标	指标考察内容	评分标准	得分	得分明细	评分时间
投标诚信	缔约过失行为					
	中标放弃					
	参与围标串标					
	投标身份真实性					
	低于成本价投标					
履约诚信	项目部情况					
	保修义务履约情况					
	工程施工索赔					
	......					
诚信基础	工程业绩					
	资质等级					
	金融信用					
	......					

二级指标	三级指标	指标考察内容	评分标准	得分	得分明细	评分时间
诚信环境	政府诚信水平					
	诚信法律环境					
	诚信文化环境					
	征信体系建设水平					

第二部分是推荐信息和警示信息。信息平台将某些诚信状况一直较好的建筑业企业公布在推荐信息中,使用户能方便快速地查找优秀的建筑业企业;对于某些发生严重失信行为的建筑业企业,信息平台会将其披露在警示信息栏中以示警戒。这种对优秀企业进行推荐、对不诚信企业进行警示的做法,也是建立对守信者给予奖励、对失信者给予惩戒的奖惩机制的一个方面。

第三部分是文件查询和相关网站链接,包括建筑业企业诚信评价指标等相关说明、建筑业企业诚信信息平台使用手册、诚信评价相关的法律法规、政府相关部门的网站、诚信相关的研究讯息以及一些注意事项等,方便用户查询翻阅。

在大量的信息中找到用户所需要的信息是建筑业企业诚信信息平台必备的功能,因此,平台应支持各种信息检索方式,如关键字检索、日期检索等。整个服务应以互联网信息平台为基础,采用组合查询的方式,用户根据自己的查询需求和习惯选择合适的检索方式,简单方便地使用平台的各项功能。由于不同属性的用户其查询权限不同,平台的信息发布层应根据用户的登录身份控制其在登录门户上所能查询的信息内容。

4.5　建筑业企业诚信信息平台运作模式选择

解决了建筑业企业诚信信息平台业务流程架构问题,可以实现建筑业企业诚信信息平台所应具备的各项功能。在此基础上,采用何种运作模式、由谁负责运作关乎该信息平台能否顺利运行和发挥其效用。本节将在分析我国诚信体系建设现状问题的基础上,借鉴国际经验,研究探讨我国建筑业企业诚信信息平台的运作模式选择问题。

4.5.1　我国建筑市场诚信体系建设现状问题分析

诚信信息平台运作是诚信体系建设系统中的一个重要问题,受我国诚信体系建设现状的影响。在确定建筑业企业诚信信息平台应采用何种运作模式前,需要对我国建筑市场诚信体系建设现状问题进行详细分析,做到有的放矢,以确保所采用的模式具有适用性。

总体而言,针对建筑市场主体诚信缺失现象较为普遍的现状,近年来住建部以及各地建设主管部门在推进建筑市场诚信体系建设方面取得了不少成绩。广州、重庆等地构建的施工、监理企业诚信综合评价系统已经投入应用;江苏已经把信用分纳入评标考评;住建部主导推进的"建筑市场监管与诚信信息平台"(俗称四库一平台)也建设得卓有成效。尽管如此,我国建筑市场诚信体系建设仍然存在一些问题,归纳起来主要有如下几点:

(1) 诚信评价主体不明确。目前,我国诚信评价的相关工作既有由政府进行操作管理的,也有由私人和法人筹资建立的诚信评价机构进行诚信评价的。诚信评价主体之间缺乏明确的分工,公信力受到质疑。

(2) 建筑市场信息分散。我国建筑市场的大量诚信信息都掌握在政府各个主管部门手中,散落于招标办、质监站、安监站、税务、工商、审计、财政、统计等部门之中,且各部门所掌握的信息又都是紧紧围绕各自的主管业务的,这些信息之间的联系不紧密,是孤立、不完整的,这种状况致使建筑市场诚信信息的集成极为困难。

(3) 诚信法律法规不够完善。我国至今只有一项行政法规与诚信活动直接相关,国务院法制办于 2013 年 1 月颁布了《征信业管理条例》(中华人民共和国国务院令第631 号),对征信机构、征信业务规则、金融信用信息基础数据库、监督管理和法律责任做了详细规定,使得诚信评价机构在信息的采集范围、采集方式、使用方式、保存期限等环节上有法可依,征信经营活动有了统一的制度规范和监管依据,但未规范信用评价方面。总体而言,与欧美信用发达国家相比,我国的信用诚信立法滞后,尤其缺少评价结果应用方面的规定——法律是社会关系的调节器,其各种规定应该对社会相关行为发挥指引、评价、预测、强制、教育作用。在我国当前还存在诸多不诚信现象的情况下,单纯依靠行为主体的道德约束,是很难有长效改观的,必须依靠法律法规的规范作用,通过明示不诚信行为的违法责任(尤其是其中的经济处罚),指引、教育行为主体诚信行为,才能为把市场经济建成为诚信信用经济保驾护航。研究美国诚信信用的历史,正是因为其完善的立法,且"先人一步"的做法,才形成目前三大评价公司几乎垄断全球评级业务的格局(不可否认的是,美国推行的信用评级不仅有经济目的,还有着深层次的全球政治目的)! 从这个意义上讲,加快我国诚信信用立法显得特别紧迫。

(4) 虽然住建部和各地建设主管部门出台了很多相关规章和规范性文件,但都只是对法律诚信行为进行评定,对经济诚信行为评定较少,而涉及道德诚信行为的评价更少。简而言之,大多数是主管部门为了行政管理方便而新添的一个"抓手"。

(5) 诚信评价缺乏统一的标准。我国现有的诚信评价,尤其在工程建设领域,各有各的做法和标准,有强烈的地方行政特色,没有形成一个统一的整体,没有一套公认的行业标准,致使各自的评价信息共享、评价结果认定等都局限在一个小范围内,难以达到"一处守信、处处得益,一处失信、处处制约"的效果,区域诚信信息平台所起的功效有限。

(6)关于各地区建筑市场主体诚信评价程序,基本上经过企业自行申报、评价主体初审推荐、复审考核、网上公示无异议和评定结果及时公示几个环节。评价结果一般都会公布在省市建设网、交易中心网或相关的协会网站,对于评价结果有异议的,可以依据相关规定提起行政复议或申诉。而纵观各地区对于诚信评价结果的应用,主要体现在以下几个方面:建立机构诚信档案,并通过特定途径向社会公布;将诚信评价得分与建设工程招标投标挂钩,诚信分在评标中总得分中占一定权重;建立守信激励和失信惩戒机制,将诚信评价结果作为建立政府投资项目预选承包商目录库、招投标管理、市场准入、行政审批、政府扶持、动态监督检查、创优评先、资质认定和审核等方面的重要依据,从而实行差异化监管。以上做法值得借鉴,但更多的是体现在政府的市场规范管理、实践中,可以将市场规范管理(如资质的动态管理、日常监督检查)和诚信评价、诚信建设结合起来,让诚信管理取代市场规范管理,并且各地区要对本地区各部门、各单位的信用信息进行整合,形成统一的信用信息共享平台,加快推进全国行业内外信用信息互联互通。

4.5.2 两种诚信信息平台运作模式分析

世界各国的国情有异,由此出现了不同的诚信信用信息平台运作模式。对于模式的分类,有人主张将其划分为私营模式和公营模式两种,即通常所说的美国模式和欧洲模式,或称市场主导型模式和政府主导型模式[47];也有人主张划分为三种:除上述两种模式外,还有一种日本所采用的会员制模式[48-49]。本研究认为,前者的划分方式较为合理,因为诚信信息平台运作模式主要依据运作主体从事数据库经营方式的不同进行分类。会员制模式是一种由银行协会建立的会员制与商业性评价机构并存的模式,由行业协会或协会所有的公司进行运作,是一种私人部门组织,如亚洲最大的日本帝国数据银行就采用商业化的运作形式。以下对私营模式和公营模式进行比较和分析。

4.5.2.1 私营模式

私营模式下的评价机构以营利为目的,采用市场化运作方式,收集、加工企业和个人的信用信息,为信息的使用者提供独立的第三方有偿服务。这种模式主要依靠市场经济法则和信用行业的自我管理来运作[100],一般存在于信用经济较发达的国家。美国是该模式的典型代表,经过150多年的发展完善,美国已成为世界上公认的信用体系最完善的国家之一。

（1）机构特征

根据服务对象和业务的不同,美国目前有三类信用评价服务机构,分别是以穆迪、标准普尔和惠誉为代表的为企业融资服务的评级机构;以邓白氏为代表的企业信用评价机构;以环联、艾奎法克斯和益百利为代表的个人信用评价机构。通过分析这些典型私营机构的组织机构、运作方式等情况,可以总结出私营机构具有以下一些共同特征:

① 在机构组成方面,主要由私人和法人投资组成。

② 在信息来源方面,私营机构的信息来源比较广泛,不仅可以从银行和相关金融机构处收集所需的信用信息,还可以从信贷协会、信用卡发放公司、租赁公司、财务公司以及商业零售机构等处获取信息。

③ 在信息采集方式上以自愿为特点,私营机构采用灵活多样的方式收集各类相关信息,如通过与受评公司的员工和有关职能部门的领导进行交谈收集信息;查阅受评公司提供的各种材料以提炼所需信息;通过与受评公司的上下游客户进行电话联系或访谈来收集信息;从相关报纸、杂志、行业出版物、商业互联网站发布的信息中查询所需信息。

④ 在信用信息内容方面,私营机构所收集的信用信息内容较为全面,只要在隐私保护法和政府信息公开法等法律许可范围内的信息,无论负面信息还是正面信息都可以收集并使用。

⑤ 在服务范围方面,私营机构是面向全社会提供信用信息服务的,并非只有信息的提供者才能获取信息。服务的对象即信用评价报告的需求方,主要有私人银行、私人信用机构、其他企业、个人、税收征管机构、法律实施机构和其他联邦机构,以及本地政府机构等。

（2）配套的法律法规

法律环境是制约信用体系建设的关键因素。私营模式下,政府的工作主要是促进信用立法并监督法律的执行,不直接参与信用评价活动,因此需要健全的信用法律法规体系。

美国在20世纪60年代末至80年代就已制定了一系列规范信用行业的法律法规,经过不断修改完善,目前已形成了比较完整的框架体系,这些法律法规可以分为三个层次:

第一层次是直接的信用管理法律规定,现行的相关法律有《公平信用报告法》《平等信用机会法》《诚实租借法》等16项,具体见表4.11。这些法律旨在规范授信的平等性、规范性以及保护个人隐私等,因此,商业银行、金融机构、消费者等的资信调查和商账追收受到了明确的法律约束,但对企业资信调查和市场调查则没有上述约束[101]。

第二层次是直接保护个人隐私的法律,包括《隐私法案》《财务隐私权利法》《电子通讯隐私法》等,它们直接规定了在相应的特殊环境中不能公布,或者限制公布的企业或个人的某些相关信息。

第三层次是规范政府信息公开的法律,主要有《联邦咨询委员会法》《信息自由法》《阳光下的联邦政府法》等,它们解决了信用评价机构在收集政府公开信息时缺乏法律依据的问题。

美国信用立法倾向于规范信用行业的发展,对信用评价机构的限制较少,保证了评级机构运作成本不会太高,这也是美国信用行业领先于他国的主要原因之一。这些法律法规的出台和实施是美国信用体系得以正常运行的重要保障,加快了美国信用行业的发展,具体见表 4.11。

表 4.11　美国基本信用管理法律一览表

中文译名	英文名	生效日期	主要内容
公平信用报告法	Fair Credit Reporting Act (FCRA)	1971 年 4 月	规范信用报告行业的基本法。主要规定了消费者有了解资信报告的权利,规范了消费者资信调查机构对于资信调查报告的传播范围
诚实租借法	Truth Lending Act	1969 年 7 月	核心内容是要求一切信用交易的条款必须向消费者公开。让消费者充分了解各信用条款的内容和效果,以消除授信机构的信息不对称。最重要的条款——必须向消费者披露融资费用金额和年均百分率
平等信用机会法	Equal Credit Opportunity Act	1975 年 10 月	所有申请人都仅被考虑与实际申请资格相关的因素不得以某些个人特征而拒绝授信
公平债务催收作业法	Fair Debt Collection Practice Act	1978 年 3 月	规范专门从事替债权人进行催账和追账活动的追账机构向自然人类型的债务人进行催账和追账的情况
公平信用结账法	Fair Credit Billing Act	1975 年 10 月	是对《诚实租借法》修改的结果,核心内容还是保护消费者,反对信用卡公司和其他任何全程信用交易的授信方在事前提供给消费者不精确的收费解释和不公平的信用条款
信用卡发行法	Credit Card Issuance Act	1970 年 10 月	信用卡发卡机构不能向来提出书面申请的人发卡,但是不包括到期更换新卡的情况
公平信用和贷记卡公开法	Fair Credit and Charge Card Disclosure Act	1988 年 11 月	规范发卡机构的行为,要求他们在发给潜在客户的申请书和有关的广告传单上必须注明信用卡的信用条款
电子资金转账法	Electronic Fund Transfer Act	1978 年 10 月	规范金融机构的电子转账活动,规定了参与活动的金融机构的权利、义务及责任。通过对电子转账的收据、定期对账单、公开信息等的要求,对受款人予以安全保障

中文译名	英文名	生效日期	主　要　内　容
储蓄机构解除管制和货币控制法	Depository Institutions Deregulation and Monetary Control Act	1980 年 3 月	该法将个人存款的保险额从 4 万美元提升至 10 万美元。关于信贷的利息等也有新的规定
甘恩·圣哲曼储蓄机构法	Garn-St. German Depository Institution Act	1982 年 10 月	解除了对非银行金融机构的一些限制并开放了许多种类的金融业务,扩展了储蓄来源,取消了对储贷会的放贷利息上限
银行平等竞争法	Competitive Equality Banking Act	1987 年	特许商业银行合法从事承销有价证券业务,限制银行从事非银行业务
房屋抵押公开法	Home Mortgage Disclosure Act	1975 年	规定存款机构必须对所服务的社区详细地说明有关抵押贷款的具体手续和要求
房屋贷款人保护法	Home Equity Loan Consumer Protection Act	1988 年	涉及信贷消费者使用购买的房屋进行抵押的情况,规定在申请人个人住房贷款的初期,金融机构必须向消费者揭示更广泛的信息
金融机构改革、恢复与执行法	Financial Institution Reform, Recovery and Enforcement Act	1989 年 8 月	该法主要在于防范不良贷款的发生,旨在通过强化美国存款机构和存款保险公司来重建存款业和贷款业
社区再投资法	Community Reinvestment Act	1977 年	要求金融机构开发新的信用手段,向消费者提供利息的信贷服务
信用修复机构法	Credit Repair Organization Act	1996 年	规范信用修复机构的业务操作,规范信用的收集和披露,纠正不正确的信用信息

（3）私营模式的缺陷

① 收费方式问题

穆迪等三大评级机构向被评价对象提供评级服务,并向其收取费用,这种方式容易使评价机构为了迎合客户需求而人为地提高其信用等级,以赚取更多的利润,造成评级机构"重量不重质、重短期利益轻信用质量"的现状,导致了评价结果在一定程度上有失公平、公正和客观。"我们不像是在进行职业的评级分析,而更像是在把自己的灵魂出售给魔鬼来换取金钱。"穆迪的一位经理级人士如是说。同样地,标准普尔公司的一名员工也指出,"为了避免丧失客户,确保市场份额,我们不得不粉饰次级和次优级抵押贷款"。

②评价标准问题

"美国评级机构代表了美国的意识形态和国家利益。"三大评级机构常用不同的评价标准来衡量不同国家的信用等级,它们向来偏袒美国以及美国公司,而对其负面问题往往视而不见。相反,与美国关系不和或不合作的国家,往往会受到"特别关注"[105]。2003 年,德国施罗德政府因不同意美国发动伊拉克战争,导致包括德国最大的钢铁制造商蒂森克虏伯公司在内的一些德国企业信用评级被标准普尔降至垃圾级,股价跌至历史最低;而澳大利亚因全力支持美对伊的战争,澳外汇债务评级被标准普尔升至 AAA 级。

此外,三大评级机构的评价模型也较少更新,这种不变的评价模型很难应对越来越变幻莫测的全球化经济,导致评价结果不够准确。美联储前主席格林斯潘指出,从数学意义上讲堪称一流的模型,也无法捕捉到驱动全球经济的全部主要变量,更难以预测出金融危机或经济衰退的出现[105]。

③监管问题

美国证券与交易委员会(Securities and Exchange Commission,SEC)认可三大评级机构为"全国认定的评级组织"(Nationally Recognized Statistical Rating Organization, NRSRO),并规定外国筹资者在美国金融市场融资必须接受拥有 NRSRO 资格的评级机构的评估,由此确立了三大评级机构的垄断地位[106]。2006 年美国《信用评级机构改革法案》(Credit Rating Agency Reform Act)还赋予 NRSRO 机构的评价方法、指标和程序的科学、合理性等实质问题不受监管涉足的特殊地位。不仅如此,美国政府还将宪法第一修正案保障"言论自由"的公民权授予三大评级机构,明确评级机构是金融信息出版机构,其对外发布评价信息的行为属于出版行为,使其能够逃避因不公正、不合理、不科学评级而招致的法律责任[107]。此外,三大评级机构只是作为一般的公众公司受到 SEC 的监管,而没有受到作为专业评级机构应受的监管,长期处于自我监管的状态。这些监管缺位导致三大评级机构容易受到外部因素的不当影响而作出有失客观、公正的评价结论。

针对信用评价机构出现的问题,于 2010 年 7 月通过的《华尔街改革与消费者保护法案 2010》要求 SEC 加强对信用评价机构的监管,设立信用评价征信委员会,为银行等金融机构在发行结构性金融产品时安排较为可靠的信用评价机构,从而在一定程度上切断评价机构与衍生产品及债券发行机构之间的业务联系[108];同时,法案还允许投资者以"草率或故意"地未能进行合理调查为由,控告评价机构的失职行为。

事实上,自 2008 年全球金融危机爆发以来,世界对美国三大公司主导的评级机构的批评声不绝于耳。欧洲证券和市场管理局开始对美国三大评级机构展开调查。欧盟内部也开始讨论建立自己的全球性评级机构,来与美国的三大国际评级机构抗衡。欧盟委员会负责内部市场事务的委员米歇尔·巴尼耶指出:规范国际评级机构不仅是经济问题,更是政治问题,欧盟需要更多的政治主权来规范评级机构;评级机构间需要更多的竞争和多样化,还应考虑对评级机构的活动进行进一步限制的可能性。这些举措意在解决评级市场被标准普尔、穆迪和惠誉垄断的问题,降低私营评级机构"出售灵魂给魔鬼来换取金钱"和缺少监管所带来的风险。欧盟针对信用评级机构的监管新规则——《信用评级机构监管条例》于2013年6月20日正式生效,这是欧盟近几年第三次对信用评级机构监管作出的重大改革。此规则从评级机构股权结构、评级机构轮换机制、双评级等角度提出维护评级机构独立性的监管要求,并要求加强评级过程和评级结果的透明度,强化评级机构的民事责任,针对发行人付费模式下证券化结构性金融产品的信用评级,新法引入强制换评制,要求发行人每四年更换不同的评级机构等。这项法规的实施,将最终实现减少欧盟国家对美国评级机构的过度依赖,"改善评级机构领域被少数几家机构统治的状况",削弱三大机构的市场支配地位。

2013年底,欧盟市场监管机构欧洲证券和市场管理局(ESMA)发布了针对评级机构开展业务情况的最新调查报告,指出总部设在美国的惠誉、穆迪和标准普尔三大信用评级机构对政府债券评定级别的方式存在缺陷,欧盟可能对三大评级机构采取罚款和撤销牌照等"强制措施"。欧委会表示,将继续对评级机构保持压力,并认真考虑是否进一步对评级机构市场进行监管,欧委会还将"就建立一个欧洲信用评级机构的可行性撰写报告,并在2016年前递交欧盟理事会和欧洲议会审议"。

此外,2012年11月6日,澳大利亚联邦法院裁决,认定标准普尔公司对荷兰银行一项金融投资产品的评级具有"误导性和欺骗性",犯有"过失误述",因此应对投资者的损失承担责任。这是世界首例对标普应对金融危机发生承担责任所作出的判定。美国证券交易委员会对信用评级公司伊根-琼斯发起指控,该公司于2013年1月22日同意被禁止从事资产支持证券和政府债券评级业务18个月以及支付3万美元的罚金,与美国证券交易委员会达成和解协议。伊根-琼斯成为美国证券交易委员会被赋予监管评级机构期限以来的第一个指控对象。美国司法部于2013年2月5日正式对标准普尔公司提起民事诉讼,指控其在金融危机前给予债务抵押债券等结构性金融产品过高评级,故意将风险大的住房贷款投资的评级提高,刺激了经济危机的爆发。美国政府因此提出了50亿美元的赔偿金要求。

虽然金融危机以来,美欧都相继出台加强信用评级机构监管的法案,但在金融交易中,信用评级仍被置于神圣地位。国际金融协会最新发布的资本市场监测报告也认为,从金融稳定角度来看,减少对评级机构的过度依赖,鼓励市场参与者自行对风险进行评估较为合理。

4.5.2.2 公营模式

公营模式下的信用评价机构是直接隶属于中央银行的非营利性组织,以政府为主导、以央行建立的信用信息平台为主体。在建立信用信息平台的基础上,逐步形成一个全国性的数据库网络系统,提供信用分析和评价所需信息。欧洲中央银行行长委员会(The Committee of Governors of the European Central Bank)将其定义为:"一个旨在向商业银行、中央银行以及其他银行监管当局提供有关公司及个人对整个银行体系的负债情况信息的信息系统。"欧洲是该模式的典型代表。

(1)机构特征

① 在机构运作方式上,由政府直接出资建立,一般由中央银行或金融监督管理部门进行运营和管理。

② 在信息收集方式及信息来源方面,信用信息平台采集信息具有强制性,依赖法律法规强制性要求被监管的银行等金融机构加入到该系统中,且必须按规定定期报送其所拥有的信用信息数据,一般每月一次,否则将会遭到法律制裁或查询受限的惩罚[109]。因此,信息主要来源于银行,很少搜集贸易(商业零售机构)信贷信息。这就导致平台的信用信息来源及覆盖面相对较窄,有一定的局限性。

③ 在信用信息内容方面,信用信息平台内的信息主要为商业银行防范贷款风险和央行进行金融监管及执行货币政策而服务,因此,除收集一些基本信息外,主要收集有关贷款信息,如贷款类型、金额、评级等。值得注意的是,平台采集信息会设置"门槛",进入该平台的数据是有一定标准的,只有当贷款金额达到平台所设最低限额时,该信息才会被采集。

④ 在服务范围方面,信用信息平台的运作具有严格的保密制度,为参与机构保密,保护单个借款人的隐私,因此,其服务的范围较小。信息遵循双向对流原则,即信息的提供和使用对等,只有向该平台提供信息者才有权查询和获取平台内的信息,并且对外提供的信息是经过汇总处理的,这在一定程度上保护了信息相关者的隐私。

(2)配套的法律法规

在信用立法方面,采用公营模式的信用信息平台运行也需要法律法规进行规范。法国、德国等欧洲国家已建立了本国的信用法律法规体系。

德国早在1934年就建立了个人信用信息平台,并随之发布了相关的操作规则;1970年颁布了世界上最早的关于个人数据保护的法律——《个人数据保护法》,此后欧洲其他国家纷纷效仿;1976年和1977年又分别制定了《一般交易约定法》和《联邦数据保护法》。这些法律的出台和实施确保了在保护个人隐私权的同时,可有效促进个人信用资料的合理使用。

意大利的信用法律规范主要包括三个层次：第一层次是银行法，规定了银行对信贷进行监管的权限；第二层次是内阁委员会的法规，规定由中央银行管理信用信息平台的六个原则；第三层次是银行对申报机构的管理办法，规定信用信息平台的具体管理办法[110]。

通过分析发现，欧洲各国的信用立法更倾向于个人隐私的保护，目前还没有针对企业信用的立法。究其原因，可能与欧洲国家的法律法规体系有关，关于企业商业秘密的保护条款已在其他法律法规中明示；另一个原因可能是与企业相比，个人处于弱小的地位，需要提供更多的法律保护[111]。由于欧洲的信用法律法规多侧重于个人权利的保护，因此不可避免地对信用评价机构的限制较多，使信用评价机构的运行成本较高，最终导致在信用评价等方面落后于美国。

4.5.2.3 两种模式对比及启示

分析私营模式和公营模式的特征可以发现，两种模式具有一些共同点，如两者都需要完善的法律法规体系对信用评价活动进行规范，法律是私人信贷和信息共享机制产生的重要决定因素等[24]；当然，两者也存在差异，如立法侧重点不同，欧洲各国的信用立法更倾向于个人隐私的保护，而美国的信用立法倾向于发展信用行业，注重维护公正、有效的信用信息平台，将保护个人隐私权放在第二位，对信用评价机构限制较少[112]。两者的优缺点及适用条件归纳如表4.12所示。

表 4.12 私营模式和公营模式的对比

	私营模式	公营模式
代表国家	美国、加拿大、英国和北欧国家	法国、德国、意大利、比利时和西班牙等
运作人	私人和法人投资成立的私营公司	中央银行或金融监督管理部门
典型公司	Moody's, Dun & Bradstreet, Equifax	法国的 FIBEN（Fichier bancaire des entreprises）
信息来源	比较广泛，银行、信贷协会、信用卡发放公司、商业零售机构等	比较局限，主要是银行等金融机构
信息内容	覆盖面较大，不仅包含基本信息，而且可以应客户要求搜集整理所有法律规定合理的相关信息	覆盖面不大，主要是基本信息、贷款抵押信息
登记义务	自愿基础上的信息共享	法律义务
立法对象	倾向于信用评价活动或信用评价机构	倾向于个人数据保护
优点	节省政府开支；符合优胜劣汰的市场规律；促进信用评价服务范围的扩大和质量的提高	信息来源有保证；信息质量高；打破非关系客户贷款壁垒，打破垄断，抑制关系贷款

	私营模式	公营模式
缺点	对法律环境要求高；不规范，容易造成过度竞争、市场秩序混乱；容易导致信用行业发展缓慢	加大政府的财政负担；抑制银行搜集信息的主动性
适用国家	经济运行市场化色彩浓厚，具有良好的社会信用基础和法制环境、信用经济高度发达的国家	对债权人保护不力的国家[20]；小国或转型国家；尚未建立私营机构、可能市场失灵的国家

4.5.3　诚信信息平台运作模式选择与实施策略

4.5.3.1　诚信信息平台运作模式选择

大部分国内学者认为我国适合采用私营模式，理由可以总结为以下几点：① 采用公营模式会增加政府的财政负担；② 政府及金融监管部门的介入会导致诚信信息的垄断，不利于信息共享，使行业利益内部共享性和社会承担的利益成本不对称；③ 导致诚信产品的单一化，难以满足社会各方面的信息需求；④ 私营模式已被证明是一种成功的模式（至少是在美国）；⑤ 目前我国信用行业的市场化运作模式已基本形成，市场的优胜劣汰激励私营机构不断创新信用产品，提高服务质量；⑥ 采用公营模式的欧洲和其他地区一样，有从公营模式向私营模式发展的趋势[21]。

客观上，从现实的实践效果看，美国的私营模式无疑是最成功和有效的。然而，私营模式的发展需要一系列条件，如完善的法律环境、可公开获取诚信信息、较长时间的运作和信誉积累等，我国的现状在短期内还不能达到这样的水平。同时，纵观自2008年金融危机以来欧美国家对评级机构的从严管理（包括美国司法部对标准普尔的民事诉讼），私营模式固有的弊端正日益显现和被重视，其中的因收费、利益冲突等而影响评级机构独立性的问题，评级准确性问题，评级机构民事责任承担问题，受到各方诟病和指责。这些问题如果解决不好，评级结果的公信力就会大打折扣，甚至严重影响"降低市场交易成本，提高市场效率"的评级应有效果。这些问题在市场经济发达、法律完善、信用体系建设已近百年的西方国家尚未完全解决，要在当前中国得到很好的规避实属困难。

结合建筑市场特性，本研究认为，我国建筑市场诚信评价运作模式在未来较长的一段时间内应采用公营模式，具体理由如下：

（1）从诚信环境看，我国信用行业起步较晚，还没有形成良好的信用成长市场环境。诚信法律制度建设不够完善，缺乏有效监督。并且，即使是在法律制度非常完备的美国，由于利益驱使，私营机构的行为也常常违背行业原则。近年来，欧盟、澳大利亚,甚至包括美国政府,对标准普尔等私营评级机构都加强了监管,要求它们采取措施,提高评级的准确性、独立性、透明度,尤其是要改变商业运营模式。可见100年来"成熟的私营模式"的弊端已经在其发源地受到全面诟病。

目前,我国弄虚作假、欺诈瞒骗之风还较严重。若由私营评价机构作为诚信评价的主体,没有法律制度的规制,单纯依靠经营者的道德约束,更容易发生"只要给钱就能得到好评级"的背弃道德的行为,加剧诚信问题的恶化。因此,短期内由私营机构进行评级的结果是很难得到社会承认和接受的,换而言之,各种由私营机构主导的评价可能只是"一场自娱自乐的游戏",落入形式主义的窠臼,甚至造成"劣币驱逐良币"的恶劣后果。目前,国内由私营机构主导的各种形式的评价、评比结果普遍得不到社会承认,甚至引起社会反感就是明证。

与私营机构最大的不同是,公营机构或多或少有政府信用支撑。毫无疑问,任何时代,政府信用总要高于私营机构信用,在我国尤其如此。加之政府近期高度重视诚信建设,并从立法推动、财政投入等方面切实采取措施,彰显强力推进全社会诚信建设的力度和决心。2014年1月15日,国务院总理李克强主持召开国务院常务会议,部署加快建设社会信用体系、构筑诚实守信的经济社会环境,会议原则通过《社会信用体系建设规划纲要(2014—2020年)》。要求建设包括政务诚信、商务诚信、社会诚信等在内的社会信用体系,要使诚信成为法规制度之外,另一只推动市场经济健康发展的手;加快建设社会信用体系,是完善社会主义市场经济体制的基础性工程,有利于发挥市场在资源配置中的决定性作用、规范市场秩序、降低交易成本、增强经济社会活动的可预期性和效率。会议指出,政务诚信是"三大诚信"体系建设的核心,政府言而有信,才能为企业经营做出良好示范,更有利于推进社会诚信的提高。作为市场监督和管理者,政府应首先推进政务公开,建设诚信政府,以政务诚信示范引领全社会的诚信建设。会议同时指出,建设社会信用体系是一项长期、艰巨的系统工程,需要政府的正确引导和全社会的积极配合。目前,社会上信用缺失的行为还屡见不鲜。制假售假、商业欺诈、逃债骗贷、学术不端等,使广大企业和公众深受其害。在政府阳光执法、全社会诚信守法的基础上,还必须完善奖惩制度,全方位提高失信成本,即便是政府自身也绝不例外。

因此,在当前诚信环境和国情下,公营模式优于私营模式。

(2) 从信息来源看,我国建筑业企业的大量信息分散于政府多个主管部门,由于部门之间条块分割的管理体制,不同部门所掌控的信息难以共享,社会公众更是不容易方便获取,更加谈不上信息的全面采集。因此,只有政府主管部门出面,协调、整合各部门将所掌握的零散诚信信息,才有可能集中各种力量建立完整统一的建筑业企业和建筑市场诚信数据库,为全面、科学地进行诚信评价打下基础。

(3) 私营评价机构具有天然的趋利性,目前我国65%的私营评价机构不能盈利,这自然会危及私营机构的生存。由于目前对建筑业企业进行诚信评价还看不到任何可以盈利之处，必然会影响私营机构从事诚信评价的积极性，此类"公益性"评价活动必须由政府出面办理方能行得通。也只有"公营"，才能从根本上实现"无利益驱动"——不以获得利益为目的[114]。

政府作为社会诚信的天然维护者，其公信力、权威性和社会号召力都是其他社会主体所不能企及的，可以方便地获取各种信用诚信信息，并保证这些信息的质量，公正独立地进行各主体的诚信评价，增强评价结果的可信度。在我国，只有政府出面进行规划、协调、支持和保障，才能在较短时间内完成建筑市场诚信信息平台建设这一庞大、复杂和艰巨的工程，强力推进建筑市场诚信体系建设。另一方面，以政府信用为支撑的公营信用诚信评价，可以打破美国的评级垄断，"自己的事务自己做主"，而不是仰人鼻息，避免出现欧债危机时美国评级机构落井下石，进一步加大经济和社会动荡的局面。

当然，不可否认的是，私营评价机构有活力、产品创新能力强，他们按照商业化原则展开竞争，能够根据使用者的需求创新诚信产品以提高竞争力。由于私营模式和公营模式有着共同的目标，两者之间具有相互替代的效用[115]，都是为解决市场交易主体失信、提高社会诚信水平服务的，因此，当我国诚信体系建设发展到一定程度后，如法治环境更加完善，国内诚信氛围已经大为改善，建筑市场诚信信息平台运作模式可以由政府主导向市场化运作转变，为诚信建设注入更多活力，促进诚信评价服务范围的扩大和质量的提高。目前看来，这种转变将是一个漫长的过程。

4.5.3.2 实施策略

建筑业企业诚信信息平台的核心作用就是实现信息集成和共享。建筑市场90%以上的诚信基础信息直接或间接地掌握在各级政府——尤其是地方政府手中，因此，从诚信信息源角度来看，我国建筑业企业诚信信息平台运作应该实行由地方政府主导的公营模式。

诚如前文所述，需要根据诚信评价指标收集基础诚信信息，其中投标诚信信息和履约诚信信息是最主要的。这些信息都掌握在政府部门手里（其他如税收、司法等信息同样也掌握在政府手里）。按照基本建设程序，投标在前，履约在后。投标在建设工程交易市场实施，履约通过项目实施现场进行。国务院办公厅于2015年发布了《整合建立统一的公共资源交易平台工作方案》（国办发〔2015〕63号），要求整合工程建设项目招标投标、土地使用权和矿业权出让、国有产权交易、政府采购等交易市场，建立统一的公共资源交易平台，以防止公共资源交易碎片化，加快形成统一开放、竞争有序的现代市场体系。2016年6月底，地方各级政府基本完成了公共资源交易平台的整合工作。目前，我国已经建立了较为完善的建设工程交易市场，许多发达地区也开始实施"电子化"工程交易,部分先进城市已经建立了完善和庞大的建设工程交易数据库,例如南京市建设工程交易中心(现名为"南京市公共资源交易中心",以下统称"交易中心")推行并实施了"e路阳光"网上招投标工程,开发了专门的信息系统,记录并保存十多年的交易数据,并自2006年开始,采用数据挖掘技术,对存储的交易数据进行统计分析,连续发布了近十年的"南京市建设工程交易年度报告",挖掘整理出大量有用的诚信基础数据,完全能够满足投标诚信评价所需基础信息的要求。履约诚信信息主要在项目实施现场产生,受地方政府管理和委托的质监站、安监站及其执法大队,通过对工程项目实施情况进行日常检查、抽查、执法大检查等方式,获得了项目质量与安全、建筑市场各方主体的质量与安全行为等信息,并各自负责保存。但如果没有上级主管部门出面协调,这些履约信息一般不会被共享和被外部机构使用(前述国办发〔2015〕63号文件同时要求"建立健全公共资源交易信息和信用信息公开共享制度""公共资源交易平台应依托统一的社会信用代码,建立公共资源交易市场主体信用信息库,并将相关信息纳入国家统一的信用信息平台,实现市场主体信用信息交换共享")。也就是说,投标诚信信息基本完整地以电子化方式保存在交易中心,履约诚信信息则散布于质监站、安监站等其他建设主管部门——而且这些部门不一定全部建立了自己的信息管理系统。

在我国当前的管理体系下,交易中心和质监站、安监站等都要接受当地建设主管部门的管理——如各地的住房和城乡建设厅(局/委员会)。因此,只要各地的建设主管部门出面协调、主持,投标诚信信息和履约诚信信息完全可以共享和整合。由于加强建筑市场诚信建设是各级建设主管部门的天然使命,所以各级建设主管部门整合投标诚信信息和履约诚信信息责无旁贷。整合这两类信息也是实现"工程交易市场"(建筑市场)和"项目实施现场"(工程现场)"两场"联动的具体举措。

解决了投标诚信信息和履约诚信信息可以整合的问题,随之而来的问题是,究竟以哪个信息系统为基础进行整合? 就国情而言,各地的建设工程交易信息系统开发建设时间长,综合记录了项目信息、招标人信息、投标人信息,投标人信息中,除了名称、资质等基本信息,可能还有近三年的财务信息、诉讼信息,以及项目经理的个人信息等。这些信息依据资格审查、评标办法的不同而有所差别,但都是诚信评价所需要的信息,也是后期履约阶段质监站、安监站执法所需基础信息。质监站、安监站的信息系统(如果有),无论是记录的信息量,还是运行的可靠性,一般都达不到交易中心信息系统的水平。而且,工程交易在前,履约在后。因此,本研究认为,应以各地的建设工程交易信息系统为基础,对质监、安监等履约信息进行集成,这是符合我国当前国情的比较合适的做法。

对于除投标、履约外的其他信息,如税务、金融信用、司法等信息,尽管也重要,但不是本研究所谓诚信评价的重点,这些信息的收集、整合可以通过两条途径实现:一是在建筑业企业信息首次进入交易中心信息库时,由当事人按要求主动提供(提交证明文件);二是由各地政府相关部门出面协调,税务、银行等主动提供被评价对象的相关诚信信息,交由交易中心统一进行数据整理。

诚信评价结果要在"招标投标、资质监管、市场稽查、评优评奖等工作中加以充分利用",对于建筑市场的各方主体——尤其是建筑业企业,必须通过招投标才能获得工程业务,如果诚信评价得分低下,意味着降低了中标的可能性;中不了标,无项目可做,事实上就会影响建筑业企业的生存。因此,在招投标中引入诚信分,是提升建筑市场主体诚信水平的最有效的促进手段——而招投标是在建设工程交易中心完成的。由交易中心收集、整合诚信信息,并在招投标业务中充分利用诚信评价结果,实现了某种程度上诚信信息的闭合管理,拓展了交易中心的服务范围和内涵,同时也为政府监管建筑市场增加了新的"抓手",这是一种多方获益的做法。

无论采用何种方式将各种诚信信息集成到交易中心的信息管理系统中,都存在信息标准统一和增加交易中心、质监站等部门工作量的问题。后一个问题可以通过行政手段解决,前一个问题需要进行专题研究解决。

信息标准是世界范围内的重大基础问题。建设领域的数据库信息标准,可以分为企业、人员、项目数据库信息标准三大类(如果加上诚信数据,为四大类)。尽管住建部已经在大力推进全国工程建设企业、注册人员、工程项目、诚信信息等基础数据库的建设,并印发了《全国建筑市场监管与诚信信息系统基础数据库数据标准(试行)》和《全国建筑市场监管与诚信信息系统基础数据库管理办法(试行)》(建市〔2014〕108号),努力全面实现全国建筑市场"数据一个库、监管一张网、管理一条线"的信息化监管目标。但就上述文件看,这些数据库存在企业—人员—项目信息不能很好匹配的问题,拓展利用价值有限。本研究认为,应该把企业—人员—项目严格匹配关联起来(以工程项目为中心),并以此为出发点,综合考虑设置信息标准,可最大限度地保证各类信息兼容共享,减少信息孤岛的产生。

各地根据住建部制定的数据标准和诚信评价标准建立本地区的建筑业企业诚信信息平台,在此基础上,逐步整合相关诚信信息,可实现全国联网和诚信信息的共享。从建立地方建筑业企业诚信信息平台入手,不仅能够有效地解决平台信息来源的问题,还能有效地避免由于信息过于集中而可能带来的信息安全问题;从建立地方诚信信息平台入手,能够根据各地的不同情况,建立符合地方实际的、能够有效为地方经济和社会发展服务的、具有不同地方特色的信息管理平台,这是我国建筑市场诚信体系建设的现实和可行之路。

综上,建筑业企业诚信信息平台由各地市住建委主导、交易中心负责平台建设和运行的具体工作是行之有效的模式。以建设工程交易管理系统、质量与安全监督管理系统、企业资质管理系统和执业注册人员管理系统等为基础,充分依托建筑有形市场在人员、业务、技术及硬件等方面的资源优势,加大整合力度,实现各业务系统的互联互通[117],最后形成覆盖全国的建筑业企业诚信信息平台,满足了全社会多层次、多样化、专业化的市场诚信服务需求,引导建筑市场各方主体依法诚信经营。

　　当我国诚信体系建设发展到相当程度后,可以兼以发展私营模式,让私营评价机构全面参与建筑业企业诚信评价,而政府只是作为监管者进行宏观调控。考虑到美国三大评级机构运作中出现的问题,在采用私营模式时,必须解决好以下几个问题:

　　(1)改变收费方式。评价机构向评价结果的使用者而非被评价企业收取评价费用,或者被评价企业不能自主选择评价机构,必须通过监管机构选择合格或被认定的评价机构,然后向其支付费用。

　　(2)建立全面、客观、科学的诚信评价指标体系,使其能全面表征反映道德诚信、经济诚信和法律诚信,减少主观随意性带来的偏差。

　　(3)加强监管。政府应完善监管政策、采取一定的监管措施对评级市场进行宏观调控。

4.6　建筑业企业诚信信息平台运作保障

　　建筑业企业诚信信息平台的顺利运行,需要有一系列的保障措施作支撑,这些措施包括制定平台技术标准和诚信评价标准、建立诚信奖惩机制以及诚信法律制度体系等。建筑业企业诚信信息平台运作与保障措施之间的关系如图4.14所示。

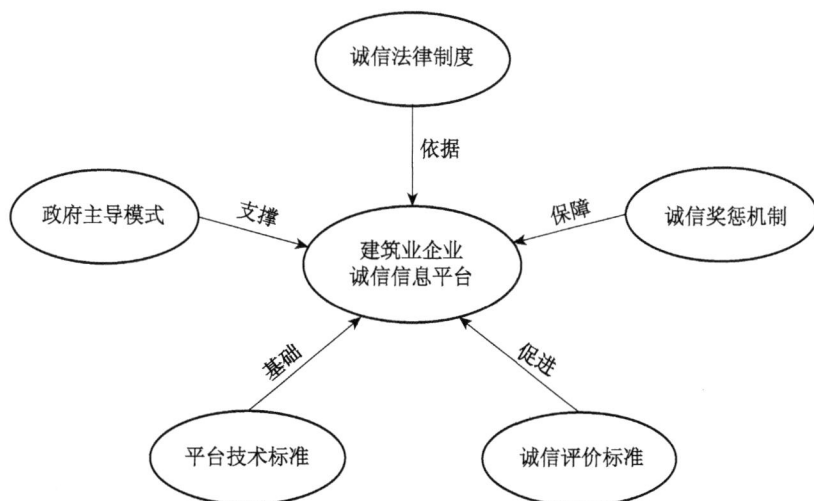

图 4.14　建筑业企业诚信信息平台运作保障体系

4.6.1 平台技术标准

为了实现各地诚信信息平台的互联,诚信信息的互通、互用和互认,建筑业企业诚信信息平台的建设必须依据统一的技术标准,朝着标准化、网络化方向发展,以消除"信息孤岛",最大限度地提高诚信信息的质量及使用效率。例如,通过对诚信评价过程中涉及的基础性、通用性数据元名称、定义、表示等做出统一的规定,消除数据元描述的混乱现象,对提高信息资源的共享和使用效率,实现和增进诚信信息跨系统、跨部门的共享具有积极的支撑和促进作用[121]。

建立建筑业企业诚信信息平台可以运用的部分开发工具和服务如表 4.13 所示。

表 4.13　建筑业企业诚信信息平台开发工具和服务

开发工具	服务
PowerDesigner 12.5	进行数据建模
Svn 1.6	进行程序版本控制
Ms Office 2003	编制技术文档及演示文稿
Ms SQL Server 2005,Oracle 10g	部分业务后台数据库
Tomcat 6.0	调制运行主应用程序
PhotoShop 8.0,Fireworks 8.0	图片制作
MyEclipse Java Enterprise 6.5	编制主应用程序及数据交换平台
PowerBuilder 9.5	编制单机版及 Java Bean 生成工具
Web Logic 10.0	运行主应用程序和中间件
……	……

具体来说,对于建筑业企业诚信信息平台物理架构的设计和开发,可以采用企业级应用服务解决方案:

(1)运用 JSP(Java Server Pages)＋JSF(Java Server Faces)的页面表达,并采用事件驱动,以使不同计算机体系结构使用的数据表示法在转换时简洁明了。

(2)采用 Spring 中间逻辑服务黏合剂,以便充分利用其面向方面编程(Aspect-Oriented Programming, AOP)以及控制反转(Inversion of Control, IOC)的特性,既提高了开发效率,也增加了平台运行的稳定性。

(3)引入 Hibernate 数据持久化框架,以增强平台数据库的交互能力及适应性,减少对后台数据库版本与种类的依赖,减少平台建设及运作成本。

(4)利用 Web Service 技术开发数据接口,实现数据交换结合,使数据在不同系统、不同部门、不同地区之间畅通无阻地流转。

4.6.2　诚信评价标准

交易成本理论认为,交易成本是企业赖以生存的经济原因。由于契约人具有有限理性(bounded rationality)与机会主义(opportunism)倾向[118],决定了所有复杂的合约都是不完全的;交易当事人的口头承诺是不可信的,而且即使交易主体之间签订了合约,但对于签约后合约的执行情况也是不能预知的。因此,交易双方为了了解交易对方的诚信状况,必须进行调查以收集相关的诚信信息,这就不可避免地导致交易双方谈判、协商次数的增加,合约条款数量的增多,监督合约执行情况更加严格等,相应地也增加了相关交易成本[119]。

制定诚信评价标准是进行诚信评价活动的前提和依据,是减少交易成本的有效途径。建筑业企业诚信信息平台可以实现信息共享,减少交易主体为获取准确的信息、监督合同的执行等而花费的交易成本,但这必须要有统一的诚信评价标准作为保障,否则平台的信息共享只局限于小范围内,依然会形成"信息孤岛",难以降低交易成本。

在美国,为了保障市场各主体间顺利实现信息共享,提高信用评价机构信息采集、处理的效率,相关行业协会协调各大信用评价机构共同制定了信息采集标准、信用报告标准文本等一系列行业标准,极大地促进了信用行业的发展。我国目前还缺少这种统一的诚信评价标准。根据建设部《关于加快推进建筑市场信用体系建设工作的意见》(建市〔2005〕138号)中提出的"四个统一",借鉴征信国家的成功经验,在分析建筑业企业诚信信息平台各业务环节的基础上,本研究认为建筑业企业诚信评价标准至少应包括以下几个方面:

(1)诚信评价指标体系和评分标准

制定一套建筑市场各方主体都能认同的诚信评价指标体系和评分标准是开展诚信评价工作的前提,直接决定了整个评价工作的成效。

诚信评价指标体系是根据评价的目的以及被评价对象的主要属性,将评价总目标细分成多个分目标和准则,在理论研究和专家问卷调查的基础上有针对性地选择具体的评价指标,最后形成的一个反映被评价对象本质属性的递阶层次结构体系[120]。显然,如果建筑业企业诚信评价工作没有按照统一的指标体系标准操作,那么最后得到的各企业的诚信分值就不可靠,也不具可比性,从而失去诚信评价的意义。因此,必须建立一套能够准确测量企业诚信度的诚信评价指标体系,使评价结果全面、准确、科学。诚信评价指标应做到既科学合理,又切合实际、便于操作,在建立诚信评价指标体系时,必须遵循以下基本原则:① 系统性和科学性原则;② 针对性和独立性原则;③ 适用性和可操作性原则;④ 一致性和可比性原则;⑤ 定量与定性、静态与动态相结合的原则。

完成建筑业企业诚信评价指标体系的构建后,还需要详细说明各指标的含义,建立一套客观、公正、易量化的诚信评分标准,使指标评分在统一的参考基准下进行,尽可能减少主观因素带来的误差。

(2)诚信等级符号及其含义

建筑业企业诚信信息平台根据"独立、公正、客观、科学"的原则,运用科学严谨的分析技术和方法,对被评价对象在建设工程交易全过程中的实际行为表现与相关法律法规和合同约定内容等相吻合的程度进行调查、分析和评价,最后应以统一的诚信等级符号表示企业的诚信水平。等级符号的设置应简单明了、通俗易懂,所代表的含义应清晰明确,为社会公众所接受。

(3)诚信评价报告

在得到建筑业企业诚信分值后,需要撰写建筑业企业诚信评价报告。诚信评价报告应制定标准化的版式,规定报告必须具备的信息栏目以及各栏目的主要内容,这有利于用户解读报告,快速抓住报告重点;有利于保证报告既有一定的信息量,又能保护被评价对象的商业秘密。

4.6.3　诚信奖惩机制

建立诚信奖惩机制,一方面,对失信的建筑业企业作出相应的惩罚,让企业必须为自身的失信行为"买单",提高失信成本,同时也对潜在失信者起到一定的震慑作用;另一方面,对守信的建筑业企业进行保护和奖励,降低守信成本,调动企业诚信经营的积极性,营造良好的行业诚信氛围。可见,诚信奖罚机制主要有惩罚、震慑和奖励三大功能[123],着重于防患于未然,对失信行为产生事先约束,将失信动机消灭在萌芽阶段。

根据奖惩措施的实施主体不同,可以将建筑业企业诚信奖惩分为两大类:

4.6.3.1　政府奖惩

"在行政许可、市场准入、招标投标、资质管理、工程担保与保险、表彰评优等工作中,充分利用已公布的建筑市场各方主体的诚信行为信息,依法对守信行为给予激励,对失信行为进行惩处"[124],实行差别化管理。例如:① 对诚信较差的建筑业企业实行重点稽查,对某些较为严重的失信行为,可以采取限制市场准入、降低资质等级甚至吊销资质证书等惩罚措施;而对诚信等级较高的守信企业给予投标加分、资质免检、对行业内的从业活动给予优先机会等奖励。② 将诚信评价结果作为建筑业企业进入政府投资工程预选承包商库的考核内容之一。③ 对使用国有资金、国有资金投资占控股或主导地位的建设工程项目实行招标发包的,将建筑业企业诚信评价结果作为投标人资格预审的必要条件,并且在评标时采用商务标、技术标、诚信标的综合评标办法[125],优先考虑守信企业。④ 定期对失信企业的相关负责人进行强制性的诚信教育培训,以提高其守法守信的意识。

4.6.3.2 市场奖惩

企业的声誉是企业重要的无形资产,市场参与主体都具有维护自身声誉的积极动力,同时也会积极惩罚出现机会主义行为的主体[126]。

市场惩罚可以归结为是基于企业声誉的奖惩,是市场自发形成的,以市场的方法给予奖惩[127]。它的工作原理是以建筑业企业诚信数据库记录为依据,通过诚信评价迅速及时地将守信企业和失信企业的信息对外公开,在市场中充分传递,"让好的、坏的都暴露在阳光下",发挥市场优胜劣汰的机制选择作用,迫使建筑业企业在短期利益和长期声誉之间进行平衡和考虑,以促使企业诚实守信。

如果某一建筑业企业时常做出有违诚信的市场行为,通过及时的信息披露,让建筑市场相关主体充分了解其不良行为记录,则其"声誉"将不可避免地遭到减损,随之而来的可能是市场份额的减少,或市场地位被竞争者所取代[128],达到让不诚信企业难以在市场立足的目的。对于守信企业,通过将其良好的诚信行为记录对外公开,间接起到加大正面宣传的效果,使市场相关主体乐于与其合作,长此以往,此类企业的市场地位不断巩固,企业不断壮大,步入良性发展轨道。充分发挥市场奖惩机制的作用,企业的行为将受到市场力量的约束,并促使企业认识到:不诚信合法经营,就会被市场竞争机制所淘汰。

当然,在健全诚信奖惩机制的过程中,还要注意防止利用诚信奖惩机制设置新的市场壁垒和地方保护。

4.6.4 诚信法律制度体系

完备的诚信法律制度体系是防范和治理失信行为、维护良好市场秩序的最后一道屏障[129],是建筑业企业诚信信息平台构建和运行的基础保障。

目前,我国诚信法律制度体系建设还不够完善,导致在诚信信息采集、披露等环节无法可依,企业商业机密、个人隐私保护不力。有专家在"征信与中国经济"国际研讨会上指出,"如果中国能够建立起会议中讨论到的法规和政策,中国信用行业将得到快速的发展和进步",会议提出的三点建议中,第一条便是解决诚信立法问题,尽可能地降低行业发展的不确定性[130]。

4.6.4.1 诚信法律制度框架

建立适应社会主义市场经济的诚信法律制度体系的总体目标应当是以诚信评价基本法为骨干,以涵盖诚信评价和监管的法律为主体,以相关的行政法规、地方性法规和规章为辅助,由内容齐全、结构严谨、内部协调、体例科学的诚信法律及其配套法规构成有机的统一整体[131]。根据我国诚信法律制度体系的现状,结合我国各级政府和各行业主管部门的职能,本研究认为,健全完备的诚信法律法规框架应当由不同效力层级的法律共同构建,以保证建筑市场诚信体系的建设和运行实现制度化、规范化。

(1)法律层面

我国至今仍没有一部法律为诚信评价活动提供直接依据,目前专门、直接规范诚信体系建设和运行的主要以部门规章和地方政府规章为主,且没有形成系统的体系。由于各地规章之间内容差别较大,甚至有不相兼容或相互抵触的现象,区域特点明显,很难上升到法律的高度。因此,必须加快制定规范诚信体系建设的法律,使诚信评价运作,诚信信息开放、使用和保密等有法可依。

在制定诚信法律的同时,还应有针对性地对《中华人民共和国建筑法》《中华人民共和国招投标法》《中华人民共和国合同法》等进行修改和完善,使各项法律协调、衔接、统一,为建筑市场诚信体系建设提供完备的法律依据。

(2)法规(行政法规、地方性法规)层面

为维护社会主义市场经济秩序,保护诚信评价活动相关当事人的合法权益,规范诚信评价机构的行为,促进信用行业发展,国务院于2013年初公布了《征信业管理条例》。条例明确中国人民银行是国务院征信业监督管理部门,负责对诚信评价机构及其业务活动实施监督管理;明确了设立诚信评价机构的相关要求;规定了信用评价业务的一般规则以及诚信评价机构从事评价业务时的要求等。此条例的出台将填补我国诚信立法的空白,同时也对建筑市场诚信体系的建设起着指导作用,是建筑业企业诚信规章制定的重要依据。

但条例所作的规定比较笼统,可操作性不强,且部分问题未纳入其调整的范围[132]。因此,还应针对诚信体系建设中的某些重要问题,如隐私权的保护、信息的披露和使用等单独制定法规,有效管理诚信评价相关主体的行为及评价活动。

(3)规章(部门规章、地方政府规章)层面

从征信国家立法的经验来看,诚信体系建设涉及各个行业、各个领域,因此,诚信管理法律不可能针对某一行业或某一市场专门制定,需要各行业主管部门在诚信法律法规的指导下,结合行业特点出台具体的诚信管理建设规章制度。

目前,住建部与各地建设主管部门已相继出台了一系列规章及规范性文件,为建筑业企业诚信信息平台的建设与运行提供了明确的思路和办法。

为了实现各地建筑行业诚信信息平台的联网,实现诚信信息的互通、互用和互认,各地建设主管部门必须在住建部出台的部门规章统一指导下,结合本地建筑市场的实际情况和监管需要进一步细化各条款。同时,还要有针对性地对现行的相关规章进行

不断修改和完善,为建筑市场诚信管理提供有力保障。

4.6.4.2　诚信法律制度内容

分析征信国家的立法经验,结合建筑业企业诚信信息平台建设中遇到的困难与问题,本研究认为,诚信相关法律制度的内容应包括以下几个方面:

(1)诚信信息的采集

完整、准确、有效的信息是诚信评价的前提和基础。为了保障诚信评价机构依法顺利采集各类诚信信息,一方面,应当对诚信评价机构可以采集和使用的诚信信息范围作出规定,明确采集信息的内容和采集方式;另一方面,应制定相关法律制度,强制政府有关部门和社会相关机构以法定方式和途径将信息向诚信评价机构开放。

(2)诚信信息的披露和保护

诚信法律制度设计应当在满足社会公众知情权与保护国家机密、商业机密与个人隐私之间作出平衡[133]。一方面,为了减少建筑市场交易主体间的信息不对称,应当要求建筑业企业诚信信息平台向社会公众合理适度地披露诚信信息;另一方面,对涉及国家机密、商业机密与个人隐私的信息也要给予积极的保护,非经法定程序不得随意对外披露。

从发展信用行业的角度出发,应尽快出台关于界定信息保密范围的法律法规,即在对外公开大部分诚信信息的同时,确定必须保密的部分[134],明确个人诚信信息中的公开信息部分和个人隐私部分、企业诚信信息中的公开信息部分和商业机密部分,使诚信评价机构公布的诚信信息内容有法可依。同时,还应对个人隐私和企业商业机密这类特殊信息采取有效的保护措施。

诚信法律制度还应赋予被评价企业对诚信评价结果的知情权和异议权,规定诚信评价机构要及时将评价结果告知被评价企业。若被评价企业认为评价结果与实际情况不符,可以在规定时限内提出复评申请。

(3)诚信评价机构的管理

诚信法律制度应当明确建筑业企业诚信评价的行为主体及其法律地位;要求诚信评价机构严格按照诚信评价标准从事诚信评价业务;诚信评价机构要对诚信评价结果的准确性负责。对诚信评价机构违反相关法律制度,如泄露企业商业机密、将采集的信息用作其他用途、收受被评价企业贿赂等行为给予严厉惩处。

(4)诚信奖惩措施的实施

奖惩措施的有效实施也需要得到相关法律制度的支持。诚信法律制度应对建筑业企业诚信奖惩机制的运行进行规范,督促奖惩措施严格、公平、公正地执行,做到赏罚有序。

4.7 研究展望

建筑业企业诚信信息平台建设是一项复杂的系统工程,融合了许多学科的理论和方法。在将来的研究工作中,可以在本研究的基础上,从以下几个方面作进一步的推进:

(1) 本研究构建的建筑业企业诚信信息平台,仍属于理论探讨,未来还需要通过实践应用,对其中的细节问题作不断完善。

(2) 对于建筑业企业诚信信息平台的运作模式,未来还需要根据公营模式的实施情况,研究如何向私营模式转变和发展的问题。

(3) 对于建筑业企业诚信信息平台的运作保障措施,应还有其他方面的内容,今后可以作进一步研究和完善。

(4) 建筑市场行为主体众多,相互之间会产生影响。因此,加强建筑市场诚信管理,还应对其他市场主体进行诚信评价研究,并纳入到统一的建筑市场诚信信息平台中进行管理。

本章注释

[1] 中国新闻网.“邪恶”的国际评级机构,评级标准“因人而异”[EB/OL]. [2010-07-22]. http://finance. ifeng. com/roll/20100722/2434735. shtml.

[2] 林钧跃. 社会信用体系原理[M]. 北京:中国方正出版社,2003.

[3] 谈李荣. 信用信息披露的法律制度研究[J]. 财经科学,2004(4):121-124.

[4] George A A. The market for "lemons": quality uncertainty and the market mechanism[J]. The Quarterly Journal of Economics,1970,84(3): 488-500.

[5] Michael S. Job market signaling[J]. The Quarterly Journal of Economics,1973,87 (3): 355-374.

[6] Dwight M J,Thomas R. Imperfect information,uncertainty,and credit rating[J]. The Quarterly Journal of Economics,1976,90 (4): 651-666.

[7] Joseph E S,Andrew W. Credit rationing in markets with imperfect information[J]. The American Economic Review,1981,71 (3): 393-410.

[8] Leora K. Development of credit reporting around the world[EB/OL]. (2004-05-10)[2015-06-07]. http://siteresources. worldbank. org/INTSOUTHASIA/Resources/The_Role_of_Public_and_Private_Bureaus_Around_the_World. pdf.

[9] Marco P,Tullio J. Information sharing in credit market[J]. The Journal of Finance,1993,48

(5)：1693-1718.

［10］Jorge P，Marco P. Endogenous communication among lenders and entrepreneurial incentives ［J］. The Review of Financial Studies，1997，10(1)：205-236.

［11］Martin B，Christian Z. The emergence of information sharing in credit markets［J］. Journal of Financial Intermediation，2010 (19)：255-278.

［12］Joel F H，Chen L，Ping L，et al. Creditor rights，information sharing，and bank risk taking ［J］. Journal of Financial Economics，2010 (96)：485-512.

［13］Jorge P，Marco P. Sharing default information as a borrower discipline device［J］. European Economic Review，2000，44 (10)：1951-1980.

［14］John M B，Michael S. The value of comprehensive credit reports：lessons from the U. S. experience［EB/OL］. ［2003-11-20］. http：//www. privacyalliance. org/resources/staten. pdf.

［15］Margaret J M. Credit Reporting Systems and The International Economy［M］. Boston：Massachusetts Institute of Technology Press，2003.

［16］Paul L H，David S K. Bond ratings：are two better than one ? ［J］. Financial Management，1988，17(1)：46-53.

［17］Tullio J，Marco P. Information sharing in credit markets：a survey［J］. CSEF Working Paper，2000,48(5)：1693-1718.

［18］Carol A F. Credit rating agencies in capital markets：a review of research evidence on selected criticisms of the agencies［D］. Denton：University of North Texas，2006.

［19］野村研究所.东亚国家中央银行信贷、租赁登记系统的升级［M］//王小奕.世界部分国家征信系统概述.北京：经济科学出版社，2002.

［20］Tullio J，Marco P. Information sharing in credit markets：international evidence［J］. Ssrn Electronic Journal，1993,48(5)：1693-1718.

［21］Tullio J，Marco P. Information sharing in credit markets：the European experience［R］. CSEF Working Paper，2000.

［22］Tullio J，Marco P. Information sharing，lending and defaults：cross-country evidence［J］. Journal of Banking and Finance，2002，26 (10)：2017-2045.

［23］Margaret J M. Credit Reporting Systems and the International Economy［M］. Boston：Massachusetts Institute of Technology Press，2003.

［24］Simeon D，Caralee McL，Andrei S. Private credit in 129 countries［J］. Journal of Financial Economics，2007 (84)：299-329.

［25］Standard and Poor's Corporation. S&P's Corporate Finance Criteria［M］. New York：Standard and Poor's Corporation，1992.

［26］Anon. Dun & Bradstreet［EB/OL］. ［2012-09-06］. http：//www. dnb. com/.

［27］美国信用服务体系考察组.美国信用服务体系的经验及启示［J］.宏观经济研究，2005(1)：

57-60.

[28] 中华园林网.三大国际评级机构对建筑业的信用评级[EB/OL].[2008-08-09].http://www.yuanlin365.com/construct/44148/,2007-6-4.

[29] 刘骁.信用信息共享模式与激励机理研究[D]:博士学位论文.上海:上海交通大学,2006.

[30] 杨金风,史江涛.信用缺失原因探析[J].晋阳学刊,2002(4):104-105.

[31] 许永兵.中国企业诚信缺失的根源及对策:一个基于博弈论的分析[J].生产力研究,2004(5):124-126.

[32] 刘静,毛龙泉.建筑市场信用信息供给不足的机理及对策研究[J].东南大学学报:哲学社会科学版,2009,11(2):28-30,38.

[33] 张周.信用信息共享和中国征信模式选择研究[D]:博士学位论文.上海:复旦大学,2003.

[34] 吴红杰.建设工程领域工程款拖欠问题解决机制研究[D]:硕士学位论文.重庆:重庆大学,2007.

[35] 陈维西,沈俊月,许杨,等.关于建筑市场信用信息平台建设的几点思考[C]//安连发.科学发展——七省市第九届建筑市场与招标投标优秀论文集.天津:天津科技翻译出版社,2009.

[36] 王锋.我国建筑市场信用体系研究[D]:硕士学位论文.重庆:重庆大学,2006.

[37] 王孟钧,李屹,戴若林.信息不对称条件下建筑市场信用风险的分析与防范[J].建筑,2008(11):37-39.

[38] 纪素环.建筑市场信用缺失及对策研究[D]:硕士学位论文.哈尔滨:哈尔滨工业大学,2006.

[39] 李幼平,刘仲英.信用信息系统设计的经济学分析[J].上海管理科学,2004(5):27-29.

[40] 戴根有.建立我国征信体系的思考[J].河南金融管理干部学院学报,2005,23(1):27-30.

[41] 王威.个人征信数据仓库系统的设计研究[D]:硕士学位论文.北京:对外经济贸易大学,2005.

[42] 张贤挚.企业信用信息发布系统设计与实现[D]:硕士学位论文.广东:华南理工大学,2006.

[43] 蔡玲玲.基于XML的信用信息系统数据交换平台的设计与实现[D]:硕士学位论文.长沙:中南大学,2007.

[44] 陈俪.支持物流交易的征信管理平台技术研究与实现[D]:硕士学位论文.上海:上海交通大学,2008.

[45] 张逸.银行企业信用信息采集系统的设计与实现[D]:硕士学位论文.厦门:厦门大学,2008.

[46] 谢芳.后金融危机时代市场诚信平台建设的对策与建议[J].北方经济:2010(7):84-85.

[47] 林钧跃.论我国个人征信行业发展的模式[J].经济社会体制比较,2003(6):102-106.

[48] 黄正新.我国企业征信模式选择与对策[J].金融与经济,2005(12):62-63.

[49] 贺研.从世界经验看我国征信业的发展模式[J].上海立信会计学院学报,2005,19(3):61-64.

[50] 石晓军,蒋虹.征信体系中的行业合作模式及对我国的启示[J].金融理论与实践,2006(6):12-15.

[51] 赵志凌.上海、浙江、深圳社会信用体系建设的情况与启示[J].中国经贸导刊,2007(15):51-52.

[52] 李子白,汪先祥.征信制度的国际比较与借鉴[J].海南金融,2006(11):62-65.

[53] 徐宪平.关于美国信用体系的研究与思考[J].管理世界,2006(5):1-9.

[54] 任兴洲.我国征信业发展模式选择[J].中国金融,2004(12):35-36.

[55] 征信:一项重要的基础建设[EB/OL].[2007-02-16].http://www.ccn86.com/news/comment/20070216/21754_2.shtml.

[56] 刘红柳.我国企业信用征信法律问题研究[D]:硕士学位论文.长沙:湖南大学,2007.

[57] 曹杰,李颋.信用信息平台的构建分析及对策[J].现代管理科学,2008(4):38-39,56.

[58] 杨柳,罗能生.鉴于"上海模式"的我国征信业发展模式的优化及其实施路径[J].湖南师范大学社会科学学报,2009(1):119-122.

[59] 王孟钧,陈辉华.全方位建设建筑市场信用制度(下)[N].建筑时报,2006-07-20(10).

[60] 戴若林.基于复杂系统理论的建筑市场信用机制研究[D]:博士学位论文.长沙:中南大学,2009.

[61] 黄慕东.加强征信沟通交流 共促两岸经济发展[EB/OL].[2009-11-19].http://finance.sina.com.cn/hy/20091119/10356987203.shtml.

[62] 佚名.大公国际资信评估有限公司[EB/OL].[2012-08-07].http://www.dagongcredit.com/dagongweb/index.php.

[63] 陈钊.信息与激励经济学[M].上海:上海人民出版社,2005.

[64] 张维迎.博弈论与信息经济学[M].上海:上海三联书店,上海人民出版社,1996.

[65] 徐鼎.项目建设期道德风险的博弈分析研究[J].中国软科学,1999(2):81-84.

[66] 陆桔利,何玉长.诚信的信息经济学分析[J].学术月刊,2003(12):31-36.

[67] 苏武俊.交易成本与制度创新[J].财经理论与实践,2005,26(137):8-11.

[68] Ronald H C. The nature of the firm[J]. Economica,1937,4(16):386-405.

[69] Oliver E W. The Economic Institutions of Capitalism[M]. New York:Free Press,1985.

[70] Bromiley P,Cummings L L. Transaction costs in organizations with trust[M]//Bies R, Lewicki R,Sheppard B. Research on Negotiation in Organizations. Greenwich,CT:JAI Press,1996.

[71] Zaheer A,McEvily B,Perrone V. Does trust matter? Exploring the effects of interorganizational and interpersonal trust on performance[J]. Organization Science,1998,9(2):141-159.

[72] Granovetter M. Economic action and social structure:the problem of embeddedness[J]. American Journal of Sociology,1985,91(3):481-510.

[73] 许慎,段玉裁.说文解字注[M].上海:上海古籍出版社,1981.

[74] 马尽举.诚信系列概念研究[J].高校理论战线,2002(4):17-23.

[75] 焦国成.关于诚信的伦理学思考[J].中国人民大学学报,2002(5):2-7.

[76] 郭清香.论诚信的道德基础——关于诚信道德合理性的伦理学思考[J].江海学刊,2003(3):46-49.

[77] 姜正冬.论社会诚信[J].山东师范大学学报:人文社科版,2002(3):15.

[78] 叶圣利. 中国诚信经济思想研究[D]:博士学位论文. 上海:复旦大学,2004.

[79] 李玉琴. 经济诚信论[D]:博士学位论文. 南京:南京师范大学,2004.

[80] 厉以宁. 信任的前提是产权明晰[J]. 西部论丛,2003(3):25.

[81] 刘李明,冯云翔. 法律诚信与道德诚信辨析[J]. 学术交流,2003(7):30-34.

[82] 中共中央马克思恩格斯列宁斯大林著作编译局. 马克思恩格斯全集:第一卷[M]. 北京:人民出版社,2001.

[83] 徐国栋. 民法基本原则解释[M]. 北京:中国政法大学出版社,1992.

[84] 弗朗西斯·福山. 信任——社会道德与繁荣的创造[M]. 李宛蓉,译. 呼和浩特:远方出版社,1998.

[85] 李开国,张玉敏. 中国民法学[M]. 北京:法律出版社,2002.

[86] 徐国栋. 英语世界中的诚信原则[J]. 环球法律评论,2004,26(3):366-375.

[87] 邓琳,昝昕武,黄茂林,等. 基于需求—功能映射分析的概念设计[J]. 重庆大学学报,2002,25(12):4-6.

[88] Rose C,Steen T. The impact of corporate reputation on performance:some danish evidence [J]. European Management Journal,2004,22(2):201-210.

[89] 朱磊. 建筑业企业诚信评价研究[D]:硕士学位论文. 南京:东南大学,2010.

[90] 李曙光. 中国征信体系框架与发展模式[M]. 北京:科学出版社,2006.

[91] 穆迪评级系统(摘要)[J]. 经济导刊,2002(11):94-95.

[92] 余以恒. 贸易信用数据和企业征信报告[C]//中国人民银行征信管理局. "征信与中国经济"国际研讨会文集. 北京:中国金融出版社,2004.

[93] 边姜. 数据仓库多维数据模型研究及其设计方法[J]. 软件世界,2006(7):77-78.

[94] 周志鹏. 基于知识管理的地铁施工阶段险兆事件(Near-Miss)管理系统研究[D]:硕士学位论文. 南京:东南大学,2010.

[95] 中国国际金融有限公司. 信用评级——定义、目标及其在信用产品投资中的应用[EB/OL]. [2008-04-03]. http://wenku. baidu. com/view/67ec256c1eb91a37f1115cab. html.

[96] 卢潇. 软件工程[M]. 北京:清华大学出版社,北京交通大学出版社,2004.

[97] 王宁,全河. 关于江苏、上海和安徽信用体系建设情况的调研报告[J]. 建筑经济,2005(8):5-9.

[98] 江苏省建设厅. 加强诚信体系建设 促进建筑市场健康发展[J]. 中国建设信息,2006(2):10-12.

[99] 吴小刚,张土乔,应向华. 浙江省实行建筑市场不良行为记录和公示制度[J]. 建筑经济,2004(4):84-85.

[100] 郑磊. 国外征信体系模式[EB/OL]. [2007-01-19]. http://www. chinavalue. net/blog/BlogThread. aspx? EntryID=3882.

[101] National Credit Management Association. Manual of Credit and Commercial Laws[S]. Columbia:NACM Publishing House,1999.

［102］朱毅峰，吴晶妹.信用管理学［M］.北京：中国人民大学出版社，2005.

［103］林钧跃.美国信用管理的相关法律体系［J］.世界经济，2000(4)：62-67.

［104］Arnold S G. Guaranteed Credit：A Time-tested Program Guaranteed to Provide Clear，Step-by-step Information on How to Repair，Restore and Rebuild Your Credit［M］. Florida：Garrett Publishing，Inc.，1996.

［105］江涌.三大评级机构受到美国政府庇护，掌控中国金融稳定命门［EB/OL］.［2010-05-10］. http://finance.ifeng.com/news/hqcj/20100510/2164291.shtml.

［106］江涌.美国金融强权的奇异逻辑与标准［J］.国有资产管理，2010(3)：30-33.

［107］大公国际资信评估有限公司.美国证券评级机构监管机制的问题探讨［EB/OL］.［2009-04-03］. http://www.dagongcredit.com/dagongweb/zx/show.php?id=171&table=web_zxzx.

［108］阎晓娜.美国金融监管改革法案介评［J］.银行家，2010(11)：84-86.

［109］丁祥华.我国企业征信信息共享机制研究［D］：硕士学位论文.杭州：浙江大学，2005.

［110］Carlos C.私营征信与公共征信的关系——意大利及欧盟其他国家的经验［C］//中国人民银行征信管理局.“征信与中国经济”国际研讨会文集.北京：中国金融出版社，2004.

［111］杜金富，等.征信理论与实践［M］.北京：中国金融出版社，2004.

［112］李函晟.英美征信模式和欧洲征信模式比较分析［J］.中国外资，2008(10)：20-22.

［113］刘彦霞.建设我国企业和个人征信体系研究——以鹤壁市为例［D］：硕士学位论文.天津：南开大学，2008.

［114］建设工程参建各方质量责任认定及诚信平台建设课题组.建设工程参建各方质量责任认定及诚信平台建设研究报告［R］.南京市建筑安装工程质量监督站，2009.

［115］Tullio J，Marco P. Information sharing，lending and defaults：cross-country evidence［J］. Journal of Banking and Finance，2002 (26)：2017-2045.

［116］谷国良.实现地方征信系统全国联网［EB/OL］.［2010-01-14］. http://www.jrxyw.com/xyzx/201001/t20100114_133935.htm.

［117］中华人民共和国建设部.关于启用全国建筑市场诚信信息平台的通知［S］.建市函〔2007〕337号，2007.

［118］Oliver E W. Transaction cost economic：the governance of contractual relations［J］. Journal of Law and Economic，1979，22 (10)：233-261.

［119］Oliver E W. The logic of economic organization［J］. Journal of Law Economics and Organization，1988，4(1)：65-93.

［120］刘伟.工程造价咨询企业诚信评价研究［D］：硕士学位论文.西安：西安建筑科技大学，2007.

［121］人民银行发布五项征信标准［J］.金融电子化，2007(2)：28.

［122］加里·贝克尔.人类行为的经济分析［M］.王业宇，陈琪，译.上海：三联书店，1993.

［123］朱翠萍.失信惩戒机制研究［J］.中外企业家，2008(2)：60-63.

［124］中华人民共和国建设部.关于印发《建筑市场诚信行为信息管理办法》的通知［S］.建市〔2007〕

9 号,2007.

[125] 江苏省住房和城乡建设厅. 关于开展建筑业企业信用管理试点工作的通知[S]. 苏建建管
〔2011〕177 号,2011.

[126] David M K. Corporate Culture and Economic Theory, in Perspective on Positive Political
Economy[M]. Cambridge: Cambridge University Press, 1990.

[127] 常燕. 建筑市场信用系统演进机理研究[D]:硕士学位论文. 长沙:中南大学,2006.

[128] Roger D S. Third-party certification in new issues of corporate tax-exempt bonds: stand by
letter of credit and bond rating interaction[J]. Financial Management, 1996, 25(1):52-70.

[129] 薛小荣. 房地产开发企业诚信的博弈分析与对策研究[D]:博士学位论文. 西安:西安建筑科技
大学,2007.

[130] 罗伯特·开普勒. 世界银行的建议[C]//中国人民银行征信管理局."征信与中国经济"国际研
讨会文集. 北京:中国金融出版社,2004.

[131] 董立山,陈小杉,朱红梅. 论我国征信立法框架的构建[J]. 湖南科技大学学报:社会科学版,
2006(5):65-69.

[132] 杨冬. 加快我国征信体系建设的法律思考[J]. 东北财经大学学报,2010(3):82-84.

[133] 叶世清. 征信:一个法律的悖论[J]. 经济体制改革,2007(01):26-30.

[134] 李健. 论加强社会信用的基础建设[J]. 财贸经济,2002(5):35-39.